スタンダード
経済データの統計分析

岩崎　学・西郷　浩・田栗正章・中西寛子　共編
美添泰人・荒木万寿夫・元山　斉　共著

培風館

シリーズ編者（五十音順）

岩崎　学　（横浜市立大学教授）
西郷　浩　（早稲田大学教授）
田栗正章　（千葉大学名誉教授）
中西寛子　（成蹊大学名誉教授）

刊行にあたって

現在の高度情報化社会を維持し，さらに発展させるためには，大学教育の果たす役割はきわめて大きい．大学で何を学ぶかの選択，そして学んだ内容を学生が身につけたことの客観的な評価が，これまでにも増して重要な鍵となる．いわゆる大学教育の質保証である．そのため，各教育分野において，大学の教育課程編成上の参照基準策定の動きが加速している．

統計学分野でも，応用統計学会，日本計算機統計学会，日本計量生物学会，日本行動計量学会，日本統計学会，日本分類学会の 6 学会からなる統計関連学会連合の理事会および統計教育推進委員会の協力により，他分野に先駆ける形で，2010 年 8 月に「統計学分野の教育課程編成上の参照基準」が公表された (参照基準第 1 版)．統計学は，学問分野横断的に共通する内容を含むと同時に，各学問分野独自の考え方あるいは手法を有している．そのため参照基準第 1 版では，大学基礎課程に加え，経済学，工学など 8 分野に分けて参照基準が策定された．その後，データを取り巻く環境の急激な発展とそれにともなう統計学への大いなる期待に応えるため，日本学術会議，統計関連学会連合，および統計教育大学間連携ネットワークの協力のもと，参照基準の第 2 版が 2016 年 5 月に公表された．この第 2 版では，統計学の教育に関する原理原則を詳細に記述するとともに，個別の 12 分野を設け，分野ごとに参照基準が作成されている．

しかし，参照基準をつくるだけでは，絵に描いた餅である．それを実際の大学教育において実現しなければならない．本シリーズは，参照基準第 2 版に準拠する形で，各分野における統計学の標準的なテキストとして刊行するものである．執筆陣も，各分野における統計教育の経験が豊富な教育者であると同時に，優れた研究者でもある人たちである．本シリーズが，大学での統計学の学習の標準的なテキストとなるのみならず，統計学に興味をもち，あるいは実際のデータ解析に携わるうえで，統計学をより深く学習しようとするすべての人たちに有益なものとなることを願っている．

2017 年 3 月

編 者 記 す

まえがき

本書は，経済学分野で用いられる統計的手法のうち，統計教育の「参照基準」から学部学生向けに特に重要な項目を選択して解説したものであり，主として文科系学部の大学 1，2 年生が経済社会にかかわる統計データを解釈する能力を習得すること，および大学 3，4 年生が経済データを適切に分析する能力を身につけることを目的としている．

本書の最大の特色は，6 章，7 章における統計的推測の解説とその応用である 8 章において，現実的な経済問題の分析と結果の解釈を通じて統計的手法を紹介している点にある．また，2 章と 3 章で探索的な手法について，4 章でベイズの定理について，それぞれ本質的な考え方を解説したが，これらは多くの類書では扱われていない内容である．

日本統計学会では学習達成状況の客観的な評価のために「統計検定」を実施している．本書の内容は「統計検定」2 級および 3 級の出題範囲をほとんど網羅しているため，主要部分を理解すれば，日本統計学会が学部学生に求める統計学の素養は十分に保証される．さらに，統計調査士の資格取得にもつながるように，8 章の素材は「統計検定」で頻繁に出題している経済データを中心に選択している．

本書の執筆者たちは，さまざまな教材を用いた統計教育をいくつもの大学で実践してきた．青山学院大学，お茶の水女子大学，国際基督教大学，信州大学，成城大学，東京大学，東京農工大学，富山大学，一橋大学，法政大学，横浜国立大学，立正大学，早稲田大学，Harvard University, National University of Singapore などで，私たちがかかわった講義における受講生の感想の多くが本書に反映されている．また本書に収録した例題や演習問題に関しては，「統計検定」問題策定委員会における経験が参考になった．

執筆の最終段階では，培風館の岩田誠司氏には緻密な編集作業を通して大変お世話になった．心より感謝申し上げる．

2020 年 6 月

美添泰人・荒木万寿夫・元山　斉

目　次

ギリシア文字表

大文字	小文字	英語名	読　み
A	α	alpha	アルファ
B	β	beta	ベータ
Γ	γ	gamma	ガンマ
Δ	δ	delta	デルタ
E	ε, ϵ	epsilon	イ (エ) プシロン
Z	ζ	zeta	ゼータ (ツェータ)
H	η	eta	イータ
Θ	θ, ϑ	theta	シータ
I	ι	iota	イオタ
K	κ	kappa	カッパ
Λ	λ	lambda	ラムダ
M	μ	mu	ミュー
N	ν	nu	ニュー
Ξ	ξ	xi	グザイ (クシー)
O	o	omicron	オミクロン
Π	π, ϖ	pi	パイ
P	ρ, ϱ	rho	ロー
Σ	σ, ς	sigma	シグマ
T	τ	tau	タウ
Υ	υ	upsilon	ウプシロン
Φ	ϕ, φ	phi	ファイ
X	χ	chi	カイ
Ψ	ϕ, ψ	psi	プサイ
Ω	ω	omega	オメガ

1章

統計データの収集と分析

本章では，2 章と 3 章で学習する記述統計，および 6 章と 7 章で学習する推測統計を学ぶうえで基礎となる概念を説明する．

まず 1.1 節で，統計的手法が適用される対象である母集団と標本の概念を紹介し，1.2 節で統計学が扱う分野について概観する．1.3 節でデータの種類を説明したうえで，1.4 節で自然科学で広く利用される実験データと観測データの違いについて，1.5 節で経済分析の対象となる世帯や企業に関するデータを収集する統計調査の方法について解説する．最後の 1.6 節では，いくつかの具体的な例を通じて統計分析の解釈上の注意点を紹介する．

1.1 母集団と標本

統計的な方法は多くの観察や実験を通じて何らかの現象を解明するために利用される．その際，分析の対象とする集団全体を**母集団** (population) とよぶ．日本で 5 年おきに実施される国勢調査では，年齢，性別，教育水準，就業状態などを調査している．この例では母集団は日本に居住しているすべての人であり，関連して世帯情報も収集している．なお，母集団の範囲として，海外旅行中の人や，長期出張者を含めるかどうかなど，境界は調査において厳密に定められている．

経済・社会の実態を明らかにするための母集団全体の調査には多額の費用と手間がかかるため，通常，母集団の一部だけを調査し，その結果にもとづいて母集団に関する推論を行う．一方，自然科学の分野では，通常は全数を調査することはできないし，調査以外にも実験や観察にもとづくことが多い．統計ではデータとして収集した対象を**標本** (sample) とよぶ．

経済分野の例として，8.3 節で解説する総務省統計局の労働力調査では，母集団は日本に住むすべての人であり，毎月約 4 万世帯を標本としているが，就業状態については 15 歳以上の者（約 10 万人）だけを調査している．したがって，就業状態に関しては母集団は 15 歳以上の者と考えるのが適当である．2020 年

4月の速報値では就業者数は 6,628 万人，完全失業者数は 189 万人，完全失業率は 2.6% などであり，経済状況を把握する重要な調査である．また，企業に関する調査の例として，財務省が実施している法人企業統計調査では，母集団は株式会社等の営利法人約 300 万社であり，標本として抽出される法人は約 3 万社である．以上のような政府が実施する調査は**公的統計**とよばれ，特に正確性が求められている．そのため，重要な**基幹統計**については個人や企業に回答の義務が課されている．

民間企業や大学等が実施する調査も多い．ひとつの例として，マスコミが実施する内閣支持率に関するアンケートは，実施主体によって若干異なるものの，基本的には有権者を母集団とする**標本調査**である．

人口 1 万人の自治体で介護に関する実態を調べるために，すべての世帯を調査することもある．これは母集団と標本が一致する，比較的小規模な**全数調査**の例である．大規模な全数調査は少ないが，日本では上記の国勢調査と，すべての企業・事業所約 600 万を調査する**経済センサス**がある．ここで「事業所」とは工場や商店など一定の区画で経済活動を行う単位の名称であり，企業は単独の事業所の場合も，多数の事業所をもつ場合もある．事業所は，経済統計では基本となる単位である．これらの大規模な全数調査は多額な費用と手間がかかることから，前者は 5 年おき，後者は 5 年に 2 回実施されている．いずれも詳細な情報を収集するだけではなく，標本調査を実施するための名簿情報として利用されている．

以上のように，社会を対象とする多くの例では**有限母集団**を対象としている．他方，生物学におけるメンデルの遺伝の実験のように，えんどう豆の種が丸かしわになる数を調べる例では，原理的には実験は限りなく繰り返すことができるから，**無限母集団**とよばれる．この場合の標本は実験によって得られるものであり，調査の場合とは異なる注意点がある．なお，実験と観察，調査の相違点に関しては，後に 1.4 節と 1.5 節でふれる．

標本に含まれる実験回数や，調査された人，世帯，企業などの数を**標本の大きさ** (sample size) とよび，一般に小文字の n で表す．また有限母集団の場合には母集団に含まれる企業などの数を**母集団の大きさ** (population size) とよび，大文字の N で表すのが一般的である．本書でもこれらの記号を用いる．

厚生労働省が出生者数，死亡者数などを調べて毎月公表している「人口動態統計」は，実際には市区町村に提出された届出を利用する**行政記録情報の統計化**である．これも全数調査の一種とみなすことができる．過去数年の推移は表 1.1 のとおりである．

出生における $100 \times$ 男/女 と定義される**出生性比**は民族や年代によって多少

表 1.1　男女別出生数（人）と出生性比

西暦	総数	男	女	出生性比
2010	1,071,305	550,743	520,562	105.8
2011	1,050,807	538,271	512,536	105.0
2012	1,037,232	531,781	505,451	105.2
2013	1,029,817	527,657	502,160	105.1
2014	1,003,609	515,572	488,037	105.6
2015	1,005,721	515,468	490,253	105.1
2016	977,242	502,012	475,230	105.6
2017	946,146	484,478	461,668	104.9
2018	918,400	470,851	447,549	105.2

（厚生労働省「人口動態統計」）

の変動はあるが，短期間では安定していることが知られている．個々の家族では次に生まれる子供の性別を事前に予測することは困難だが，日本全体ではかなり正確に男女の比率を予測することができる．このような安定的な結果が観測される仕組みを明らかにして，その分析方法を考察することが統計学の課題である．ところで，男女の比は 1 対 1 ではなく，男の方が女より多く生まれる傾向が明らかにみえる．このような傾向を分析するためには，毎年の出生者という仮想的な母集団が無限に続くと考えることもある．仮想的な無限母集団を考えると「出生性比には変化がない」などの仮説を統計的な手法で検討することができる．

1.2　記述統計・推測統計・意思決定

与えられた統計データを整理して表やさまざまなグラフを作成することによって，データのもつ情報を表現する手法を**記述統計**とよぶ．そのなかには平均や散らばりの計算，分布表や散布図の作成などが含まれ，この手法によって標本の特性を知ることができる．また小規模な全数調査であれば，母集団の構造を明らかにすることもできる．記述統計については，2 章，3 章で扱う．

標本調査の場合は，母集団に関する情報を得るための推論が必要である．労働力調査では，母集団における就業者数や失業率を推定している．メンデルの実験では「丸としわの比率は 3 対 1」という理論的な仮説の妥当性を判断する．前者は**推定**，後者は統計的**仮説検定**とよばれる手法の例であり，このような手法を総称して**統計的推測**とよぶ．いずれも標本がどのように母集団と対応するのか，確率的な議論が必要であり，そのため，4 章で解説する確率は統計的推測の基礎として重要である．

伝統的に統計学の対象とされる分野には，データの収集・観察の方法，記述統計，推測統計の 3 分野があるが，データにもとづく意思決定も統計的手法に含めることもある．それは政策の決定などだけではなく，推定の問題でも，どのような手法が優れているのかを判断する基準として分析者の視点による意思決定が反映されていることによる．この分野の体系であるベイズ統計学を利用したベイジアン決定理論は，本書では扱わない．

1.3 データの種類

統計分析で扱うデータには，表やグラフで表現されるものが多い．経済データの例として，総務省統計局は，1.5 節で説明する標本調査によって得られた「家計調査」のデータを公表しているが，そこには，表やグラフとして，世帯人員（人），品目ごとの消費支出（円），世帯主の年齢（歳），性別（男女），持ち家率（%），世帯区分（勤労者，個人営業など）別世帯数の情報がある．統計分析では，金額，年齢，数量など，さまざまな特性が対象となる．これらを一般に**変数**とよび，その性質によって，適切な分析の方法が異なる．ここで，変数とは，標本の世帯ごとに変化する可能性を表現する用語である．

変数の分類にはいくつかの基準があるが，その一つに，2 章で説明する**質的変数**と**量的変数**の区別があり，分析の手法に違いがある．

もう一つの分類の基準として，**クロスセクションデータ**と**時系列データ**の区別がある．クロスセクションデータは，ある特定の時点または期間における，世帯や企業に関するデータであり，本書で扱うデータの多くが該当する．一方，時系列データは特定の系列を多数の異なった時点で観測したデータである．時系列データは，電力使用量のように日単位で観測される**日次データ**，毎月の失業率のように月単位で観測される**月次データ**，1–3 月，4–6 月，7–9 月，10–12 月と一年を 4 つの期間に分けた四半期ごとに観測される**四半期データ**，毎年の GDP のように年単位または会計年度単位で観測される**年次データ**などがあるが，一日の間のさらに細かい時間単位で観測される高頻度データもあり，1 時間単位で公表される電力使用量の他，最近は株価や仮想通貨の取引価格などは分刻みのデータも利用されるようになってきている．

クロスセクションデータに関しては，たとえば調査対象の世帯の順番を入れ替えることは自由であるが，時系列データに関しては，時間的な順序が定められているという点で，大きな違いがある．そのため，一般には，時系列データの分析の方が難しい．本書では 8.1 節で，経済時系列データの分析例を紹介する．

クロスセクションと時系列を組み合わせて，同一の対象を継続的に記録したデータを**縦断的データ**，または**パネルデータ**とよぶ[1)]．たとえば，複数の世帯の消費支出を1年間継続して調査したデータ，企業の活動を数年間にわたって記録したデータ，あるいは多数の労働者の就業状況や賃金に関する情報を毎月記録したデータなどが該当する．

厚生労働省が2010年に開始した「21世紀出生児縦断調査」では，2010年に出生した子の実態および経年変化の状況を継続的に観察するとともに，21世紀の初年である2001年に出生した子を継続的に観察している調査との比較対照等を行っている．これから，少子化対策等の施策の企画立案，実施等のための基礎資料を得ることができる．

個人の集団が成長とともにどのような行動をとるのかという問題に関しては，毎年，別々の集団を調査するより，同一の集団を追跡する方が，さまざまな点で有効な分析を可能とする．パネルデータの分析については，7.3節で例を紹介するとおり，経済分析においても利用される機会が増えてきている．

1.4 実験データと観察データ

母集団の特性を知るためには適切な標本を得ることが重要となるが，統計データの収集方法は**実験研究** (experimental study)，**観察研究** (observational study)，**調査** (survey) という3つの分野で異なる性格をもつ．以下で実験研究と観察研究について，また1.5節で調査について解説する．

実験研究では，研究者は処理効果の検証を可能とするように実験の条件を設定し，条件の相違によって生じる現象を観測・測定する．

例として，2種類の暖房器具 A, B で二酸化炭素 CO_2 の発生量の違いを調べるため，それぞれ3台を用意して1時間当たりの発生量を観測した結果，A: 260, 270, 235，B: 220, 240, 260 （単位は g）という結果を得たとしよう．平均は A が 255，B が 240 となるが，それぞれ変動があるため，このままではどちらの CO_2 が少ないかは明確にいえない．ところが平均は A: 255，B: 240 と同じでも，仮に実験の結果が A: 253, 255, 257，B: 237, 240, 243 であれば明確な差がみえる．この例のように，実験で発生する変動の大きさを知らなければ性能の違いを評価できないため，同じ条件で実験を繰り返して偶然による誤差の大きさを測る必要がある．そのためには実験の**反復**が必要である．

1) 縦断的データ (longitudinal data) とパネルデータ (panel data) を区別する場合もあるが，クロスセクションと時系列の組合せであることが本質的である．

しかし，測定の条件によって CO_2 の発生量は変化する．一棟の集合住宅 6 区画で実験する場合，区画の位置によって日照などが違うから，東から (AAABBB) と割り当てると系統的な違いがでて，暖房機の性能以外の要因で CO_2 の発生量が変化する可能性がある．この問題を避けるためには A, B を無作為に（すべての割り当て方が同じ確率となるように）割り当てる．こうすることで，仮に区画の位置以外の系統的な要因（系統誤差）があったとしても，AB の性能差とは無関係にできる．

さらに，家庭の部屋では居間，寝室，書斎で条件が違うし，気温の高い日か低い日かによる変化も大きい．そのため，3 台の暖房器具は同じ条件の部屋を 2 つずつ組にして（これを**ブロック**とよぶ），それぞれの組に A, B を割り当てて，1 つの組の排出量は同じ時間帯に測定する．このようにブロックの中では条件をできる限り等しくすることを**局所管理** (local control) という．ブロックの中では AB を無作為に割り当てることが望ましい．

実験計画では，効果を知りたい要因を**処理** (treatment) とよぶ．一般に，処理 (A, B) の割り当て方と，結果（CO_2 排出量）に影響する処理以外の要因のあいだに関連性があれば，処理の効果は正確に測定できない．このような場合，他の要因は処理および結果と**交絡**する (confounded) と表現する．暖房機の例では，器具 A, B が処理であるが，それ以外に気温や部屋の向きなどの要因が CO_2 に影響を与えるため，その影響を分離するための工夫が必要であった．

大規模な実験の場合，適当な方法でいくつかのブロックを作り，各ブロック内で無作為に割りつけ処理以外の条件がブロックごとに均質となるように管理する．これが本来の**局所管理**である．以上の，処理以外の効果を小さくするための実験の工夫は**無作為化** (randomization) とよばれ，これによって系統誤差の影響を小さくできる．事前に予想していない交絡要因は少なくないが，暖房器具の例のような無作為化を導入することで可能な限り交絡を排除して，処理の影響を評価することが可能となる．

実験計画の手法は 20 世紀にイギリスの R. A. Fisher によって導入され，上述の例で使われた反復，無作為化，局所管理は「**フィッシャー (Fisher) の 3 原則**」として知られている．本書では実験計画については詳しく扱わないが，Fisher が工夫した実験は，次のような内容である．反復：各処理について繰り返し測定する（適切に局所管理された実験では 2 回以上），無作為化：実験の順序（または区画）は無作為に割りつける，局所管理：適当な方法でいくつかのブロックを作り，各ブロック内の条件をできる限り一定にする．

一方，**観察研究**では事情が異なる．ある病気に対する異なる治療法（すなわち処理）が患者の回復や生存率にどのような影響を与えるかを検討する場合，患者にいずれかの治療法を施して結果を観測するが，副作用が心配される新薬や，危険をともなう手術を無作為に割り当てれば処理の効果を正しく測定できるとはいっても，倫理的な問題が発生するため実際は適用が困難である．さらに，喫煙と健康の問題を分析する例では，被験者に強制的に喫煙させることは現実的ではないなど，無作為化が原理的に不可能な場合も少なくない．そのため，観察研究では観測されたデータに何らかのかたよりが生じている可能性を考慮して分析する必要がある．

たとえば，インターネット配信授業と通常の対面授業とで生徒の理解度に差があるか知りたいという問題で，「受講に協力できる小学校をインターネット配信授業の対象に選ぶ」という実験は，山間部と市街地の違いなど，受講可能性が理解度に影響を与える（交絡）ため適切とはいえない．

1.5　経済・社会データと調査

この節では，経済・社会データを作成するために広く用いられる調査方法を紹介する．

1.5.1　全数調査と標本調査

母集団全体をすべて調べる**全数調査**（センサス）は，どの個体が標本として選ばれるかによって生じる確率的な誤差（標本誤差）は存在しないが，費用が多額であり実施・集計に時間がかかる．そのため，主に，経済・社会全体の姿を詳細に明らかにする目的で限定的に用いられる．実際，日本で実施されている大規模な全数調査には国勢調査と経済センサス（基礎調査および活動調査）がある．これらの全数調査で得られた家計や企業，事業所の名簿は標本調査を実施するために効果的に利用されている．

母集団の一部を調べる**標本調査**に関しては，確率的な**標本誤差**はあるが，費用，労力，時間等の節約になり，サイズが小さいことからより詳細な情報を得ることが可能になるという利点があり，多くの統計調査で用いられている．標本調査の例としては，毎月約 9,000 世帯を調べる家計調査，毎月約 4 万世帯を調べる労働力調査，その他さまざまな世論調査などがある．

1.5.2　標本の抽出方法

母集団から標本を選びだすことを**標本抽出** (sampling) といい，さまざまな方法が提案されている．以下では調査対象として個人，世帯，企業などを想定する．これらは**調査単位**とよばれるが，公的統計では客体，民間調査ではサンプルとよぶことがある．

最も基本的な**単純無作為抽出法**は，母集団から対象者を（くじを引くように）等しい確率で抽出する方法で，そのためには母集団名簿が必要となる．ただし，政府の統計で利用されることは多くない．それは，大規模調査では母集団名簿の作成そのものが困難である，広い地域を調査員が訪問する場合には調査の費用が大きくなる，単純無作為抽出法より優れた方法がある，などの理由による．なお標本に選ばれた対象が繰り返して選ばれることを許す方法を**復元抽出**，許さない方法を**非復元抽出**とよぶ．復元抽出の方が理論的に単純である．質的変数の比率に関しては 5 章で，量的変数の平均に関しては 6 章で示すように，復元抽出の場合は標本の確率分布を簡単に導ける．したがって，複雑な標本設計の場合には復元抽出の理論を用いることがあるが，ほとんどの調査では非復元抽出が用いられている．

母集団に関する情報を事前にもっている場合は，それを利用してさらに正確な調査や，安価な調査が可能となる．**層化抽出**（層別抽出）は，母集団を**層** (strata) とよばれる部分集団に分割して，各層から別々に標本を抽出する方法である．世帯の消費行動や就業状態に関する調査では地域や世帯構成など，世論調査の場合は性や年齢階級で層別することが多い．一方，企業に関する調査では，資本金額や従業員数などの規模を表す情報を用いて層を作成（層化）する．単純無作為抽出では，標本における男女や年齢階級の構成比が母集団と異なる可能性を排除できないのに対して，性別・年齢階級別の層を用いれば，標本におけるこれらの構成比は母集団に近くなる．理論的にも，層化抽出を用いると，母集団の推定が単純無作為抽出より正確になる．

2 段抽出の典型的な例では，全国から世帯を抽出する際に，第 1 段階として市区町村を無作為に抽出し，選ばれた市区町村から第 2 段階として世帯を無作為に抽出する．母集団名簿の作成が第 1 段で選ばれた標本の地域のみに限定されること，調査員が活動する地域を狭く限定できることから，費用を節約する方法であるが，母集団の推定という意味では，正確性はやや犠牲にされる．第 1 段階で選ばれた市区町村の中を（通常は調査区とよばれる）区域に分割して第 2 段階では区域を抽出し，第 3 段階で世帯を抽出する **3 段抽出**もある．これらの方法を**多段抽出**とよぶが，日本では 2 段抽出と 3 段抽出が広く利用されている．

特に，多段抽出において最後の段階の比較的小さな区域を全数調査とする方法を**集落抽出**とよび，実務的に容易な方法として利用される．集落抽出では区域内には標本誤差が存在しないが，同時に地域の数が少なくなることを意味するから，正確性は若干低下する．

多段抽出だけでは正確性が低下するため，層別抽出と組み合わせた**層化多段抽出**が広く利用されている．これは，調査の手間を軽減しながら正確性を実現できる方法である．総務省の家計調査は層化 3 段抽出を利用している．

1.5.3　調査の実施方法

調査の実施方法にはいくつかの種類があり，それぞれに長所と短所がある．伝統的な**面接調査**は調査員が対象者に質問して得られた回答を記入する方法で，調査対象本人が記入しないため**他計式**（他記式）とよばれる．選挙の出口調査はこの例で，調査員はタブレットを見ながら質問し，回答を即時に調査会社に送信している．

配布回収法または**留置**(とめおき)**法**は，調査員が対象者を訪問して調査票を手渡し，後日，再訪問して回収する方法で，**自計式**（自記式）とよばれる，これも伝統的な方法である．

調査員の費用が節約できる方法として**郵送調査**，**電話調査**があり，必然的に前者は自計式，後者は他計式となる．企業に対しては，インターネットを使った調査はしばらく前から使われてきたが，最近では個人に対する**インターネット調査**も増えてきている．2015 年の国勢調査では，希望する世帯はインターネットを通じて回答することができた．

世帯に関する標本調査では事前に調査会社に登録したモニターに協力を依頼することが多く，**インターネットモニター調査**とよばれる．この方法については，あらかじめ登録した世帯の年齢階級，所得水準，教育水準などにかたよりがあるため，その活用には注意が必要とはいえ，今後，重要となることが予想される．

上記の方法を採用する際には，調査費用の他，無作為抽出が実現できるか，抽出された本人の回答であることが確認できるか，正しく理解したうえで回答しているか（質問の機会があるか）などを考慮する必要がある．

留置法は個人面接法より調査員の負担が少ないだけでなく，家計簿や生活時間のように記録を付ける調査には適している反面，同居の家族が回答している可能性を否定できない，誤解にもとづく回答の可能性がある，無回答が発生しやすいなどの欠点がある．

従来，郵送調査は調査経費は安いが留置法などの調査員調査より回収率が低いといわれてきたが，最近ではオートロック式マンションなどが増えるにつれて，調査員が接触できなくても調査票を届けられること，適切な協力依頼や督促によってある程度の回収率が確保できるという理由で再評価され，公的統計でも増加している．

電話調査では，コンピュータが無作為に電話番号を発生する **RDD** (Random Digit Dialing) の手法が発達してきており，電話帳に掲載されていない世帯にも連絡できるという理由から，短時間で集計する内閣支持率など，新聞社の利用が増えている．

インターネット（モニター）調査は，汎用的なウェブ画面の設計が安価で利用できる，選択式回答の論理的な矛盾を回答時にチェックできる，集計が短時間でできるなどの利点がある．調査協力者が若年層にかたよるという欠点はあるものの，母集団の年齢階級別世帯構成比などを用いてかたよりを補正する手法も提案されている．実際，2019 年からは総務省の「消費動向指数 (CTI)」では，部分的に「家計消費単身モニター調査」の結果を利用している．

1.5.4 ショートフォームとロングフォーム

調査によって得られる情報の量と，調査報告者の負担および回収率の減少のあいだには対立的な関係がある．この問題の一つの解決策として，質問事項を基本的な内容におさえた調査票と，ある程度複雑な事項を含む詳細な調査票の 2 種類を作成し，異なる対象を調査するという方法がある．2 種類の調査票を，それぞれ**ロングフォーム**，**ショートフォーム**とよぶ．その目的は，回収率を高めることと，2 種類の調査票を組み合わせることによって必要な情報をできるだけ正確に収集することである．

日本では，8.4 節で紹介する全国家計構造調査をはじめ，次第に採用される事例が増えてきている．アメリカでは，10 年おきに実施する人口センサスにおいて，2000 年調査まではロングフォームとショートフォームが用いられていた[2]．なお，2010 年以降は，アメリカ地域社会調査 (American Community Survey) が，人口センサスを補完する役割の詳細な項目を調査している．

1.6 実際上の注意点

1.6.1 実験データの例

新薬の効果を評価するための実験では，基本的な考え方は「比較」である．**処理群** (treatment) に新薬を投与するだけではなく，処理を適用しない**対照群** (control) も用意して両者の反応を比較する．その際，被験者の割り当ては無作為に行い，医師にも被験者にもどちらが処理群なのかわからないようにする．

---

2) 国勢調査は日本固有の名称で，一般には**人口センサス** (population census) とよぶ．

実験室ではこのような方法で有効性を検証することができる.

次のような例を考えよう.実験室の外で一般の人を対象にして効果を確かめるために,新薬を多数の子供に投与したところ,翌年の病気の発生件数が激減したとする.これだけでは新薬の効果があったのか,たまたま翌年は流行が下火だったのかは明らかにはならないため,実験計画の方法を導入することが望ましい.ところが,多数の子供を選んで,そのうちの半数を処理群,残りの半数を対照群に無作為に割り当てる方法は倫理的な問題があって現実的ではない.この問題を解消するために,新薬の投与を親が了承した場合にのみ処理群に割り当てる方法が考えられる.親が新薬の投与を拒否すると処理群のサイズは多少小さくなるが,病気の発生割合を比較するためには大きな障害とはならない.

以上は原則であるが,実際には,もっと難しい問題があることは,ポリオワクチンに関するアメリカの研究例からわかる[3].そこでは200万人の子供たちを対象にして処理群と対照群に割り当て,ワクチンの接種に同意した親の子供たちだけが処理群となった.高所得者の同意の比率は低所得者の同意の比率よりも高かったが,この例では同意と病気の発症とは無関係ではない可能性(交絡)がある.実際にも,低所得層では,子供たちがまだ母親の抗体に守られている幼少期に軽い小児麻痺にかかって自分の抗体をもち,その後の重い小児麻痺から守られるため,清潔な環境で育てられた高所得者の子供たちより発症率が低かったのである.

より適切な工夫として,同意を得た親の子供に限って処理群と対照群を作成することで,同じ条件の子供たちだけが実験の対象となり,このような困難を回避できる.さらに,医師が新薬の効果を信じている場合には治療の結果にも影響を与えることが知られているため,医師にも知らせずに偽薬 (placebo) を利用するのが**二重盲検**である.この方法では,倫理的な問題は存在するが,無作為化は実現できる.

1.6.2 観察研究データの例

管理された実験では研究者が処理群と対照群を割り当てることができるのに対して,観察研究では,被験者自身の意思で異なる群に分かれ,研究者はその結果を観察するという点で根本的に異なる.喫煙が健康に有害であることは統計学者のあいだではほぼ定説になっているが,これは観察研究にもとづくもので,それほど容易に結論を導けるようなデータではない.実際にも,がんになりやすい体質の人が喫煙を好む傾向がある(交絡)などの主張に反論する必要

3) T. Francis, *American Journal of Public Health*, 1955.

があった．喫煙と健康に関する具体的な論争については省略する．

一方，飲酒が健康に与える影響については意見が分かれている．ある記事では，飲酒と健康の関係について

「1 日にまったく飲酒しない人と 1 回飲酒する人についてアルコールが招く 23 の健康問題のうちのひとつが生じるリスクを比べると，飲酒する人のリスクの方が 0.5% 高かった．15〜95 歳の対象者のうちアルコール関連の健康問題がひとつ生じる人数は，1 年間にまったく飲酒しないグループでは 10 万人中 914 人になるのに対して，1 日 1 回飲酒するグループでは 10 万人中 918 人になる．」

という研究結果に対する反論を取り上げている[4)]．専門家の一人は

「この論文の計算によれば，1 日 1 回たしなむ程度に飲酒する人のグループを 25,000 人として考えた場合，1 年間にグループ全体で 700 ml 入りボトルのジン 40 万本分を飲んで初めて，25,000 人中 1 人が深刻な健康問題をひとつ抱えるようになる．これは非常に低いリスクであると考えられる」

としたが，もう一人は「元の論文の重要なグラフには非飲酒者に関するデータを除外しているものがある」と指摘し，

「非飲酒者のデータを加えたところ，たしなむ程度に控えめに飲む人の方が，まったく飲まない人よりも健康であることがわかった．それどころか，週に 25 ユニット飲む人ですらまったく飲まない人よりも健康であるようだ」

と続けている[5)]．

このように観察研究の分析は難しい課題である．経済分析は，その大部分が実験ではなく観察や調査にもとづくものだから，特に注意が必要である．本書で取り上げるいくつかの例を通じて適切な分析方法を学んでほしい．

1.6.3 アメリカで実施された健康調査の例

1946 年頃，アメリカ東部で行われた調査の例を紹介しよう．戦争中はアメリカでも子供たちの栄養は不十分だったため，東部のある州で栄養改善のための教育プログラムが提案された．事前に相談を受けた統計学者は，その州のいくつかの学校を無作為に選んで教育プログラムから除外するように助言した．これは処理群と対照群の考え方である．1 年後，教育プログラムを受けた子供たちの栄養状態は大きく改善した．しかし，何の指導も受けなかった対照群の子供たちの栄養状態も，同じように改善していた．

おそらく，一般的な食糧事情が改善したために栄養状態が改善したという事

4) *Wired*, “Remember when a drink was good for you?” 2018/9/14
5) 1 ユニットは 100% アルコールで 10 ml.

情があり，教育プログラムは，無害としても大きな効果はなかったということであろう．このような分析ができたのも，無作為に対照群を設定した効果である．

1.6.4 シンプソンのパラドックス

以下は，カリフォルニア大学の入学試験に関して，交絡が発生した事例である．ある時期の大学院の受験者は男性 8,442 人のうち 44% が合格し，女性 4,321 人のうち 35% が合格した．この結果は性差別の根拠にみえるが，主要な専攻学科ごとに合格率を比較すると，表 1.2 のとおり，性による違いは小さい．なぜこのような不思議なことが起きるのだろうか．

表 1.2 カリフォルニア大学の入学試験における合格率

	男		女	
専攻	受験者	合格率 (%)	受験者	合格率 (%)
A	825	62	108	82
B	560	63	25	68
C	325	37	593	34
D	417	33	375	35
E	191	28	393	24
F	373	6	131	7

（D. Freedman, *et al.*, *Statistics*, Norton, 2007 から引用）

この現象は，専攻学科によって合格率が異なることと，男性と女性では学科の選択傾向に違いがあることで説明できる．専攻学科 A, B は男女とも合格率が高く，比較的やさしい学科であるが，残りの 4 学科は難しい学科である．男性受験者に比べて，女性受験者は難しい学科を選ぶ傾向があるため，全体として女性の合格率が低くなる．

このような現象は，初期に指摘した統計学者にちなんで**シンプソンのパラドックス** (Simpson's paradox) とよばれる．注意深く観察すると，広範囲にその例をみつけることができる．

1.6.5 統計調査における回収率

優れた標本調査を設計した後で，最も重要な注意点は十分な回収率を確保することである．

標本調査によって母集団を推定する場合に生ずる誤差は，大きく 2 つに分けて考えることができる．ひとつは，「標本抽出にともなう誤差」で，標本調査に固有のものである．たとえば，ある地域の製造業の生産額は全数調査を行えば明らかにされるが，標本調査ではたまたま大企業が多く選ばれて実際の母集団の平均より大きな値が得られるという誤差が確率的に発生する．これを**標本誤差**とよび，無作為標本については，6 章で解説する理論によってその大きさを客観的に評価できる．もうひとつは標本抽出以外の原因による誤差で，**非標本誤差**と総称されるが，これは全数調査においても発生する．非標本誤差には多くの原因があり，その誤差の大きさは通常，正確に知ることができない[6)]．

以下では非標本誤差の一つである**無回答**について考えてみよう．無回答の主な理由には，(1) 母集団名簿の不備，(2) 回答者が不在のための脱落，(3) 回答拒否，などがある．いずれの場合も得られた標本にかたよりを生じさせる原因となる．たとえば事業所に関する調査を郵送で行えば，一般に大企業ほど回答率が高い．特に，複雑な調査であれば中小企業の回答率はかなり低くなる．また事象所の開業と廃業は多く，特に小規模事象所の名簿は更新が遅れるため，郵送調査の対象に含まれない．このような標本を用いた統計からは，かたよった結論が導かれる危険性がある．

世帯や個人に関する調査でも無回答は重要な問題である．所得水準の調査では高収入あるいは低収入の世帯の協力を得にくいし，政治に関する調査では年齢階層，性，教育水準などによって意見が異なるため，それぞれのグループで同程度の調査協力が得られないとかたよった結果が得られる．また，共働きの多忙な世帯では協力を得にくいことが知られており，このような世帯の回収率は低くなりやすい．

全数調査でも，無回答の扱いによっては同じ問題が生ずる．すなわち，回答数（標本サイズ）が大きくても，**回答率**（回収率）の低い調査はあまり信用できない．

演 習 問 題

1. ある企業のホームページにはその企業の製品の顧客の感想を集計した結果が示されており，それによると回答者の 80% が「満足」と回答している．この例で注意すべき点は何か．
2. 心筋梗塞で死亡した人の 95% がある食べ物を摂取していた．また，がん患者の 98%，強盗などの凶悪犯罪者の 90% も食べていた．この食べ物は禁止すべきか．
（NHK「クローズアップ現代 ～ 統計学ブームの秘密 ～」，2013 年 7 月 3 日）
3. 1936 年アメリカ大統領選挙の際のリテラリー・ダイジェスト誌の調査では，1,000 万人の電話所有者とこの雑誌の購読者が標本として選びだされた．調査では，共和党のアルフレッド・ランドン候補が 57%，民主党のルーズベルト候補が 43%

6) sampling error と nonsampling error.

となったが，実際には，ランドンは 36.5% だったのに対して，ルーズベルトは 60.8% の票を得て大統領になった．このようなことが生じた理由を考察せよ．

4. 米西戦争の間，アメリカ海軍の死亡率は 1,000 人につき 9 人，同期間のニューヨーク市における死亡率は 1,000 人につき 16 人であった．海軍はこの数字を使って海軍に入隊した方が安全だと宣伝していたという．この議論の問題点を指摘せよ．
(ダレル・ハフ著／高木秀玄訳「統計でウソをつく法」（講談社 BLUE BACKS，1968))

5. 各家族の兄弟姉妹の数を知るために，ある町で小学校の生徒を対象として調査したところ，自分自身を含めた兄弟姉妹の数は次のようになった．

兄弟姉妹の数	1 人	2 人	3 人	合計
回答生徒数（人）	192	324	186	702

このとき，小学生がいる家族の平均兄弟姉妹数を求めるために $(1 \cdot 192 + 2 \cdot 324 + 3 \cdot 186)/(192 + 324 + 186) = 1.99$（人）と計算するのは，適当とはいえない．その理由を説明せよ．

6. 新聞やテレビなどが実施する世論調査では，最近は毎月，内閣支持率を尋ねているが，各社の数値には若干の差がある．たとえば，日本経済新聞は朝日新聞と，おおむね 10% ポイント[7] ほどの差があり，その傾向は比較的安定している．両社とも RDD の手法による電話調査であるが，支持率の差に関してどのような理由が考えられるだろうか．

7. アメリカ MLB の 2 人の選手について，2 年分の安打数/打数と打率は次の表のとおりである．

	1995		1996		通算	
D. Jeter	12/48	.250	183/582	.314	195/630	.310
D. Justice	104/411	.253	45/140	.321	149/551	.270

2 年間の通算では Jeter の打率が高いが，1996 年では Justice の打率が高い．そうすると，1995 年では Jeter の打率が高くなければおかしくないか．

(K. Ross, "A Mathematician at the Ballpark," A Plume Book, 2007)

7) % (パーセント) ポイントとは，百分率（パーセント）で表示された数値どうしの差を表す．たとえば，30% と 40% の差は 10% ポイントであって，$(40-30)/30 = 33\%$ とは異なる．

2章

1変数データの表現

この章では，1 変数データの記述統計的手法について，データの要約とグラフ化を中心に解説し，集計データや統計グラフを読む力と，データを要約して適切なグラフを用いて表現する力とを身につける．具体的には，1 次元データの要約統計量として分布の中心を測る尺度（平均値，中央値，最頻値）および分布の散らばりを測る尺度（標準偏差，分散，分位点，範囲，四分位範囲）などの意味と性質を理解し，あわせて度数分布表の作成とヒストグラムの他，**探索的データ解析**とよばれる手法の例として，箱ひげ図などを用いたグラフ表現を学ぶ．

なお，本文中で用いる総和記号 ($\sum$) とコンピュータの利用に関する簡単な解説は付録にまとめてある．1)

2.1 度 数 分 布

2.1.1 変数とその分類

ある学部に所属する学生や，ある地域で活動している**事業所**など，何らかの集団に属する個体を対象に調査を実施するとき，それぞれの調査項目は**変数** (variable) とよばれる．ある飲食店におけるビールの販売数量を調査した結果が表 2.1 にまとめられている．表には，ビールの売行きに影響を与える気象データもあわせて記録されている．この例では，ビール販売数量（`beer`）や気温 (`temp.ave`)，日照時間（`sun`），天気概況（`weather`）などが変数である．データの大きさを通常 n で表し，**標本の大きさ**とよぶ．

変数の性質によって分析の手法が異なるため，次のような分類が用いられる．ひとつの基準は質的（定性的）変数と量的（定量的）変数である2)．表 2.1 では，天気概況は**質的変数**で，晴・曇・雨に区分されている．この分類を**カテゴリ**とよぶ．ただし，質的変数も分析用のデータでは数値で表現することもあり，`weather.dmy` 変数では，晴は 2，曇は 1，雨は 0 としている．ビールの販売数

1) 本章の内容についてより正確な議論は参考文献 [9] の第 1 章にある．

2) それぞれ qualitative variable, quantitative variable.

表 2.1 飲食店の 7 月と 8 月におけるビール販売数量と気象データ

20XX 年 日付 曜日		ビール 販売数量 (杯)	気温 平均気温 (°C)	日照 時間 (H)	天気概況 昼 (06:00–18:00)	
date	date.dmy	beer	temp.ave	sun	weather	weather.dmy
7 月 1 日月曜日	0	52	23.8	0.4	曇	1
7 月 2 日火曜日	0	61	24.3	8.5	晴	2
⋮	⋮	⋮	⋮	⋮	⋮	⋮
7 月 30 日火曜日	0	72	27.8	2.3	曇	1
7 月 31 日水曜日	0	78	27.4	0.8	曇	1
8 月 1 日木曜日	0	102	27.5	3.2	曇	1
8 月 2 日金曜日	0	64	25.6	4.0	曇	1
⋮	⋮	⋮	⋮	⋮	⋮	⋮
8 月 30 日金曜日	0	103	31.4	10.2	曇	1
8 月 31 日土曜日	1	133	30.8	7.9	晴	2

量や気温などは**量的変数**である．量的変数は，さらに**離散変数**と**連続変数**に区別される[3)]．気温や湿度，日照時間などは原理的に実数値をとる連続変数である．ビールの販売本数は整数なので厳密には離散変数だが，最小単位の 1 本に対して，販売数量は広い範囲の値をとるため，連続変数とみなして分析することが多い．離散変数の例としては，世帯の子供数や世帯が保有する自動車台数などがある．

観測値の性質に応じて，名義尺度，順序尺度，間隔尺度，比例尺度という分類もある．質的変数は名義尺度と順序尺度に区分され，量的変数は間隔尺度と比例尺度に分けられる．後にみるように，利用できる分析手法に違いがある．

表 2.1 の `date.dmy` は平日を 0，土日と祭日を 1 としているが，0 と 1 は便宜上の符号で，大小や順序に意味はない．このように，何らかの属性や種別を表す質的変数を**名義尺度**とよぶ．名義尺度の例として，国勢調査等で集計される世帯員の職業の分類や，所属する産業の分類がある．

`weather.dmy` は天気の分類に応じて 0, 1, 2 の数値を割り当てた質的変数である．このような質的変数を**順序尺度**とよぶ．ビールの売行きではこの順序に意味がある．雨と曇の差と，晴と曇の差はどちらも 1 になるが，売行きに与える影響の差は等しいとはいえない．カテゴリごとに割り当てた数値の大小関係に意味はあるが，間隔に関しては必ずしも量的な意味はない．

間隔尺度と**比例尺度**との違いは，比に意味があるかどうかにある．摂氏で表示された気温については差は意味があるが，比は一般には無意味である．これが間隔尺度の例である．他の例に試験の得点がある．国語の試験で 100 点をとった生徒は 50 点の生徒に比べて 2 倍の国語の能力をもっているとはいえない．一

3) discrete variable と continuous variable は離散型，連続型ともよぶ．

方，重さや長さなどの比例尺度は差にも比にも意味があり，表 2.1 では，日照時間やビールの販売数量が比例尺度である．

2.1.2 度数分布表

質的変数および離散的な量的変数については，度数を表の形に整理することは容易なので省略し，以下では連続的な量的変数の場合を扱う．

表 2.2 ビール販売数量の度数分布表

階級（杯）	階級値	度数	相対度数	累積相対度数
0〜20	10	1	0.016	0.016
20〜40	30	2	0.032	0.048
40〜60	50	10	0.161	0.210
60〜80	70	12	0.194	0.403
80〜100	90	7	0.113	0.516
100〜120	110	10	0.161	0.677
120〜140	130	15	0.242	0.919
140〜160	150	3	0.048	0.968
160〜180	170	2	0.032	1.000
	計	62	1.000	—

変数がさまざまな値をとる様子を**分布**とよぶが，分布をとらえる最も基本的な表現は**度数分布表**である．度数分布表は，下限値と上限値が設定された各**階級**に含まれる観測値の**度数**を整理したものである．表 2.2 では，各階級の幅を 20 として各階級に含まれる日数を示している．たとえば販売数量が「40 以上 60 未満」であった日数は 10 である．この例では各階級には下限を含み，上限は含まない[4)]．

階級の下限値と上限値の平均を各階級の**階級値**（または**代表値**）とよぶ．表 2.2 では第 3 階級の階級値は $(40+60)/2=50$ である．階級値はその階級に含まれる観測値の平均に近いが，厳密には一致しない．

度数の総和に対する各階級の度数の比を**相対度数**とよぶ．表の一番右にある，

表 2.3 度数分布表

階級	階級値	度数	累積度数	相対度数	累積相対度数
$x_1 \pm (h/2)$	x_1	f_1	F_1	f_1/n	F_1/n
$x_2 \pm (h/2)$	x_2	f_2	F_2	f_2/n	F_2/n
$x_3 \pm (h/2)$	x_3	f_3	F_3	f_3/n	F_3/n
⋮	⋮	⋮	⋮	⋮	⋮
$x_k \pm (h/2)$	x_k	f_k	F_k	f_k/n	F_k/n
	計	n	—	1	—

4) 海外では，下限を含まず上限を含む方が多い．

第 1 階級から当該階級までの相対度数の和を**累積相対度数**とよぶ5).

階級の幅を一定 (h) とし，階級を k 個としたときの度数分布表の一般型を表 2.3 に示す．ここで累積度数は $F_1 = f_1$, $F_2 = F_1 + f_2$, $F_3 = F_2 + f_3$, $\ldots$, $F_k = F_{k-1} + f_k$ と計算され，$F_k = n$ である．

2.1.3 ヒストグラムと幹葉表示

連続的変数の度数分布表をグラフで表現するものが**ヒストグラム** (histogram) であり，図 2.1 の左は，表 2.2 から作成した例である．ヒストグラムを作成する際の注意点は，度数の大きさは柱の高さではなく，面積に比例させて描くことである．図 2.1 左では階級幅が一定なので，縦軸を度数としても誤解はない．一方，階級の幅が一定でない場合には，柱の面積が相対度数に対応するため，柱の高さは一定の階級幅に対応した**密度**としてヒストグラムを描く．図 2.1 右では，最上位階級（灰色）の幅は他の階級の 2 倍だから，柱の高さ（密度）は度数の 1/2 に比例している．観測値の数が大きいとき，級の間隔を狭くしていくと，連続的変数のヒストグラムはなめらかな曲線に近づいていくことが想像できる．これが連続的変数のヒストグラムの解釈である．

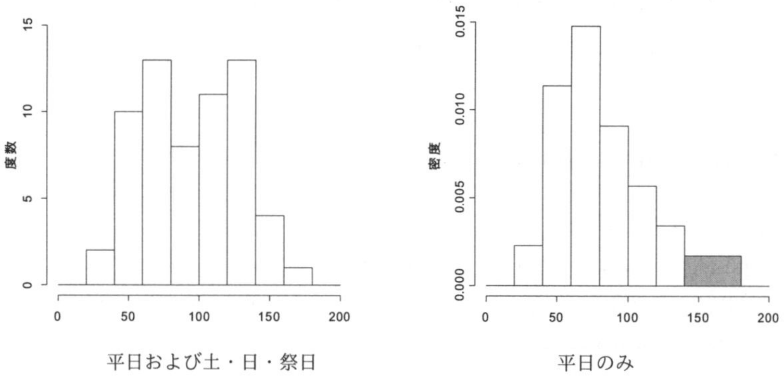

図 2.1 ビール販売数量のヒストグラム

図 2.1 左のヒストグラムには 2 つの山がみえる．これを**双峰型分布** (bimodal distribution) とよぶことがある．平日の売上に限定して描いた右のヒストグラムでは 1 つの山 (**単峰型分布**，unimodal distribution) になっていることから，ビールの売上が平日と土日祭日とでは異なるために双峰になっていると考えられる．実際，図 2.2 に示すヒストグラムの山は，図 2.1 の右側の峰に対応して

5) relative frequency と cumulative relative frequency.

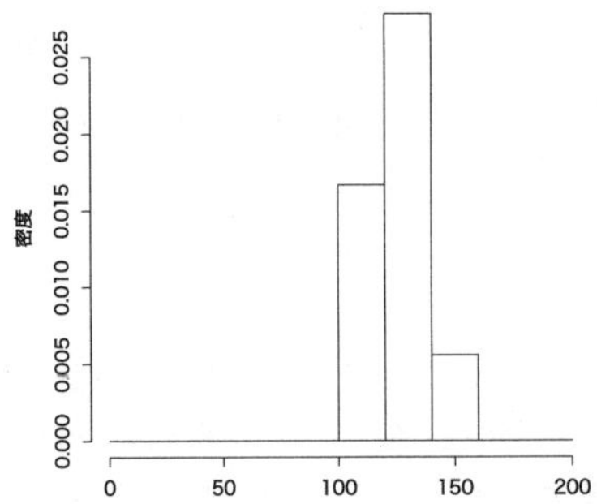

図 2.2　ビール販売数量（土・日・祭日）

```
23 | 89
24 | 1368
25 | 2344456
26 | 357778
27 | 34567888
28 | 0234557
29 | 0112345667
30 | 0001223335789
31 | 034
32 | 9
33 | 2
```

図 2.3　ビール販売数量の幹葉図

いる．

図 2.3 は，**幹葉表示**（かんよう）(stem-and-leaf-display，または幹葉図（みきは）) とよばれる図で，平均気温の分布を示したものである．この図では，縦線の左側の幹 (stem) の部分に整数部分の気温，右側の葉 (leaf) の部分に小数点以下 1 桁目を記していて，一番上の (23 | 89) は，23.8°C と 23.9°C を表している，幹葉表示は，**探索的データ解析** (EDA) の基本的な手法のひとつで，度数分布表を作成する手間をかけずに，分布形を簡単にとらえるものである[6]．

2.2 中心の位置の尺度

2.2.1 算 術 平 均

表 2.4 は，ある地域に居住する 200 世帯の年間所得（以下，所得とよぶ）の一部である．観測値を $x_1, x_2, \ldots, x_n$ とするとき，合計は，A.1 節で解説する総和の記号 $\sum$ を用いると

表 2.4　A 地域に住む 200 世帯の所得（万円）

445	539	498	169	384	399	327	722	589	232
282	588	576	450	481	389	620	498	740	391
⋮	⋮	⋮	⋮	⋮	⋮	⋮	⋮	⋮	⋮
496	562	545	554	665	475	397	410	622	489
297	342	371	512	314	643	508	713	471	724

6) Exploratory Data Analysis (EDA) はプリンストン大学の J.W. Tukey (1915–2000) が提唱した一連の手法で，従来の形式的な数理統計学を批判するなかで提案されたものである．

$$\sum_{i=1}^{n} x_i = x_1 + x_2 + \cdots + x_n$$

と表せる．表 2.4 から A 地域の平均を求めると 500 万円となるが，これは正確には**算術平均** (arithmetic mean) とよぶ．変数 x の平均 $\overline{x}$ は次の式で定義される[7]．

$$\overline{x} = \frac{1}{n}\sum_{i=1}^{n} x_i$$

なお，所得については，公平に分配した場合の世帯当たりの所得が算術平均であるが，一般の場合には，いくつかの解釈ができる．

観測値と平均の差 $x_i - \overline{x}$ を**偏差** (deviation) とよび，その和は $\sum_{i=1}^{n}(x_i - \overline{x}) = \sum_{i=1}^{n} x_i - n\overline{x} = 0$ となる．このことは，x 軸上の各観測値に一定の重さの点を配置したとき，$\overline{x}$ がその重心となることを意味する．次の性質もなりたつ．ある値 m と各観測値の近さを測る基準として $f(m) = \sum_{i=1}^{n}(x_i - m)^2$ を考えると，$m = \overline{x}$ は $f(m)$ を最小にする[8]．

原データではなく，表 2.2 のような度数分布表のみが利用できる場合に平均を求めるときは，度数分布表の各階級に含まれる観測値はすべて階級値に等しいと仮定して，以下のとおり近似的に計算する[9]．

$$\overline{x} = \frac{1}{n}\sum_{i=1}^{k} x_i f_i = \sum_{i=1}^{k} x_i \frac{f_i}{n}$$

なお，階級値として各階級の平均を与える場合には階級値を用いても正確な平均と一致する[10]．

2.2.2　中 央 値

表 2.5 も 200 世帯の年間収入の一部である．表 2.4 と表 2.5 の年間収入データについて，平均はいずれも 500 万円であるが，両地域は似ていると判断できるだろうか．

観測値を昇順（あるいは降順）に並べたとき，中央に位置する値を**中央値** (median，メディアン) とよび，記号で m または M と表す．なお，データの大きさ n が偶数の場合は中央に相当する順番が存在しないため，$n/2$ 番目と $(n+1)/2$ 番目の観測値の平均を中央値とすることが多い．

7)　$\overline{x}$ はエックス・バーと読む．
8)　付録 A.5 の最小 2 乗法で $b = 0$ とおくと，$\sum_{i=1}^{n}(y_i - a)^2$ は $a = \overline{y}$ で最小になる．
9)　相対度数 f_i/n を重みとする階級値 x_i の加重平均（2.2.4 項）である．
10)　総務省統計局が提供する統計表では，各階級の平均を階級値として公表している．

表 2.5 B 地域に住む 200 世帯の所得（万円）

294	1108	1003	540	964	551	1390	104	129	1051
347	130	1197	232	554	386	721	504	442	704
⋮	⋮	⋮	⋮	⋮	⋮	⋮	⋮	⋮	⋮
813	115	420	857	377	534	623	433	1239	936
229	498	497	622	593	256	157	674	365	743

それぞれ 7 つの数値からなる 2 つのデータ

$$(1,3,4,6,7,9,12) \quad \text{および} \quad (1,3,4,6,7,9,54)$$

を比べてみよう．2 つのデータは 7 番目の数値が違うだけだが，平均は 6 と 12 と大きく異なる一方，中央値は 6 で等しい．この例からわかるように，中央値は平均に比べて極端な観測値の影響を受けにくい．この性質は，中央値は平均より外れ値に対して**頑健** (robust) であると表現される．外れ値については，2.3 節で箱ひげ図とあわせて説明する．

中央値についても，平均と類似の解釈ができる．今度は $f(m) = \sum_{i=1}^{n} |x_i - m|$ という基準で m と各観測値の距離を測ると，$f(m)$ を最小にする値が中央値となる．平均と中央値のいずれも，このような意味で観測値全体の位置を表す代表値である．

一般に，観測値を昇順に並び替えたとき，小さい方から $100p\%$目にあたる値を $100p\%$ **（パーセント）点** (percentile，あるいは**分位点** quantile) とよぶ．特に，25%点と 75%点をそれぞれ第 1，第 3 **四分位** (quartile) とよび，Q_1，Q_3 と表す．50%点は第 2 四分位だが，通常は中央値とよぶ．一般のパーセント点の定義は小さな n に対しては複雑になることから，n が大きい場合に利用することが望ましい．

最小値，Q_1，m，Q_3，最大値の数値を EDA では **5 数要約** (five-number-summary) とよぶ．正確には，n' を $(n+1)/2$ を切り捨てた値とするとき，最小値・最大値からそれぞれ $(n'+1)/2$ 番目の観測値（または 2 つの観測値の平均）を**ヒンジ** (hinge, H) とよび，これは Q_1，Q_3 の簡明な定義となっている．この手順は，元のデータを中央値より小さい部分と大きい部分に分割して，それぞれの中央値を求めることに相当する．

図 2.4 には，A 地域と B 地域に住む世帯の所得について，5 数要約と平均が示されている（R の `summary` 関数の出力）．これによれば，A 地域の平均 (`Mean`) は 500 万円，中央値 (`Median`) は 497.5 万円と両者の値は近い．一方，B 地域では平均 500 万円，中央値 420.5 万円と，やや差がある．

図 2.5 は，A, B 地域の所得のヒストグラムである．左右対称に近い分布の A

```
        地域 A                   地域 B
Min.    :167.0          Min.    :  21.0
1st Qu. :403.0          1st Qu.: 238.5
Median  :497.5          Median : 420.5
Mean    :500.0          Mean   : 500.0
3rd Qu. :588.2          3rd Qu.: 682.5
Max.    :802.0          Max.   :1471.0
```

図 2.4 A 地域と B 地域の世帯所得に関する状況（万円）

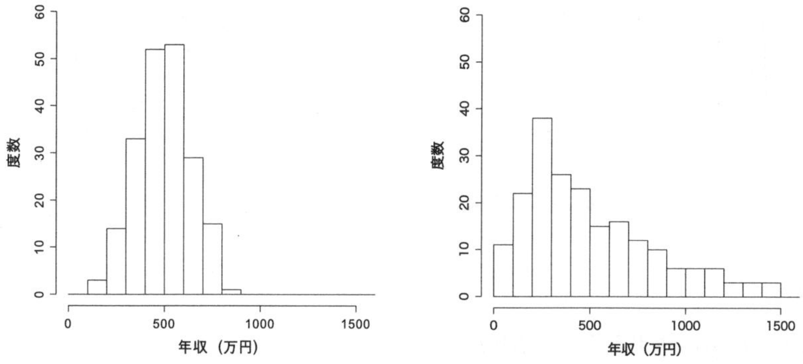

A 地域　　　　B 地域

図 2.5 所得分布の形状の違い

地域では平均と中央値が近いが，高額所得世帯が存在して分布の右の裾が長い B 地域では中央値より平均が大きい．この例のように，平均と中央値の両方を知れば，ある程度は分布の形がわかることが多い．

2.2.3 最 頻 値

度数が最大となる階級（またはその階級値）を**最頻値** (mode) とよび，m_o と表す．図 2.5 の B 地域のヒストグラムでは，最頻値は年間収入 200〜300 万円の階級（階級値は 250 万円）である．離散変数の場合は最も度数の大きい観測値が最頻値であるが，年間収入のような連続変数では，最頻値は階級に対応させる必要がある．度数分布をつくらないと，元の観測値でたまたま 2 世帯の所得が一致したら，定義上はその所得が最頻値となるなど，役に立たない指標となる．連続変数の最頻値は階級のつくり方に依存するため，n が十分に大きくない場合には，ややあいまいな尺度といえる．さらに，分布が双峰の場合は，形式的に峰の高い方の階級値を最頻値に決めたとしても，分布の中心を表す適切な代表値とはいえないことにも注意が必要である．

経済・経営の分野では，年間収入や金融資産残高の分布など，しばしば右に歪んだ分布（峰が左に寄って，右裾が長い分布）が観測される．右に歪んだ分布では，一般に「最頻値 $<$ 中央値 $<$ 平均値」という順になる[11]．図 2.6 左は典型的な所得の分布であり，この傾向が確認できる．これに対して，ほぼ左右対称な分布であれば，これら 3 つの統計量はほぼ等しくなる．

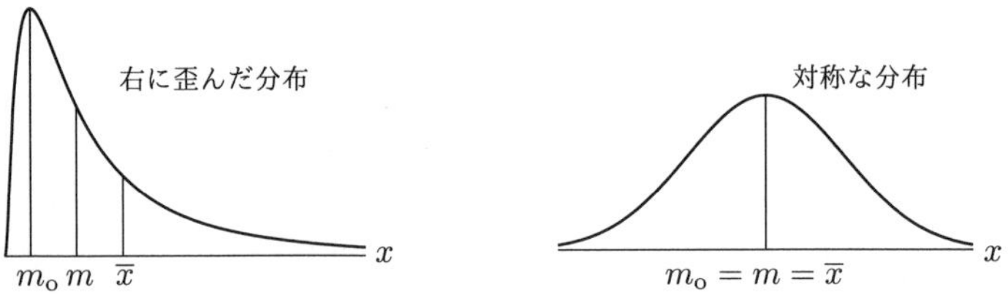

図 2.6 平均値，中央値，最頻値の関係

2.2.4 位置に関するその他の尺度

幾何平均 一般に，$x_1, x_2, \ldots, x_n > 0$ のとき

$$G = (x_1 x_2 \cdots x_n)^{1/n} = \sqrt[n]{x_1 x_2 \cdots x_n}$$

を**幾何平均** (geometric mean) とよぶ．

経済変数の時間的な変化を表現するために，前期比や成長率がよく用いられる．第 0 期から第 n 期までの売上を $x_0, x_1, \ldots, x_n$ とすると，前期比は $r_1 = x_1/x_0,\ r_2 = x_2/x_1,\ \ldots,\ r_n = x_n/x_{n-1}$ である．全期間を通して売上は x_n/x_0 倍になっているが，これは各前期比の積 $r_1 r_2 \cdots r_n$ に等しい．したがって，前期比 $r_1, \ldots, r_n$ に関する平均は算術平均 $\overline{r} = \sum r_i/n$ ではなく，幾何平均 $G = \sqrt[n]{r_1 r_2 \cdots r_n}$ とするのが自然である．すなわち，$G^n = x_n/x_0$ となるが，$n\overline{r} = x_n/x_0$ とはならない．

第 i 期の成長率 $g_i = (x_i - x_{i-1})/x_{i-1} = r_i - 1$ を用いると，全期間の売上倍率は $x_n/x_0 = r_1 \cdots r_n = (1+g_1)\cdots(1+g_n)$ と表される．したがって**平均成長率** g は，$x_n/x_0 = (1+g)^n$ を満たすように，$g = \sqrt[n]{(1+g_1)\cdots(1+g_n)} - 1$ と定義するのが適切となる．

11) 英語では，mean $>$ median $>$ mode とアルファベット順になる．

調和平均 1 周が d km の自動車レース用コースを n 周走行して，各回の平均時速 (km/h) が $(s_1, \ldots, s_n)$ だとすると，平均時速 H_s は，走行距離 nd を時間の合計 $d/s_1 + \cdots + d/s_n$ で割って

$$H_s = \frac{nd}{d/s_1 + \cdots + d/s_n} = \frac{n}{1/s_1 + \cdots + 1/s_n}$$

と求められる．このとき $1/H_s$ は速度の逆数の算術平均になっている．これが調和平均の例である．一般に，$x_1, \ldots, x_n > 0$ に対して**調和平均** (harmonic mean) H は次の式で与えられる．

$$H^{-1} = \frac{1}{n}\left({x_1}^{-1} + \cdots + {x_n}^{-1}\right) = \frac{1}{n}\left(\sum_{i=1}^{n} {x_i}^{-1}\right)$$

加重平均 ある企業の職種 A, B, C の賃金上昇額は，順に 1,200 円, 800 円, 400 円である．このとき一人当たり上昇額の平均を $(1200+800+400)/3 = 800$ 円と単純平均でとらえることは適切とはいえない．A, B, C の各職種の従業員数が順に 30 人, 60 人, 150 人であれば，人数の多い職種の影響が大きいから，上昇額の合計を従業員数の合計で割って $(1200\times30+800\times60+400\times150)/(30+60+150) = 600$ 円とするのが正しい．実際，最低賃金など賃金統計における平均は，適用従業員数を考慮した加重平均で示されることが多い．

一般に，$(x_1, \ldots, x_n)$ に対して，相対的な重要度が $(w_1, \ldots, w_n)$ で与えられるとき，以下の $\overline{x}_w$ を w を重みまたはウェイトとする**加重平均**（正確には加重算術平均）とよぶ．

$$\overline{x}_w = \frac{w_1 x_1 + \cdots + w_n x_n}{w_1 + \cdots + w_n} = \frac{\sum w_i x_i}{\sum w_i}$$

元の重みを合計 $\sum w_i$ で割って**相対的な重み**を $\sum w_i = 1$ とすると，$\overline{x}_w = \sum w_i x_i$ と簡単に表される．通常の算術平均は，w_i が一定という特別な場合と考えてよい．

相対的な重み w_i を用いた加重幾何平均 G_w，および加重調和平均 H_w は，それぞれ次のように定義される．これらは 8 章で解説する物価指数の算式に用いられる．

$$\log G_w = \frac{1}{n}\sum_{i=1}^{n} w_i \log x_i, \qquad H_w^{-1} = \frac{1}{n}\sum_{i=1}^{n} w_i x_i^{-1}$$

刈込み平均 観測値を昇順に並べて小さい方と大きい方から同数のデータを取り除き，残りのデータを使って算術平均を求めれば極端に大きな値や小さな値

の影響を軽減できる．これが**刈込み平均** (trimmed mean) である[12)]．

先の数値例 $(1,3,4,6,7,9,12)$ および $(1,3,4,6,7,9,54)$ の平均は 6 と 12 であるが，最小値と最大値を 1 つずつ除外する刈込み平均では，両者ともに 5.8 となる．

2.3 節で解説する外れ値の存在が疑われる場合に，刈込み平均が用いられる．実際，フィギュアスケートの採点は，特定の国の審判によるかたよりを避けるために刈込み平均が用いられていた時期がある．ただし，所得の分布のように，正しい観測値でも右の裾が長いことがあるため，対称でない分布の場合には注意が必要である．

2.3 箱ひげ図と散らばりの尺度

図 2.5 の年間収入のヒストグラムは 2 地域（A, B）でかなり異なっている．通常は，年間収入は，B 地域のように右裾の長い形であり，**右に歪んだ分布**とよばれる．国民生活基礎調査（厚生労働省）の結果概要など，年間収入について右に歪んだ分布を目にする機会は多い．A 地域のような分布は，特定の企業の同一職種の従業員宿舎が多い地域などの例を除いて少数である．

2.3.1 箱 ひ げ 図

分布に関する簡約情報として，図 2.4 に掲げた 5 数要約がある．最大値から最小値を引いた値は**範囲** (range) とよばれる，品質管理などで利用される散らばりの尺度である．しかし，最大値や最小値は他の観測値と比べて極端に離れた値（外れ値）となることがあるため，経済データで利用される機会は多くない．一方，**四分位範囲** (quartile range) $Q = Q_3 - Q_1$ はよく利用される散らばりの尺度で，半数の観測値が四分位範囲の区間幅に存在していることになる．これは外れ値の影響を受けることが少ないため，経済データでも利用される．

図 2.7 は，既出の A, B 地域と，表 2.6 に示す C 地域の所得データを加えて描いた箱ひげ図である．**箱ひげ図** (box-and-whisker-plot) は，分布の形状を簡単に表示する手法として有用である．図 2.7 には，漢字の「日」のようにみえる箱ひげ図の「箱」にあたる部分が 3 つ横に並べて描かれている．「日」の字の横棒が引かれた位置は，下から順に第 1 四分位，中央値，第 3 四分位である．

12) 刈込み平均は，Excel では `TRIMMEAN` 関数で求められる．20 個の観測値に対して，`=TRIMMEAN(A1:A20, 0.1)` とすれば，大小の 10% の観測値（$20 \times 0.1 = 2$ 個）を除いた平均が求められる．R では `mean` 関数に `trim` というオプションを指定する．`mean(x, trim=0.05)` とすると，大小のそれぞれ 5% の観測値を除いた平均が与えられる．

表 2.6 C 地域に住む 200 世帯の所得（万円）

744	629	125	816	794	698	215	296	422	593
720	676	571	549	784	327	596	689	552	747
⋮	⋮	⋮	⋮	⋮	⋮	⋮	⋮	⋮	⋮
775	397	709	667	641	697	273	235	217	306
757	310	703	227	292	710	870	273	228	276

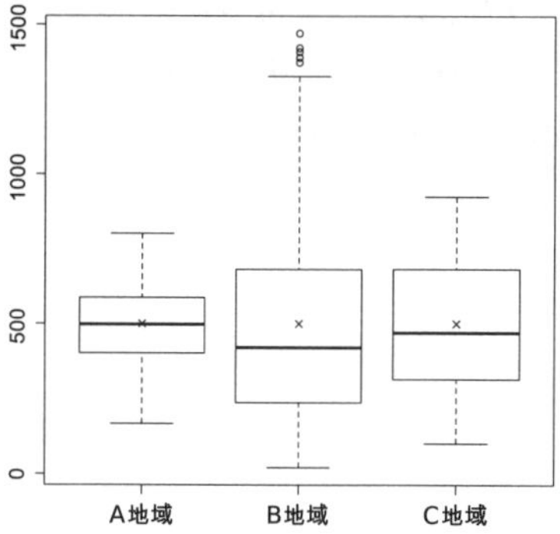

図 2.7 3 地域の所得分布

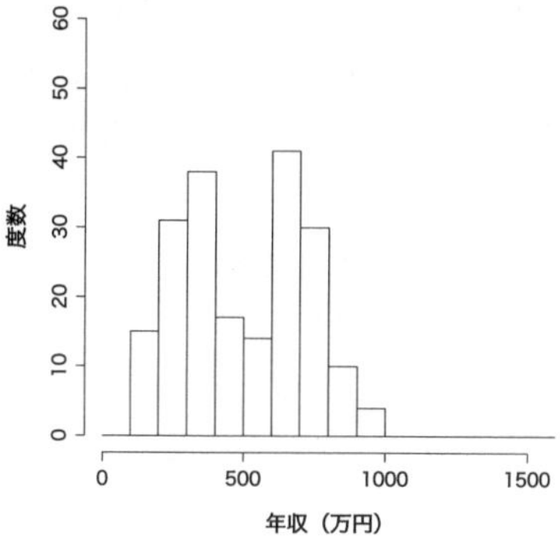

図 2.8 C 地域の所得分布

箱中の × 印は平均の位置で，この例では 3 地域とも 500 万円になっている．平均は，頑健な指標を利用する EDA 本来の箱ひげ図では示されないが，最近は参考として表示することが多い．

箱から上下に伸びている「T」字が「ひげ」とよばれる部分である．上方向には四分位範囲の 1.5 倍以内の最大値までひげが伸びており，下方へも同様の範囲内にある最小値までひげが描かれている．四分位範囲の 1.5 倍を超える観測値は，ひげの端を超えて○印で示される．EDA ではこれらの観測値を特に注意を払うものとして，**外れ値** (outlier) とよぶ．これが，狭い意味の外れ値の定義である．なお，外れ値に関しては，これ以外に厳密な定義は存在しない．

図 2.7 で，B 地域には 5 つの○印（外れ値）があるが，A 地域と C 地域には外れ値は存在していない．単純化した「基本箱ひげ図」は，外れ値を表示せず観測値中の最大値と最小値まで伸ばすもので，R の `boxplot` 関数にもそのオプションがある．

○印の外れ値は間違った測定値が混入するなど，注意が必要な観測値である．しかし，異常な値として直ちに分析から除外することは適切とはいえない．実際，家計の消費支出，企業の売上や従業員数などの分布は右に強く歪んだ分布であり，形式的な定義によれば，ほとんどのデータで外れ値が存在する．外れ値の処理に際しては，調査票への誤記入などによるものか，あるいは異なる属性をもつ調査客体（個体）が混在してるか，などの多面的な検証が必要であり，異常な値として機械的に除外すべきものではない．

箱ひげ図は分布の広がりに関する一覧性に優れ，異なるデータ間の比較にも便利である．図 2.7 をみると，所得の散らばりが最も小さいのは A 地域であり，最も大きいのは B 地域であることなどを容易に読み取ることができる．

しかし，図 2.8 に示す C 地域のヒストグラムは双峰型分布であり，平均と中央値は 2 つの山のつなぎ目付近に位置する．このように，箱ひげ図が与える情報だけからは双峰性に気づくことはできない点に注意が必要である．

2.3.2 分散・標準偏差

各観測値が平均 $\overline{x}$ からどれくらい離れているかを測る散らばりの尺度として広く用いられている**分散** (variance) は，通常，s^2（変数 x を明示するときは s_x^2）と表され，次の式で定義される[13]．

$$s^2 = \frac{1}{n}\sum_{i=1}^{n}(x_i - \overline{x})^2$$

分散は理論的に重要であるが，分析結果の表示では使いにくい．データは一般に何らかの単位にもとづいて測られた量であり，たとえば測定単位が cm なら分散は cm^2，金額（円）なら 円^2 が単位となり，解釈が困難である．そのため，分析結果を報告する際には分散の平方根をとって，元の測定単位に戻した**標準偏差** (standard deviation) を用いるのが適当である．標準偏差は s と表記される．

また，分散と標準偏差は頑健性に欠ける尺度であることは，2 組のデータ $(1, 3, 4, 6, 7, 9, 12)$ と $(1, 3, 4, 6, 7, 9, 54)$ を比較するとよくわかる．分散はそれぞれ 12 と 300（標準偏差は 3.7 と 18.7）と異なり，外れ値の影響を大きく受ける．一方，中央値が頑健なのと同様，四分位範囲も頑健である．Q_1, Q_3 として EDA のヒンジを計算すると，2 組とも $Q_1 = 3.5$, $Q_3 = 8.0$, $Q_3 - Q_1 = 4.5$ となり，外れ値の影響を受けていないことがわかる．

ところで，試験のデータでは 100 点満点か 50 点満点かによって，散らばりの評価は異なる．あるいは，身長と体重では測定単位が異なるため，標準偏差を直接比較することはできない．このように，同じ測定単位であっても平均の水準が

13) 統計的推測では，n ではなく $(n-1)$ で割った不偏分散（6.2.2 項）を用いるが，本書の記述統計では n で割る分散の定義を用いる．n が大きい経済分析では n と $(n-1)$ の差は無視できるし，より高度な手法でも n で割ることがある．

大きく異なるデータや，測定単位の異なるデータの散らばりを比較する場合には，標準偏差 s を平均 $\overline{x}$ で割った**変動係数** (coefficient of variation) $cv = s/\overline{x}$ が用いられる．変動係数は単位をもたない無名数である．

2.3.3 変数の変換

観測値の単位を変換することはよく行われる．たとえば，気温について摂氏 C を華氏 F に変換するには $F = 32 + (9/5)C$ が用いられる．このような 1 次式による変換 $y = a + bx$ によって，平均，分散，標準偏差がどのように変化するかを確認しよう．和は

$$\sum_{i=1}^{n} y_i = \sum_{i=1}^{n}(a + bx_i) = na + b\sum_{i=1}^{n} x_i$$

となるから（付録 A.1 参照)，平均は

$$\overline{y} = \frac{1}{n}\sum_{i=1}^{n} y_i = a + b\overline{x}$$

となる．さらに

$$\sum_{i=1}^{n}(y_i - \overline{y})^2 = \sum_{i=1}^{n} b^2(x_i - \overline{x})^2$$

から，分散は

$$s_y^2 = b^2 s_x^2$$

となることがわかる．標準偏差に関しては $s_y = |b|s_x$ となり，b がマイナスの場合に注意が必要である．

1 次式以外の対数 $u = \log x$ や逆数 $v = 1/x$ では，一般には $\overline{u} \neq \log \overline{x}$, $\overline{v} \neq 1/\overline{x}$ と，等号はなりたたない．一方，中央値に関しては近似的に

$$m_u = \log m_x, \qquad m_v = 1/m_x$$

がなりたつ．n が非常に大きい場合は，中央値や分位点は正確に対応する．

有用な変数変換に，$z = (x - \overline{x})/s$ という**標準化**があり，標準化された変数 $(z_1, \ldots, z_n)$ を標準得点とよぶことがある[14)]．標準得点は無名数である．その平均 $\overline{z}$ と分散 s_z^2 は次のようになる．

$$\overline{z} = \frac{1}{n}\sum_{i=1}^{n} z_i = \frac{1}{n}\sum_{i=1}^{n}\frac{x_i - \overline{x}}{s_x} = \frac{1}{ns_x}\sum_{i=1}^{n}(x_i - \overline{x}) = 0,$$

$$s_z^2 = \frac{1}{n}\sum_{i=1}^{n}(z_i - \overline{z})^2 = \frac{1}{n}\sum_{i=1}^{n}\left(\frac{x_i - \overline{x}}{s_x}\right)^2 = \frac{1}{s_x^2}\frac{1}{n}\sum_{i=1}^{n}(x_i - \overline{x})^2 = \frac{s_x^2}{s_x^2} = 1$$

14) standardization，基準化ともよぶ．

複数の科目に関する試験で各科目の難易度が異なっても，標準化によって，得点をある程度比較することが可能となる．日本では，試験の結果については標準得点をさらに $50+10z$ と変換して平均を 50，標準偏差を 10 とした**偏差値**を用いることもある．

表 2.3 の度数分布表にもとづくときは，分散 s_x^2 は以下のように求める．

$$s_x^2 = \frac{1}{n}\sum_{i=1}^{k}(x_i - \overline{x})^2 f_i = \sum_{i=1}^{k}(x_i - \overline{x})^2 \frac{f_i}{n}$$

演 習 問 題

1. 以下の変数は，質的・量的のいずれか．また，量的の場合にはどの尺度か．
   (1) 男性を 0，女性を 1 とする性別，(2) 都道府県コード（北海道 01，青森県 02 ...，沖縄県 47)，(3) 試験の得点，(4) 試験の得点の偏差値，(5) 個人の教育年数（中卒は 9 年，高卒は 12 年など)，(6) 絶対温度ケルビン (K) で表される温度
2. 家計調査（総務省統計局）について，年間世帯収入のヒストグラムをみて，算術平均 $\overline{x}$，中央値 m，最頻値 m_o の一般的な大小関係について確認せよ．
   (https://www.stat.go.jp/teacher/c2kakei.html を参照)
3. データ $(x_1, \ldots, x_n)$ から $y = a - bx$ $(b > 0)$ と変換したデータを作成する．
   (1) 平均 $\overline{y}$ を $\overline{x}$ を用いて表せ．また，Q_{x1}，Q_{x2}，Q_{x3} を，それぞれ x の第 1 四分位数，中央値（第 2 四分位数)，第 3 四分位数とするとき，Q_{y1}，Q_{y2} を Q_{x1}，Q_{x2}，Q_{x3} などを用いて表せ．
   (2) 標準偏差 s_y を s_x を用いて表せ．また，四分位範囲 $Q_x = Q_{3x} - Q_{1x}$ を用いて四分位範囲 Q_y を表せ．
4. 観測値 $x_1, \ldots, x_n > 0$ の算術平均を $\overline{x}$，幾何平均を G_x とするとき，$\overline{x} \geq G_x$ となることを確かめよ（5 章の演習問題 7 参照)．
5. 偏差の平方和 $\sum_1^n (x_i - m)^2$ を最小にする m の値が $m = \overline{x}$ であることを示すため，任意の m に対して $\sum_1^n (x_i - m)^2 \geq \sum_1^n (x_i - \overline{x})^2$ がなりたつことを示せ．
6. 変数 x の平均を $\overline{x}$，標準偏差を s_x とするとき，x に関する**歪度**（わいど）は $b_1 = (1/n)\{\sum_1^n (x_i - x)/s_x\}^3$ と定義される．
   (1) 右の裾が長い分布では歪度が正となることを，適当な例で示せ．この性質から右の裾が長い分布を「**正の歪みをもつ分布**」とよぶ．
   (2) 変数 x の分布が正の歪みをもつとき，新しい変数を $y = 100 - x$ と定義すると，y に関する歪度は正負いずれになるか．
7. データ $(1, 3, 4, 6, 7, 9, 12)$ について，$f(m) = \sum_1^n |x_i - m|$ という基準を用いて $m = 4, 6, 7$ に対して $f(m)$ を比較せよ．

3 章

多変数データの記述

経済データでは，しばしば，複数の変数間の関係について分析される．本章では，2 つ以上の変数のあいだの関係を調べる方法について解説する．3.1 節では，質的変数の関連性を分析するための基本的な手法である分割表について概観する．また，量的変数のあいだの関係を表現するための重要な手法として，3.2 節で相関と相関係数，3.3 節で回帰分析について解説する．

この章で扱う内容は与えられたデータの分析，すなわち記述統計の手法である．母集団に関する推論のためには，次の 4 章で学ぶ確率の概念が必要であり，その準備のうえで，7 章で回帰分析に関する統計的推論を学ぶ．本章の内容は統計的推論の準備であるが，記述統計としても応用範囲の広い，重要な概念である．[1)]

3.1 分割表

表 3.1 は 2×2 **分割表**または**クロス表**とよばれる．表の左は無作為に抽出した若年男性 480 人の労働時間に関する調査結果の一部で，パートタイム等も含めて過去 1 か月以内の労働時間の長さで分類している．これらの質的変数は，それぞれ**カテゴリ**として 2 つの年齢階級，2 つの労働時間という区分をもっているので 2×2 分割表となる．表の右は 2 つの質的変数を A, B とした場合の一般形である．なお，$n = a + c + b + d$ である．

年齢階級や，労働時間のカテゴリを細かく分けて r 行 c 列とすると**セル**の数は rc となり，これを $r \times c$ **分割表**とよぶ．3 つ以上の属性について分類する多

表 3.1　2×2 分割表（例と一般型）

年齢 \ 時間	長時間	短時間	計
25–29 歳	116	76	192
30–34 歳	244	44	288
計（人）	360	120	480

$A \backslash B$	B_1	B_2	計
A_1	a	b	$a+b$
A_2	c	d	$c+d$
計	$a+c$	$b+d$	n

1)　なお，より正確な議論は参考文献 [9] の第 2 章にある．

表 3.2　2×2 分割表（行和・列和に対する相対度数）

	長時間	短時間	計
25–29	0.604	0.396	1.000
30–34	0.847	0.153	1.000
計	0.750	0.250	1.000

	長時間	短時間	計
25–29	0.322	0.633	0.400
30–34	0.678	0.367	0.600
計	1.000	1.000	1.000

次元分割表もあるが，本書では 2 次元分割表までを扱う．

一般の 2×2 分割表について，表の各行の右が**行和**，各列の下が**列和**であり，行和の合計，列和の合計のいずれも**総和**と一致する．度数の分割表から相対度数の分割表をつくるとき，行和，列和，総和に対応して 3 通りの相対度数分割表ができる．表 3.2 は，行和と列和に関する相対度数である．この例では，各行の相対度数から各年齢層における労働時間の比率がわかり，各列の相対度数から，若年層だけに限られるが，労働時間の長短ごとの年齢構成がわかる．

後述する例 4.7（64 ページ）の用語を使うと，a/b は $a/(a+b)$ と $b/(a+b)$ の比だから A_1 における B_1 のオッズである．同様に c/d は A_2 における B_1 のオッズである．もし，A_1 と A_2 で，B_1, B_2 の比率が等しいなら，これらのオッズも等しくなる．このとき**オッズ比**

$$\psi = \frac{a/b}{c/d} = \frac{ad}{bc}$$

は 1 に近くなる[2]．労働時間の例では $\psi = (116 \cdot 44)/(76 \cdot 244) = 0.275$ となり，25–29 歳の方が短い傾向がある．今の例では行の比率を比較したが，長時間と短時間の労働者のリストから年齢階級を分類した場合には，列の比率を比較することになる．その場合はオッズは a/c と b/d となるが，オッズ比をつくると，やはり $(a/b)/(c/d) = ad/bc$ となる．したがってオッズ比は行和または列和のいずれを固定した分割表に対しても利用できる尺度である．

もう一つの関連の尺度に，**関連係数** Q がある[3]．

$$Q = \frac{ad - bc}{ad + bc} = \frac{\psi - 1}{\psi + 1} \tag{3.1.1}$$

これは $-1 \leq Q \leq 1$ となるようにオッズ比を変形したものと解釈できる．労働時間の例では $Q = (116 \cdot 44 - 76 \cdot 244)/(116 \cdot 44 + 76 \cdot 244) = -0.568$ となり，25–29 歳の方が長時間労働が少ないことを示している．分割表に関する統計的推測の方法は，6.3.8 項で解説する．

2)　オッズ比 (odds ratio) には ψ，OR などの記号が用いられる．
3)　連関係数ともよぶ．いくつかの定義や記号があるが，(3.1.1) 式は G.U. Yule による．

3.2 相　関

「各世帯の 1 か月の実収入と消費支出」,「住宅の床面積と家賃」,「企業の従業員数と資本金額」のように, 2 つの変数の組が与えられているものを, **2 変数データ**という[4]. 2 つの変数を x, y とするとき, n 個の観測値の値を $(x_1, y_1), \ldots, (x_n, y_n)$ のように表し, 大きさ n の 2 変数データとよぶ.

さらに多数の変数について, たとえば, 調査対象の企業で「経営組織, 資本金, 外国資本比率, 従業員数, 年間総売上（収入）金額, 海外事業展開の有無」を調べることもあり, 一般に**多変数データ**とよぶ.

3.2.1 散布図

2 変数間にどのような関係があるのかを, 視覚的に明らかにする方法が**散布図** (scatter plot) である. 図 3.1 は, 県別人口を横軸, 県内総生産を縦軸として各観測値をプロットしたものである[5]. このように, 2 変数のうち一方が大きいときもう一方も大きい傾向があれば散布図は**右上がり**になり, 逆に, 一方の変数が大きいときもう一方は小さい傾向があれば散布図は**右下がり**になる. 図 3.1 では, 人口が多い都道府県ほど県内総生産が大きいことが見てとれる.

このような 2 変数間の関係を**相関** (correlation) **関係**とよび, 右上がりのときは**正の相関**（または順相関), 右下がりのときは**負の相関**（または逆相関）という. また, 関係がはっきりしているときは**相関が強い**, それほど明確ではないときは**相関が弱い**, 関係がほとんどないときは**相関がない**というが, これらを

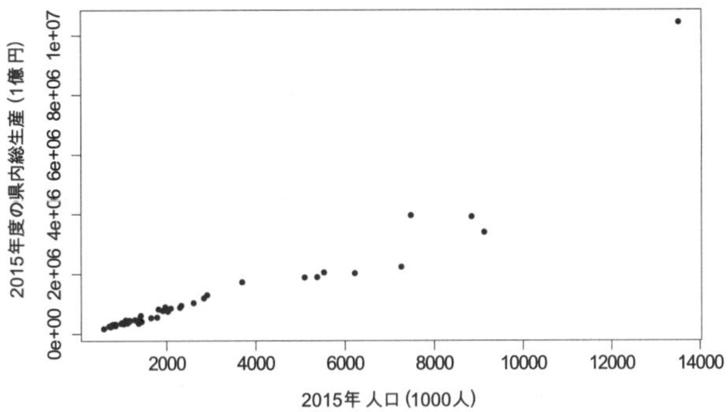

図 3.1　県別人口（2015 年）と県内総生産（2015 年度）[6]

---

4)　2 変量データ, 2 次元データともいう.

5)　県別人口は国勢調査（総務省統計局), 県内総生産は県民経済計算（内閣府経済社会総合研究所).

6)　縦軸の数値の表記で, たとえば 2e+06 は 2×10^6 の意味である.

分類する明確な判断基準があるわけではない．3.2.3 項において，相関関係の強さを客観的に測る相関係数を紹介するまえに次項で共分散を導入する．

3.2.2 共 分 散

変数の関係を数量的に把握する指標に**共分散**がある．大きさ n の 2 変数データが与えられたとき，x と y の共分散 s_{xy} は

$$s_{xy} = \frac{1}{n}\sum_{i=1}^{n}(x_i - \overline{x})(y_i - \overline{y}) \tag{3.2.1}$$

と定義される．この式の意味は，次のように理解することができる．

変数 x を横軸，y を縦軸とする散布図を描いて，$\overline{x}$ を通る垂直線と，$\overline{y}$ を通る水平線を引くと，図 3.2 のように 4 つの領域に分割される．これら 4 つの領域において，積 $(x_i - \overline{x})(y_i - \overline{y})$ の符号が次のように定まる．

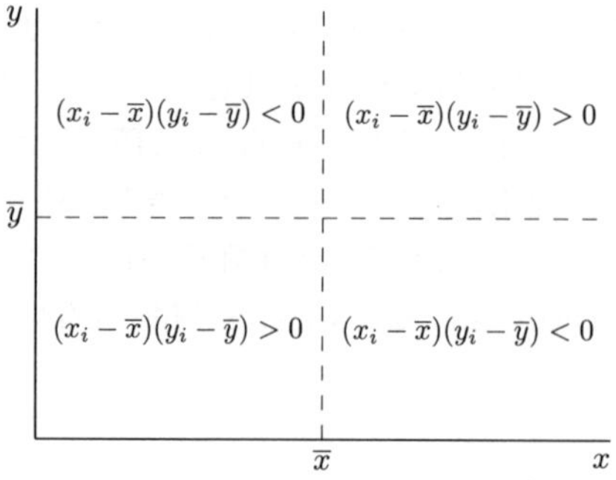

図 3.2 共分散の意味

右上の領域は $(x_i - \overline{x}) > 0$ かつ $(y_i - \overline{y}) > 0$ だから $(x_i - \overline{x})(y_i - \overline{y}) > 0$，左下の領域は $(x_i - \overline{x}) < 0$ かつ $(y_i - \overline{y}) < 0$ だから，やはり $(x_i - \overline{x})(y_i - \overline{y}) > 0$ となる．右下と左上の領域では $(x_i - \overline{x})$ と $(y_i - \overline{y})$ の符号が逆になるため，その積は $(x_i - \overline{x})(y_i - \overline{y}) < 0$ となる．

x と y の散布図が右上がりのときは $(x_i - \overline{x})(y_i - \overline{y}) > 0$ となる点が多く，逆に，x と y の散布図が右下がりのときは $(x_i - \overline{x})(y_i - \overline{y}) < 0$ となる点が多い．図からわかるように，$(x_i - \overline{x})(y_i - \overline{y})$ は 4 つの点 $(\overline{x}, \overline{y})$, $(x_i, \overline{y})$, (x_i, y_i), $(\overline{x}, y_i)$ で囲まれる長方形の面積に，正または負の符号をつけたものである．共分散はそれらの平均だから，その符号から相関が正か負かを判断できる．なお，付録 A.1 に示すように，共分散は $s_{xy} = (1/n)\sum x_i y_i - \overline{x}\,\overline{y}$ と変形できる．

変数の一次変換と共分散　x と y を 1 次式で変換して，$u = a+bx$, $v = c+dy$ とすると，2.3.3 項で説明したように，新しい変数の平均は $\overline{u} = a+b\overline{x}$, $\overline{v} = c+d\overline{y}$ となり，偏差は $u_i - \overline{u} = b(x_i - \overline{x})$, $v_i - \overline{v} = b(y_i - \overline{y})$ となる．したがって，u と v の共分散は

$$s_{uv} = \frac{1}{n}\sum(u_i - \overline{u})(v_i - \overline{v}) = \frac{1}{n}\sum bd(x_i - \overline{x})(y_i - \overline{y}) = bd\, s_{xy}$$

で与えられる．

この性質から，共分散は相関関係の正負を示す指標ではあるが，強弱は表現できないことがわかる．たとえば，cm で記録されている 2 つの変数の単位を両方とも mm に変更すると，共分散は $10^2 = 100$ 倍となる．このとき，散布図は軸の目盛りが変わるだけで，形としては変わらない．共分散が変数の測定単位に依存する問題を解決するためには，x, y の散らばりとして標準偏差 s_x, s_y を考慮すること，そのために変数 x, y を標準化することが考えられる．それが 3.2.3 項で紹介する相関係数である．

2 変数の 1 次式の分散と共分散　$z = ax + by$ の分散は次のように表される．

$$s_z^2 = s_{ax+by}^2 = a^2 s_x^2 + 2ab\, s_{xy} + b^2 s_y^2 \tag{3.2.2}$$

この式の導出は付録の (A.1.8) 式を利用している．同様に，$w = cx + dy$ とおくと，$s_w^2 = s_{cx+dy}^2 = c^2 s_x^2 + 2cd\, s_{xy} + d^2 s_y^2$ となる．

z と w の共分散は次のようになる．

$$s_{zw} = ac\, s_x^2 + (ad + bc)\, s_{xy} + bd\, s_y^2$$

3.2.3 相 関 係 数

2 変数 x と y の**相関係数**は，それぞれの変数を標準化した $u = (x - \overline{x})/s_x$ と $v = (y - \overline{y})/s_y$ の共分散 s_{uv} と定義され，記号では元の変数名を用いて r_{xy} または単に r と表される[7)]．

$\overline{u} = \overline{v} = 0$ に注意すると，相関係数 r は次のように求められる．

$$r = \frac{1}{n}\sum_{i=1}^{n} u_i v_i = \frac{1}{n}\sum_{i=1}^{n} \frac{x_i - \overline{x}}{s_x}\frac{y_i - \overline{y}}{s_y} = \frac{s_{xy}}{s_x s_y} \tag{3.2.3}$$

なお，多くの教科書では $r = s_{xy}/s_x s_y$ を相関係数の定義としているが，(3.2.3) 式のとおり，s_{uv} による定義と同等である．

7)　相関係数 (correlation coefficient) や回帰分析で知られる Karl Pearson (1857–1936) はイギリスの統計学者である．相関係数には，後述の Spearman の順位相関係数など，いくつか異なるものがあり，それらと区別するときは **Pearson の相関係数**とよぶ．

付録 A.4 に示すように，相関係数は，$-1 \leq r \leq 1$ の範囲の値をとる．特に $r = 1$ となるのはすべての観測値が右上がりの直線上に並ぶ場合，$r = -1$ となるのは観測値は右下がりの直線上に並ぶ場合である．特に $r = \pm 1$ の場合，正または負の**完全な相関**とよぶ[8)]．

相関係数は，以上のように直線的な関係の強さを測る尺度であり，相関係数の絶対値が 1 に近いほど相関関係が強いといえる．図 3.3 に相関係数と散布図の例を示す．

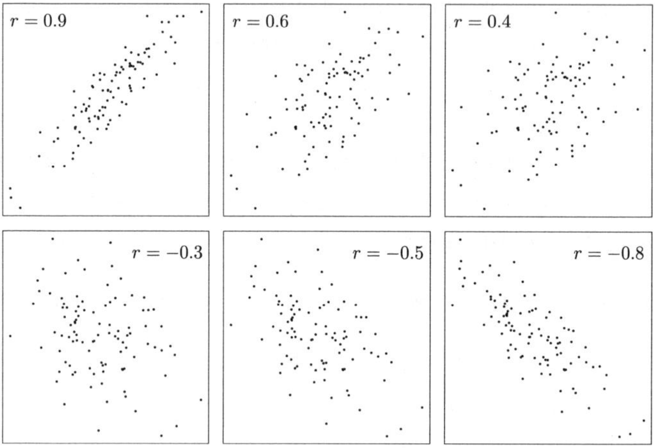

図 3.3　異なる相関係数の散布図

3.2.4　相関係数に関する注意点

相関係数は便利な指標だが，利用にあたってはいくつか注意しなければならないことがある．

直線的な関係　相関係数は直線的な関係の強さを表す指標だから，直線関係以外の変数間の関係があるときには注意が必要である．たとえば，$x^2 + y^2 = 1$ という単位円上のデータ $(1, 0)$，$(0, 1)$，$(-1, 0), (0, -1)$ は明確な関数関係があるにもかかわらず相関係数は 0 になる．

直線関係以外の**単調な関係**について，関係の強さを測る簡単な指標として，Spearman の**順位相関係数** ρ がある．ρ は 2 つの変数の片方を小さい順に並べたとき，x の順位 u と対応する y の順位 v を用いた相関係数である．次の例では

8)　連続的変数の場合，現実のデータでは完全な相関 $r = \pm 1$ や**無相関** $r = 0$ は，ほとんど起こらない．一方，理論的な問題ではこのような状況には特別な意味がある．

x, y の相関係数は 0.714 であるが，それぞれの順位 u, v の相関係数は $r_{uv} = 1$ となる．これから Spearman の順位相関係数は $\rho_{xy} = r_{uv} = 1.0$ となる．

順位相関係数の例

元のデータ

x	1	2	3	10
y	2	6	7	8

$r_{xy} = 0.714$

順 位

u	1	2	3	4
v	1	2	3	4

$\rho_{xy} = 1.0$

この例で Pearson の相関係数と Spearman の相関係数が異なる原因は，x, y の散布図を作成すればわかるように，強い非線形関係があるためである．なお，先ほどの円周上に観測値が並ぶ例は単調な関係ではないため，順位相関係数も関係の強さを測定する尺度とはならない．

県別人口と県内総生産の関係では，東京都，愛知県，大阪府などでは，周辺の県から通勤する人が多いことから比例的な関係が弱くなる．図 3.1 の相関係数は約 0.92 であるが，Spearman の順位相関係数で評価すると約 0.98 となる．この例のように，線形関係から若干外れた観測値がある場合にも，この程度の違いが生じる．

因果関係と相関関係　最も重要な注意点は，相関関係は因果関係を表すとは限らないということである．父親の身長と息子の身長のあいだには正の相関関係があることが知られている．これは父親から息子への遺伝を考えれば因果関係と考えられる．一方，兄弟の身長についても正の相関関係があるが，この場合は，原因と結果という関係ではない．

他の例として，多くの場合，学年末試験の成績で英語と数学のあいだには相関が認められるが，これも因果関係ではない．また，小学生の身長とソフトボール投げの例では，通常，正の相関関係がみられる．この場合は体の大きさが原因で運動能力が結果とみなしてもよさそうだが，体重とソフトボール投げについては明確な相関関係が観測されないことがある．

相関関係は，単に形式的な関係が存在することを示すだけで，その関係がどのような理由で発生するのかについては，実際の適用分野に関する知識を背景として考えるべき問題であり，形式的に数字をみて判断することはできない．

擬似相関　2 つの変数 x, y の両方に影響を及ぼしている第 3 の変数 z の影響によって，因果関係がない x, y のあいだに相関関係が観察されることがある．兄弟の身長 x, y については，両親の身長 z を共通の原因と考えるのが自然である．また，勤労者の集団において年収 x と血圧 y のあいだに高い正の相関がみられることがあるが，これは年齢 z が高いことが年収の高さと血圧の高さの両方に影響を及ぼしていると考えられる．他の例として，小学生の漢字の能力と握力や足の大きさなどに正の相関がみられることも，体格が漢字練習に影響を与えるのではなく，成長期の児童の身体能力・体格と漢字の能力の背後に年齢（学年）があり，これが双方に影響を及ぼしていると考えられる．

このような現象は**擬似相関**（見せかけの相関）とよばれる．したがって，相関係数を適切に解釈するためには，経済学・社会学等の知識にもとづいて検討する必要がある．

表 3.3 は，47 都道府県について，2015 年の人口 1,000 人当たり死亡数 (MR)，2015 年の第 1 次産業就業者比率 (PRIM)，2016 年の第 24 回参議院議員通常選挙の比例代表の自民党 (LDP) 得票率という 3 変数の相関係数を行列の形に記したもので，これを**相関係数行列**とよぶ．3 つ以上の変数の組合せについて散布図を描いたものを**散布図行列**とよび，表 3.3 の例では散布図行列は図 3.4 となる．

表 3.3　相関係数行列の例

	MR	PRIM	LDP
MR	1.000	0.804	0.580
PRIM	0.804	1.000	0.403
LDP	0.580	0.403	1.000

死亡率と他の変数との相関係数をみると，第 1 次産業の比率のあいだには 0.8，自民党得票率のあいだに 0.58 と正の相関がある．しかし，政党の支持率が死亡率と直接の因果関係があるとは考えられない．この例では，死亡率の低い若者が都市圏に多く住んでいることと，第 1 次産業従事者が比較的多い地域では高年齢層の比率が高いと同時に自民党支持者が比較的多いことを反映している．すなわち年齢層の違いが背後にあって，相関を生じさせていると考えるべきである．

第 3 の変数の影響を除いたときの相関関係の強さを測定する方法の一つは，3.3.2 項で紹介する．

対象の一部が観測できないとき　関心がある対象の一部が観測できないときにも注意が必要である．実際の調査においては，所得や教育水準のように回答しにくい項目があり，しばしば一部の変数が欠落する．また一部の調査対象者の不在や非協力によってすべての変数が観測できないことがある．これらは（一部または全部）欠測ないし無回答とよばれ，1.6.5 項で述べたとおり注意が必要

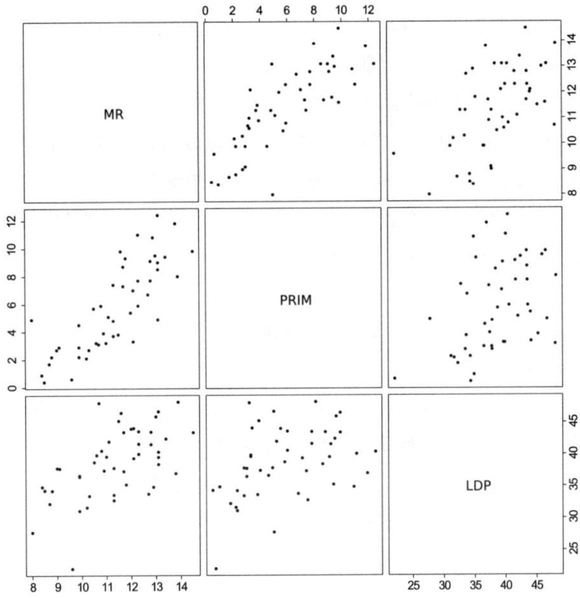

図 3.4　死亡率との関連を示す散布図行列

な問題である.

欠測がある場合，利用可能なデータから求められる相関係数は，本来の相関係数と異なることがある.

図 3.5 左は，入学試験における英語と数学の得点であり，合計点が 120 点以上が合格水準とすると，右上の点が合格者の集団である．この図全体からは英語と数学の得点のあいだに正の相関が観察されるが，合格者だけでは弱い負の

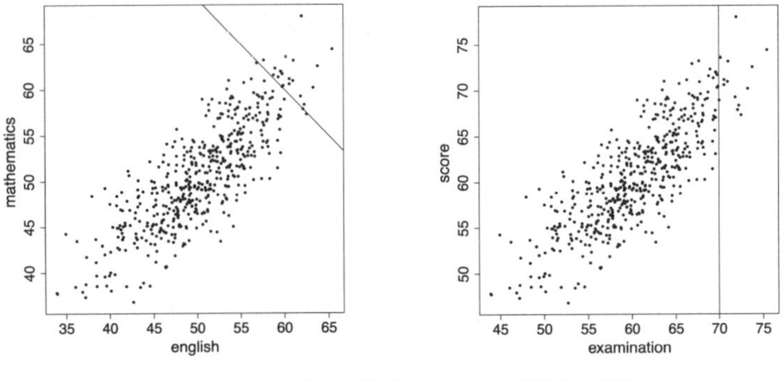

図 3.5　試験の選抜結果による欠測値の影響

相関がある．合格者のデータにもとづいて，英語と数学の能力のあいだに負の相関が存在すると判断するのは適切ではない．

図 3.5 右は，入学直後の英語の成績 x と学年末の英語の成績 y の散布図であり，$x \geq 70$（点）以上の学生で特別クラスを編成した結果が示されている．x と y には明らかな正の相関がみられるが，特別クラスについてはほとんど相関がみられない．特別クラスだけのデータから，入学直後の成績で特別クラスをつくる効果がないと判断することは誤りである．

外れ値の存在と異質な集団　2.2 節，2.3 節では 1 変数の外れ値についてふれたが，2 変数 (x, y) の外れ値については，x, y を 1 変数データとしてみた場合には外れ値は存在しない場合であっても，他の観測値と比べて傾向が大きく異なる観測値が存在することがあり，これも**外れ値**とよぶ．

相関係数の値は外れ値の存在，または性質の異なる 2 つのグループが混在することによって，大きく変化することがある．

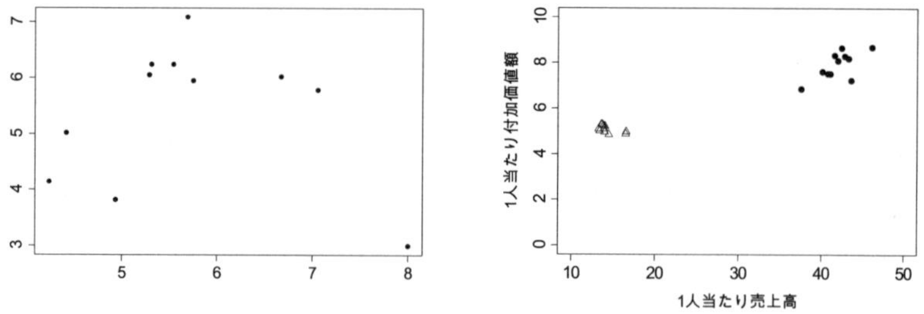

図 3.6　外れ値の存在（左）と異質な集団の混在（右）

図 3.6 左は，入力の誤りによって右下にある外れ値が混入し，小さな相関 $(r = 0.14)$ となった状況を示している．外れ値を取り除くと比較的強い相関 $(r = 0.82)$ が得られ，これが正しい値である．このように，たった一つの外れ値のために，相関係数の値が大きく変化することがある．この例では右下の外れ値は x だけ y だけの 1 変数分布では外れ値であることはわからない．このように，多変数データの外れ値を特定することは簡単とは限らない．

一方，右図は法人企業統計の 2007 年から 2017 年の年次データによる，製造業（●）とサービス業（△）の 1 人当たり売上高（百万円/人）を横軸，1 人当たり付加価値額（百万円/人）を縦軸にした散布図である．製造業においては正の相関がみられ，サービス業においては明確な相関がみられない．この例では，異質な集団ごとに 2 変数の関係を検討することが適当であるが，両方の業種を合わせて 1 つのデータとすると $r = 0.97$ と大きくなり，相関係数だけでは誤解を与える．

共分散や相関係数は便利な指標であるが，現実の統計分析では散布図などの視覚的な手法を併用して分析し，解釈することが求められる．

3.3 回　帰

x から y への方向が想定される関係を分析する手法が**回帰分析**である．y を x によって説明する $y = f(x)$ を**回帰式**とよぶ．このとき x を**説明変数**（または独立変数），y を**従属変数**（または被説明変数）とよぶ[9]．

最も簡単な場合として 1 次式 $y = a + bx$ を**回帰直線**とよび，**線形回帰**とも表現する．$y = a + bx$ は説明変数が 1 つの場合で**単回帰式**とよばれる．一般に，説明変数が $x_1, \ldots, x_k$ と複数存在する場合には，$y = b_0 + b_1x_1 + \cdots + b_kx_k$ という**重回帰式**を想定する[10]．

本節では，与えられたデータを分析する手法としての回帰を扱い，標本から得られた回帰式にもとづいて母集団に関する推論を行う手法については，7 章で解説する．

3.3.1 単 回 帰

回帰式に 1 次式 $y = a + bx$ を利用する理由はいくつかある．まず 1 次式が最も簡単な式であること，次に，多くの例で，散布図が 1 次式に近い関係（線形関係）を示すことがあげられる．非線形関係を表す散布図であっても，適当に変数を変換することによって近似的に 1 次式で表現できる場合がある．そのため，回帰直線を用いる**線形回帰**は，基礎知識として重要なだけでなく，応用上も有用な手法である．

相関係数と回帰係数のあいだには密接な関係があるが，それらを使う場面は異なることに注意が必要である．すなわち，x, y を対等に扱い，方向を考えない場合は相関係数を用いるが，どちらかの変数から他の変数を説明する場合には回帰の方向が自然に定まる．

なお，回帰式によって y を x で説明することを y を x に**回帰させる**と表現する．線形回帰 $y = a + bx$ の場合は，通常，定数項 a には強い関心はなく，x が

9) 用語の組合せとしては説明 (explanatory) 変数・被説明 (explained) 変数，または独立 (independent) 変数・従属 (dependent) 変数が自然であるが，「説明変数・従属変数」の組合せを用いることが多い．統計解析ソフトウェア R もこの用語を用いている．

10) 単回帰，重回帰はそれぞれ simple regression, multiple regression である．

y に与える影響を表す b に関心がある．b を x の**回帰係数**とよぶ．また，回帰直線から求められる $\widehat{y}=a+bx$ を，観測値 y と区別して**予測値**とよび，$e=y-\widehat{y}$ を**残差**とよぶ[11)]．

回帰直線を求めるための方法として，残差 $e=y-\widehat{y}$ の平方和

$$\sum_{i=1}^{n} e_i^2 = \sum_{i=1}^{n}(y_i-\widehat{y}_i)^2 = \sum_{i=1}^{n}\{y_i-(a+bx_i)\}^2$$

を最小にするように a と b を求める**最小 2 乗法**[12)] が広く用いられている．定数項 a と x の回帰係数 b は，次の式で与えられる（導出は付録 A.5 を参照）．

$$a=\overline{y}-\widehat{b}\,\overline{x}, \quad b=s_{xy}/s_x^2 \tag{3.3.1}$$

この式からわかるように，a, b は平均 $\overline{x}, \overline{y}$，分散 s_x^2 および共分散 s_{xy} だけを計算すれば求められる．なお b については，次の表現も利用される．

$$b=\frac{\sum x_iy_i-n\overline{y}\,\overline{x}}{\sum x_i^2-n\overline{x}^2}=r_{xy}\frac{s_y}{s_x}$$

回帰係数の解釈と回帰直線のあてはまり　回帰係数 b は，説明変数 x が 1 単位大きいときには，従属変数 y は平均的に b だけ大きくなる傾向があることを示している．一般に x の変化を Δx，対応する y の変化を Δy と表すと，$\Delta y=f(x+\Delta x)-f(x)=\{a+b(x+\Delta x)\}-(a+bx)=b\Delta x$ となるから，$b=\Delta y/\Delta x$ は変化の比率を表している[13)]．

さらに，$b=r_{xy}(s_y/s_x)$ という表現を用いると，$\Delta y/s_y=r_{xy}(\Delta x/s_x)$ と書き表すこともできる．この式は，x が標準偏差で測って 1 単位だけ変化すると，y は標準偏差で測って r_{xy} だけ変化することを示している．この解釈も，ときに用いられる．

家計調査のデータを用いて，消費支出 y を可処分所得 x に回帰すると

$$y=113600+0.414\,x$$

という回帰式が得られる[14)]．この結果から，可処分所得の係数すなわち限界消費性向は 0.414 であり，たとえば，可処分所得が 1,000 円多いと消費は 414 円多くなる傾向が読み取れる．

11)　回帰係数は regression coefficient，残差は residual，予測値は predicted value.

12)　Ordinary Least Squares Method (OLS) は「通常の」最小 2 乗法．他に一般化最小 2 乗法などがある．

13)　経済学で Y を所得，C を消費とする消費関数 $C=a+bY$ の係数 b は**限界消費性向**とよばれる変化どうしの比率である．

14)　総務省統計局（2019 年 7 月），二人以上の勤労者世帯の年間収入十分位階級別 1 世帯当たり 1 か月のデータ（単位は円）．

回帰式の**あてはまりのよさの尺度**として相関係数を用いることができる．上述のとおり，相関係数は 2 変数間の直線的な関係の強さを測る尺度だから，自然な尺度といえる．しかし，回帰分析においては 3.3 節で紹介する決定係数 R^2 が，より有効な尺度として用いられる．そこで解説するとおり，観測値 y と予測値 $\widehat{y}$ の相関係数は**重相関係数** (R) とよばれ，その記号が示すように，決定係数は重相関係数を 2 乗したものに等しい．特に，単回帰の場合は $R = |r_{xy}|$ という関係もあるため，あてはまりの尺度としては，r_{xy} よりも r_{xy}^2 が好まれる．

逆方向の回帰　2 変数データに対して，形式的に $x = c + dy$ という回帰式を計算することができるが，その利用には注意が必要である．回帰分析は x で y を説明するため，あてはまりのよさは y 軸の方向に沿って測る．観測値 y は説明変数 x によって定められる $a + bx$ と何らかの要因で発生する誤差の和である[15]．したがって，x を y の原因とする因果関係の分析においては，$y = a+bx$ が正しい回帰の方向であり，$x = c + dy$ は誤りである．因果関係ではないが，中間試験の成績 x で期末試験の成績 y を**予測する**場合も，$y = a + bx$ を用いることが正しく，$x = c + dy$ を用いると誤差は最小にはならない．

x から y を予測することも，逆に y から x を予測することもできる例として，学生の英語の成績 x と数学の成績 y の関係がある．これは直接的な因果関係とはいえず，論理的・数理的能力 z があって，x と y は擬似相関の関係を表していると考えることが適当である．予測が目的であれば，回帰の方向としてはどちらも正しい．

最小 2 乗法で $x = c + dy$ をあてはめると $d = s_{xy}/s_y^2$ となるから，2 つの回帰係数 $b = s_{xy}/s_x^2$ と d の積は，$bd = s_{xy}^2/(s_x^2 s_y^2) = r^2$ と表され，相関係数の 2 乗になる．つまり，$bd \leq 1$ という関係がある．したがって，$x = c + dy$ を，$y = (-c/d) + (1/d)x$ と書き直せばわかるように，直線 $x = c + dy$ の傾き $1/d$ は b より大きくなる．一般に正の相関をもつ場合，2 本の回帰直線は図 3.7 のような位置関係にある．なお 2 直線の交点は平均 $(\overline{x}, \overline{y})$ に対応する．

以上のとおり，x から y への因果関係がある場合，または x から y を予測する場合には，残差を y 軸方向とする $\widehat{y} = a + bx$ を用いるべきであり，逆回帰 $\widehat{y} = (-c/d) + (1/d)x$ を用いるのは不適切である．逆回帰を用いて予測すると，$x > \overline{x}$ のときには過大，$x < \overline{x}$ のときには過小となることが図から読み取れる．特に因果関係の分析では x から y への方向を想定しているため，逆回帰を用いるのは誤りである．

15)　誤差は観測されない．一方で残差はデータから計算される．この区別は 7 章で明確にされる．

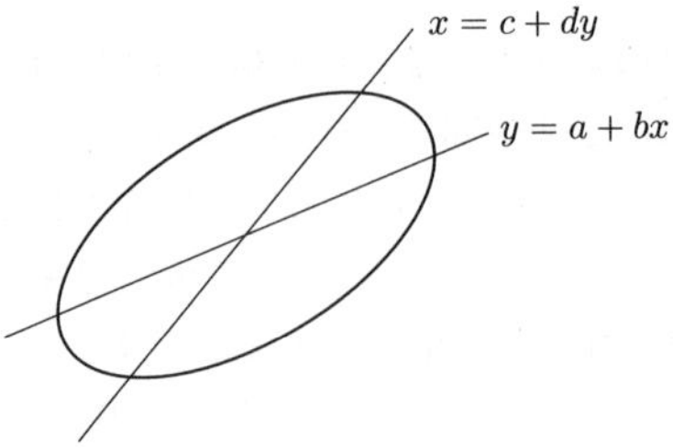

図 3.7　回帰直線 $y = a + bx$ と逆回帰直線 $x = c + dy$ の関係

標準化変数の場合　x, y を標準化した変数を，それぞれ $u = (x - \overline{x})/s_x$, $v = (y - \overline{y})/s_y$ とすると，回帰式 $v = a' + b'u$ における係数は $a' = 0, b' = r_{xy}$ となる[16]．$r_{uv} = r_{xy}$ だから，この場合は，単に r と書いても誤解は生じない．このように x, y の相関係数 r は，標準化した変数 u, v 間の回帰係数でもある．一般に，$s_x = s_y$ のときには $b = s_{xy}/s_x^2 = s_{xy}/s_x s_y = r$ となる．

なお逆方向の回帰直線は $u = rv$ となり，$v = (1/r)v$ の傾きは $1/r \geq r$ だから，傾きについて標準化しない場合と同じ大小関係が成立する．

回帰の現象と回帰の錯誤　相関係数が正 $(0 < r < 1)$ の場合，標準偏差を単位として平均からの距離を測ると「x が $\overline{x}$ より大きいときは y も $\overline{y}$ より大きいが，x と比較すると平均からの差が小さい」，および「x が $\overline{x}$ より小さいときは，y も $\overline{y}$ より小さいが，x と比較すると平均からの差の絶対値が小さい」という傾向が現れる．**回帰の現象** (regression phenomena) とよばれるこの傾向は，$0 < r_{xy} < 1$ が成立すれば必ず観測される．このことは，$\widehat{y} - \overline{y} = b(x - \overline{x})$ と $b = r_{xy}(s_y/s_x)$ を用いて，$(\widehat{y} - \overline{y})/s_y = r_{xy}(x - \overline{x})/s_x$ と表せば明確になる．左辺は s_y を単位として測った平均からの差，右辺は s_x を単位として測った平均からの差に相関係数 r_{xy} を掛けたものである．したがって $|\widehat{y} - \overline{y}|$ は $|x - \overline{x}|$ より小さい．

回帰の現象の例としてよく知られている例に，次のようなものがある．

(a) 前期試験の成績がよかった生徒は，後期試験の成績もよいが前期ほどはよくない．

(b) スポーツの選考会で成績のよい選手は，本番でも平均的によい成績をだすが，選考会ほどはよくない．

(c) 身長が高い両親をもつ子供は平均的に高身長だが，両親ほどは高くない．

(d) IQ が高い両親をもつ子供は平均的に IQ が高いが，両親ほどは高くない．

---

16)　演習問題 9 参照．

(a) の場合，「成績がよかった生徒は安心して努力を怠った一方，悪かった生徒は奮起して努力した」のように解釈することがある．そのような努力の差はあったかもしれないが，回帰の現象は両親と子供の身長についても存在する一般的な現象であり，子供の身長は「努力にかかわらず」平均に回帰する．

このように，回帰の現象に関する解釈の誤りを**回帰の錯誤** (regression fallacy) とよぶ．身長の例で勘違いする人はいないだろうが，スポーツの成績については，回帰の錯誤の危険性は少なくない．

回帰の現象は経済・経営データでも広くみられるため，各分野の基礎知識を用いて適切に解釈する必要がある．

3.3.2 擬似相関と残差どうしの回帰

表 3.3 の例では，死亡率 x と自民党得票率 y の両方に影響を与える第 3 の変数として，第 1 次産業就業者比率 z の存在が考えられた．その影響を除くために，x, y のそれぞれを z に回帰して，z で説明できる部分を取り除いた残差どうしの相関係数を計算することが考えられる．説明変数として z を用いた回帰式を $x = a + bz$ および $y = c + dz$ とするとき，予測値は $\widehat{x} = a + bz$ および $\widehat{y} = c + dz$ だから，残差は次の式で与えられる．

$$e_x = x - \widehat{x}, \qquad e_y = y - \widehat{y}$$

このようにして，2 つの変数 x, y から第 3 の変数 z の影響を取り除いた残差どうしの相関係数を**偏相関係数**とよび，$r_{xy \cdot z}$ と表すことがある．

死亡率 x と自民党得票率 y について，このようにして得られた残差 $e_x = x - \widehat{x}$, $e_y = y - \widehat{y}$ の散布図を図 3.8 に示す．就業者比率 z の影響を除いた相関係数は $r_{xy \cdot z} = 0.42$ となり，影響を取り除くまえの $r = 0.804$ よりかなり小さい．こ

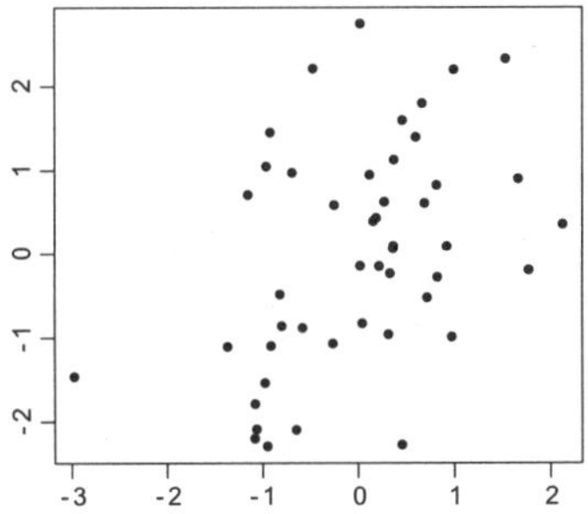

図 3.8　死亡率と自民党得票率の残差どうしの散布図

の例のように，偏相関係数 $r_{xy\cdot z}$ を評価することで，擬似相関の程度を判断することができる．

なお，偏相関係数 $r_{xy\cdot z}$ は，x と y の相関係数 r_{xy}，x と z の相関係数 r_{xz}，y と z の相関係数 r_{yz} を用いて，直接，次の形で計算できることが知られている．

$$r_{xy\cdot z} = (r_{xy} - r_{xz}r_{yz})\Big/\sqrt{(1-r_{xz}^2)(1-r_{yz}^2)}$$

3.3.3 重回帰

すでに述べたように，従属変数 y に影響を与える説明変数は 1 つとは限らない．たとえば，家計の消費支出額を説明する変数としては，当月の所得以外にも前月の所得，世帯人員数，年齢構成や貯蓄額などが考えられる．このような場合に y を説明するために，次の重回帰式が利用される．

$$y = b_0 + b_1x_1 + \cdots + b_kx_k \tag{3.3.2}$$

重回帰式のあてはめにも，各観測値 y と予測値 $\widehat{y} = b_0 + b_1x_1 + \cdots + b_kx_k$ の差の平方和 $S = \sum(y_i - \widehat{y}_i)^2$ を最小にする，最小 2 乗法を用いることができる．

説明変数が 2 つの場合　以下，説明変数が 2 つの場合について，やや詳しく紹介しよう[17]．

予測値を $\widehat{y} = b_0 + b_1x_1 + b_2x_2$ とする．これは 3 次元空間の平面を表すから，**回帰平面**とよぶことがある．残差を $e_i = y_i - \widehat{y}_i$ とするとき，$S = \sum(y_i - \widehat{y}_i)^2$ を最小にする b_0, b_1, b_2 は次の関係式を満たす（付録 A.5）．

$$\begin{aligned} \sum(y_i - \widehat{y}_i) &= \sum e_i = 0 \\ \sum x_{1i}(y_i - \widehat{y}_i) &= \sum x_{1i}e_i = 0 \\ \sum x_{2i}(y_i - \widehat{y}_i) &= \sum x_{2i}e_i = 0 \end{aligned} \tag{3.3.3}$$

最初の式から $\overline{e} = 0$ および $\overline{y} = \overline{\widehat{y}} = b_0 + b_1\overline{x}_1 + b_2\overline{x}_2$ が導かれる．この式から，平均を表す点 $(\overline{x}_1, \overline{x}_2, \overline{y})$ は回帰平面の上に乗っていることがわかる．2 番目の式は x_1 と e の共分散がゼロであることを示している．すなわち，横軸に x_1，縦軸に e をとった散布図では相関係数が正確にゼロとなる．同様に，3 番目の式から，x_2 と e の共分散がゼロとなり，x_2 と e の散布図も無相関となる．(3.3.3) 式が成立することが，最小 2 乗法の特徴である．

17) 以下の説明で最小 2 乗法の意味を明確にするが，この部分は本書の他の部分を読むためには必須ではない．さらに一般の場合の回帰係数の導出については付録 A.5 を参照のこと．

具体的に回帰係数を求めるため，$\sum x_{1i}e_i = \sum x_{1i}(y_i - b_0 - b_1x_{1i} - b_2x_{2i}) = 0$ に $b_0 = \overline{y} - b_1\overline{x}_1 - b_2\overline{x}_2$ を代入して b_0 を消去すると，$\sum x_{1i}(y_i - \overline{y}) - b_1\sum x_{1i}(x_{1i} - \overline{x}_1) - b_2\sum x_{1i}(x_{2i} - \overline{x}_2) = 0$ が導かれる．これを n で割れば，

$$s_{1y} - b_1s_{11} - b_2s_{12} = 0$$

となる．ここで s_{1y} は x_1 と y の共分散，s_{11} は x_1 の分散，s_{12} は x_1 と x_2 の共分散を表す．同様に，s_{2y} を x_2 と y の共分散，s_{22} を x_2 の分散とすると

$$\frac{1}{n}\sum x_{2i}e_i = s_{2y} - b_1s_{12} - b_2s_{22} = 0$$

もなりたつ．

なお，(3.3.3) の 3 つの式から導かれる次の関係は，予測値 $\widehat{y}$ と残差 e が無相関となることを示している．

$$\begin{aligned}\sum \widehat{y}_ie_i &= \sum(b_0 + b_1x_{1i} + b_2x_{2i})e_i \\ &= b_0\sum e_i + b_1\sum x_{1i}e_i + b_2\sum x_{2i}e_i = 0\end{aligned}$$

以上の結果を整理した次の b_1 と b_2 の連立 1 次方程式を**正規方程式**とよぶ．

$$s_{11}b_1 + s_{12}b_2 = s_{1y}, \qquad s_{21}b_1 + s_{22}b_2 = s_{2y} \tag{3.3.4}$$

b_1 と b_2 について整理した形は次のとおりである．

$$\begin{aligned}(s_{11}s_{22} - s_{12}^2)b_1 &= s_{22}s_{1y} - s_{12}s_{2y} \\ (s_{11}s_{22} - s_{12}^2)b_2 &= s_{11}s_{2y} - s_{12}s_{1y}\end{aligned} \tag{3.3.5}$$

3.3.4　決定係数 R^2

回帰式のあてはまりは，説明変数の変動が従属変数 y の変動を説明している程度で評価できる．**決定係数** R^2 について，以下では説明変数が 2 つの場合について解説する．

残差の定義 $e = y - \widehat{y}$ から，観測値 $y = \widehat{y} + e$ は，回帰式によって説明できる部分 $\widehat{y}$ と，説明できない部分 e に分解される．ここで，

$$\sum_{i=1}^{n}(y_i - \overline{y})^2 = \sum_{i=1}^{n}(\widehat{y}_i - \overline{y})^2 + \sum_{i=1}^{n}e_i^2 \tag{3.3.6}$$

が成立する[18)]．(3.3.6) 式の左辺を**全変動** (TSS)，右辺第 1 項の回帰式で説明

---

18)　$\sum(y_i - \overline{y})^2 = \sum\{(\widehat{y}_i + e_i) - \overline{y}\}^2 = \sum\{(\widehat{y}_i - \overline{y}) + e_i\}^2 = \sum(\widehat{y}_i - \overline{y})^2 + \sum e_i^2 + 2\sum e_i(\widehat{y}_i - \overline{y})$ と書き直すと，$\widehat{y}$ と e は無相関だから最後の項はゼロとなる．

できる部分を**回帰変動** (ESS)，右辺第 2 項の回帰式で説明できない部分を**残差変動** (RSS) とよぶ[19].

次式で定義される決定係数 R^2 は，従属変数 y の変動に占める予測値 $\widehat{y}$ の変動の割合であり，$0 \leq R^2 \leq 1$ を満たす.

$$R^2 = \frac{\text{ESS}}{\text{TSS}} = \frac{\sum(\widehat{y}_i - \overline{y})^2}{\sum(y_i - \overline{y})^2} = 1 - \frac{\sum e_i^2}{\sum(y_i - \overline{y})^2} = 1 - \frac{\text{RSS}}{\text{TSS}} \tag{3.3.7}$$

消費支出を可処分所得に回帰した例（p. 42）では $R^2 = 0.9771$ であり，消費支出の変動のうち 98% が可処分所得の変動によって説明されると解釈できる.

なお，$\sum_{i=1}^{n}(\widehat{y}_i - \overline{y})^2 = \sum_{i=1}^{n}(\widehat{y}_i - \overline{y})\{b_1(x_{1i} - \overline{x}_1) + b_2(x_{2i} - \overline{x}_2)\}$ と書き換えると，次の式が導かれる.

$$\sum_{i=1}^{n}(\widehat{y}_i - \overline{y})^2 = b_1\sum_{i=1}^{n}(\widehat{y}_i - \overline{y})(x_{1i} - \overline{x}_1) + b_2\sum_{i=1}^{n}(\widehat{y}_i - \overline{y})(x_{2i} - \overline{x}_2) \tag{3.3.8}$$

この式は，回帰係数や平方和などが与えられたときの決定係数の計算に用いられる.

重相関係数　y と $\widehat{y}$ とのあいだの相関係数 $r_{y\widehat{y}}$ は**重相関係数** (multiple correlation coefficient) とよばれるあてはまりの尺度であり，通常は R と書く．s_y, $s_{\widehat{y}}$ をそれぞれ y, $\widehat{y}$ の標準偏差，$s_{y\widehat{y}}$ を y と $\widehat{y}$ の共分散とするとき，R は次の式で表される.

$$R = r_{y\widehat{y}} = \frac{s_{y\widehat{y}}}{s_y s_{\widehat{y}}} = \frac{\sum(y_i - \overline{y})(\widehat{y}_i - \overline{y})}{\sqrt{\sum(y_i - \overline{y})^2}\sqrt{\sum(\widehat{y}_i - \overline{y})^2}} \tag{3.3.9}$$

決定係数は重相関係数 R の 2 乗と一致することが示されるため，記号の混乱は生じない[20]．$y_i = \widehat{y}_i + e_i$，$\overline{e} = 0$，$\overline{y} = \overline{\widehat{y}}$，$\sum \widehat{y}_i e_i = 0$ に注意すると，重相関係数の分子は

$$\sum(y_i - \overline{y})(\widehat{y}_i - \overline{y}) = \sum(\widehat{y}_i - \overline{y} + e_i)(\widehat{y}_i - \overline{y}) = \sum(\widehat{y}_i - \overline{y})^2 \tag{3.3.10}$$

となるため，$R \geq 0$ となる．なお，この式から，y と $\widehat{y}$ の共分散 $s_{y\widehat{y}}$ は，$\widehat{y}$ の分散 $s_{\widehat{y}}^2$ に等しいことがわかる.

R は相関係数の特別な場合だから，さらに $0 \leq R \leq 1$ となり，1 に近いほど回帰式のあてはまりがよいと解釈できる．しかし，重相関係数では，たとえば (a) $R = 0.70$，(b) $R = 0.80$，(c) $R = 0.90$ という 3 つの結果についてあてはまりを比較するとき，「$R = 0.90$ は $R = 0.80$ や $R = 0.70$ より 1 に近い

19) Total Sum of Squares, Explained Sum of Squares, Residual Sum of Squares
20) 演習問題 10 参照.

から，あてはまりがよい」とはいえても，それぞれの差 $0.90 - 0.80 = 0.10$，$0.80 - 0.70 = 0.10$ については，（今の例ではたまたま一致するが，）解釈はできない．これに対して決定係数を用いると，「$R^2 = 0.81$ だから y の変動のうち 81% が説明される」と明確な評価ができる．さらに，3 つの結果 (a) $R^2 = 0.49$，(b) $R^2 = 0.64$，(c) $R^2 = 0.81$ を比較する際にも，それぞれの回帰式による説明力を，49%, 64%, 81% と表現できるうえ，R^2 の差から (a) と (b) については $0.64 - 0.49 = 0.15$，(b) と (c) については $0.81 - 0.64 = 0.17$ と，次第に説明力が高くなっていると表現できる．このように決定係数については，それらの差にも意味がある．

以上の理由から，回帰分析におけるあてはまりの尺度としては決定係数が広く利用されている．

単回帰と重回帰の違い　重回帰式における説明変数の係数すなわち回帰係数 $b_j \, (j = 1, 2)$ は，他の説明変数の値を固定して x_j が 1 単位変化したときの，従属変数 y の変化と解釈される．したがって，単回帰式における係数とは一般に異なる．

たとえば，2 変数 x_1, x_2 を用いた重回帰 $y = b_0 + b_1 x_1 + b_2 x_2$ における x_1 の回帰係数 b_1 は，x_2 の値が一定の場合に x_1 が 1 単位変化したときの y の変化を表している．これに対して x_1 のみを用いた単回帰 $y = a_0 + a_1 x_1$ における x_1 の回帰係数 a_1 は，x_1 が 1 単位変化したときに x_2 の値が対応して変化する可能性も含めて，最終的な y の変化を表している．したがって，x_1 と x_2 の相関関係が存在する場合には，一般に b_1 と a_1 は異なる．

次の有名な例は，ある農作物の収穫量 y (kg/アール) を，月平均降水量 x_1 (mm) と月平均気温 x_2 (°C) で説明する問題である．y を x_1 または x_2 で説明する単回帰式は

$$y = 64.27 - 0.10x_1 \quad (R^2 = 0.0106, \quad \overline{R}^2 = -0.1308),$$
$$y = 64.68 + 5.60x_2 \quad (R^2 = 0.6073, \quad \overline{R}^2 = 0.5512)$$

となり，x_2 については符号は期待どおりであるが，x_1 の符号は常識と異なる結果となるうえ，決定係数が非常に小さい[21)]．

説明変数に x_1 と x_2 を用いた重回帰式を求めると

$$y = -212.16 + 0.62x_1 + 8.37x_2 \qquad (R^2 = 0.8438, \quad \overline{R}^2 = 0.7918)$$

となって，各説明変数の係数が正となり，直感的にも妥当な結果が得られる．

---

21) $\overline{R}^2$ は自由度調整済み決定係数で，7.2 節で解説する．

以上のように，本来，説明変数として考慮すべき変数が回帰式に含まれないと，適切な評価が得られないことがある．

3.3.5 共 線 性

正規方程式 (3.3.4) から，説明変数 x_1 と x_2 の共分散が 0 のときは

$$b_1 = s_{1y}/s_{11}, \qquad b_2 = s_{2y}/s_{22}$$

となり，それぞれ，y を x_1 または x_2 で説明する単回帰の回帰係数と一致することがわかる．

一方，x_1 と x_2 のあいだに（正または負の）完全な相関が存在して $r_{12}^2 = 1$ となる場合には，(3.3.5) 式における b_1 と b_2 の係数がいずれもゼロとなるため，正規方程式を解くことはできない．これは x_2 の 1 次式によって x_1 が完全に説明される場合に対応する．

r_{12}^2 の値が 1 に近いと，b_1 と b_2 を求める際，0 に近い数で割り算をするため，データがわずかに変化しても回帰係数が大きく変化するなど，解が不安定になる．このような現象を**共線性**とよぶ[22)]．

このことは 3 つ以上の説明変数を用いる場合にも同様で，ある変数 x_k が，それ以外の説明変数の 1 次式 $x_k = c_0 + c_1x_1 + \cdots + c_{k-1}x_{k-1}$ と表されれば，連立方程式を解くことができない．特に，ある説明変数が他の説明変数の合計あるいは平均の場合には完全な共線性が生じる．

多くの経済変数には何らかの関係が存在するので，共線性の問題には注意が必要である．たとえば，年間支出額を年間の給与総額と賞与額で説明する回帰式をつくると，賞与額と月額給与額には強い相関関係があるため，共線性の問題が深刻となる．共線性が生じているときは，データを少し変えただけで結果が大きく変わることがあるので，結果の解釈にあたっては慎重な検討が必要である．

3.3.6 回帰式の定式化と応用例

y と説明変数 x の関係を表す式は 1 次式 $y = a + bx$ とは限らない．一般に，回帰式の形と説明変数を定める問題を**回帰式の定式化**という．ここでは，変数の適当な変換によって線形回帰式が導ける関数形を紹介する．

指数関数　$y = Ax^b$ はよく使われる関数形である．このとき，両辺の対数をとると $\log y = \log A + b \log x$ となり，新しい変数を $y' = \log y$, $x' = \log x$ と

22) 多重共線性ともよぶ．multi-collinearity, collinearity.

し，$a = \log A$ とすると，線形回帰式 $y' = a + bx'$ が得られる．この式に最小 2 乗法を適用することによって，$y = Ax^b$ の係数を求めることができる．

経済学で Cobb-Douglas 生産関数として知られる生産量 (Y)，資本 (K)，労働投入量 (L) の関係式 $Y = AK^\alpha L^\beta$ は，両辺の対数をとって，新しい変数を $y = \log Y$, $x_1 = \log K$, $x_2 = \log L$ とすれば，$y = \log A + \alpha x_1 + \beta x_2$ と，2 つの説明変数をもつ重回帰式となる．この生産関数は **1 次同次性**[23] を満たす場合は $Y = AK^\alpha L^{1-\alpha}$ となるが，これを書き換えて $(Y/L) = A(K/L)^\alpha$ とすると，新しい変数 $y'' = \log(Y/L)$ と $x'' = \log(K/L)$ を用いた線形単回帰式 $y'' = \log A + \alpha x''$ で表現される．

なお，指数関数 $y = Ax^b$ の b，あるいは対数をとって線形化した**対数線形式** $\log y = \log A + b \log x$ の回帰係数 b は，y の変化率の x の変化率に対する割合である**弾力性**と等しい[24]．

たとえば，従属変数をある財の支出額の対数 $\log y$，説明変数を所得の対数 $\log x$ とする回帰式 $\log y = \log A + b \log x$ からその財の需要の所得弾力性を求めることができる．弾力性が負のときは下級財（または劣等財），正のときは上級財（または正常財）である．また，弾力性が 1 未満の正の値であれば必需品，1 よりも大きいときは奢侈品（ぜいたく品）と判断される．8.4.2 項で紹介する家計調査のデータでは，消費支出総額に対する支出の弾力性が 1 より小さい財として食料，家賃，光熱費，保健医療サービスがあり，1 よりも大きい財として教育費，教養娯楽用耐久財，月謝などが知られている．

片側対数式　$y = Ae^{bx}$ の対数をとれば，片側対数式 $\log y = \log A + bx$ が得られる．ここで新しい変数 $y' = \log y$ を用いれば線形回帰式となる．

この式は従属変数 y が一定の変化率となる関係式に用いられることが多い．たとえば生産量 (y) が毎年一定の成長率 r で変化しているとき，t を年を表す変数とし，$t = 0$ をデータの開始時点とすると $y_t = y_0(1+r)^t$ が成立する．両辺の対数をとると $\log y_t = \log y_0 + t \log(1+r)$ となり，$a = \log y_0$, $b = \log(1+r)$ とすれば片側対数式 $\log y = a + bt$ が得られる．この式は時系列データに指数関数のトレンドをあてはめる際に用いられる[25]．

一般に，x の変化を $\Delta x = x_{t+1} - x_t$，y の変化を $\Delta y = y_{t+1} - y_t$ と書くと，

23) 変数をすべて m 倍すると，関数値も m になるという性質．今の場合は $\alpha + \beta = 1$ がそのための条件となる．

24) x の変化を $\Delta x = x_{t+1} - x_t$, y の変化を $\Delta y = y_{t+1} - y_t$ と書くと, $b = \Delta \log y / \Delta \log x \doteqdot (\Delta y/y)/(\Delta x/x) \doteqdot (dy/dx)/(y/x)$ となる．詳しくは 8.4.2 項参照．

25) 実際の例については 8.1.5 項参照．

片側対数式 $\log y = a + bx$ のときは，$\Delta y/y = b\Delta x$ となる[26)]，すなわち，x の変化が y の変化「率」に与える影響を表す．同様に $y = a + b\log x$ については，$\Delta y = b(\Delta x/x)$ となり，回帰係数 b は x の変化「率」が y に与える影響を表す．

双曲線式　$y = a + b/x$ は双曲線の関係を表す．実際に b を求めるためには，新しい説明変数を $x' = 1/x$ として，1 次式 $y = a + bx'$ に最小 2 乗法を適用すればよい．

フィリップス曲線 (Phillips curve) は，賃金上昇率（または物価上昇率）と失業率の関係である．図 3.9 左は，各年の完全失業率 x を横軸，賃金変化率 y を縦軸とした散布図である[27)]．この散布図でもわかるように，完全失業率と賃金変化率との関係は非線形である．そこで横軸を $1/x$ として散布図を描いたのが右図である．右下がりの関係が右上がりの関係に変化するが，右図の方が多少は 1 次式に近いように見える．

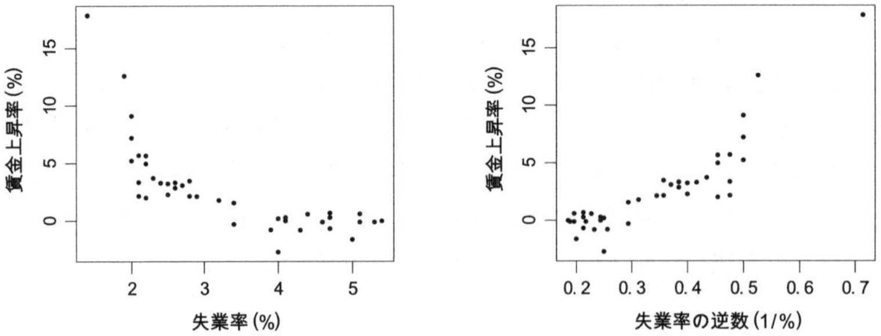

図 3.9　フィリップス曲線（1974 年から 2013 年）

2 つの散布図に直線を最小 2 乗法であてはめた結果は次のとおりであり，決定係数をみると，双曲線式の方がよくデータを説明している．

$$y = 10.62 - 2.43x \qquad (R^2 = 0.5438)$$
$$y = -6.73 + 27.05(1/x) \qquad (R^2 = 0.7672)$$

多 項 式　説明変数 x の多項式 $y = b_0 + b_1x + b_2x^2 + \cdots + b_kx^k$ をあてはめるには，新しい変数を $z_1 = x$, $z_2 = x^2$, ..., $z_k = x^k$ とおいて得られる重回帰

26)　$\Delta \log y = \log(y + \Delta y) - \log y = \log(1 + \Delta y/y) \doteqdot \Delta y/y$, (A.3.8) 式参照．微分を使えば $(dy/dx)/y = b$ となる．

27)　完全失業率（単位 %）は労働力調査（総務省統計局），賃金指数（30 人以上企業全産業，2010 年平均=100）は毎月勤労統計調査（厚生労働省），いずれも変化率．東日本大震災の影響により，岩手県，宮城県および福島県において労働力調査の実施が困難となったため，2011 年の完全失業率は補完推計した．

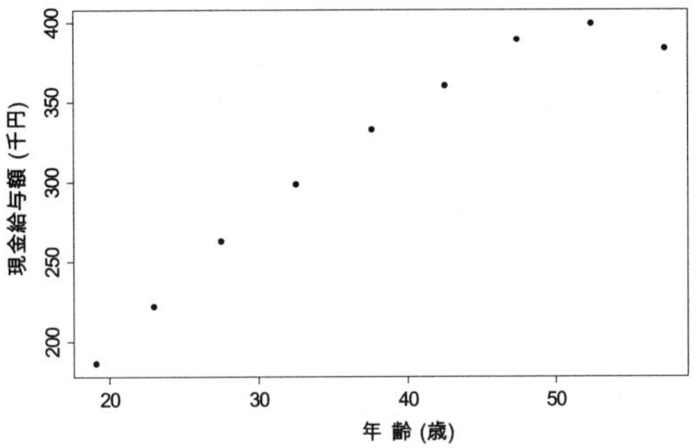

図 3.10　年齢ときまって支給する現金給与額の関係

式 $y = b_0 + b_1 z_1 + b_2 z_2 + \cdots + b_k z_k$ に，最小 2 乗法を適用すればよい．現実のデータでは 2 次式，多くても 3 次までの項を含んだ多項式が利用される28)．

図 3.10 は，59 歳以下の従業者について，年齢 x を横軸，きまって支給する現金給与額 y を縦軸にした散布図である29)．賃金は年齢とともに上昇するが，一定の年齢で頭打ちとなり，その後は下降する傾向がある30)．この散布図に 1 次式をあてはめた結果は

$$y = 104.6 + 5.58x \quad (R^2 = 0.9221, \quad \overline{R}^2 = 0.9110)$$

となるが，2 次曲線（放物線）をあてはめると

$$y = -81.6 + 16.6x - 0.14x^2 \quad (R^2 = 0.9924, \quad \overline{R}^2 = 0.9899)$$

となり，2 次式の説明力が非常に高く，1 次式は 2 次式の説明力には及ばない．

なお，上記の散布図は 59 歳以下についてのものであるが，この結果を用いて 60 歳以上給与額を予測することは危険である．1 次式を使うと年齢とともに給与額は高くなる．一方，2 次式を使うと高齢化とともに給与額はゆるやかに減少するが，実態は，再雇用の勤務日数や時間数の短縮を反映して急激に低下する．一般に説明変数の範囲内の予測を**内挿**，範囲外の値を予測することを**外挿**とよぶが31)，回帰式を外挿に用いることは危険である．外挿する際には，回帰式によって示される構造がデータの範囲外でも成立することが前提であり，十分な注意が必要である．

---

28)　次数の高い多項式をあてはめることは危険である．参考文献 [1] の第 3 章を参照．

29)　平成 26 年賃金構造基本調査（厚生労働省）より男女・学歴計，全産業企業規模 10 人以上の民営事業所．

30)　年齢（または経験年数）と賃金の関係は，労働経済学で**年齢–賃金プロファイル**とよばれる．

31)　interpolation, extrapolation

演 習 問 題

1. 以下の変数の組合せで，相関係数 r はどの程度の大きさ（正・負・ほぼゼロ）となるか．
   (1) スーパーで購入した鶏卵について，最大の径 x (cm) と重量 y (g)
   (2) 50 人の学生について，100 m 走の中学校 2 年次の記録 x（秒）と高等学校 1 年次の記録 y（秒）
   (3) 47 都道府県について，人口 x（人）と県民総生産 y（10 億円）
   (4) 50 人の中学 3 年生について，100 m 走の記録 x（秒）と走り幅跳びの距離 y (m)
   (5) アメリカの大学生について，統計学の成績 x（GPA, 高いほどよい）と生涯所得 y（\$）
2. 以下は x の平均が a, y の平均が b, x と y の相関係数が r の 2 変量正規分布 (5.5.2 項) のデータを生成し，横軸 x，縦軸 y の散布図を描く R のプログラムである．a，b，r に具体的な数字を入れて散布図を比較せよ．特に，r の値 $(-1 \leq r \leq 1)$ をさまざまに変えて，散布図を眺めるとよい．

```
library(MASS)
mu <- c(a,b)
Sigma <- matrix(c(1,r,r,1), 2, 2)
plot(mvrnorm(100, mu, Sigma))
```

3. 変数 x と変数 y について，Pearson の相関係数 (r) がほぼ 1 に近いとき，以下の変数 u, v について r および Spearman の相関係数 (ρ) はどの程度の大きさか．
   (1) $u = 2x$ と $v = 100 - y$
   (2) $u = 50 + 10x$ と $v = \sqrt{y}$ （ここでは $y > 0$ とする）
   (3) $u = x^2$ と $v = y^2$ （$x > 0, y > 0$ の場合）
   (4) $u = (x - \overline{x})^2$ と $v = (y - \overline{y})^2$
4. 回帰式 $y = a + bx$ を最小 2 乗法であてはめる際，説明変数 x の値がすべて 10 倍されたとき，回帰式および決定係数の値はそれぞれどのように変化するか．
5. $z = x/s_x + y/s_y$ と $w = x/s_x - y/s_y$ について，分散 s_z^2, s_w^2 と共分散 s_{zw} を求めよ．（これは主成分分析とよばれる手法の 2 次元の場合に相当する．）
6. ある商店の広告料 x と販売額 y の 10 年分のデータ（単位：万円）から，基本統計量を計算したところ，広告料の平均は $\overline{x} = 330$，標準偏差は $s_x = 80$，販売額の平均は $\overline{y} = 5600$，標準偏差は $s_y = 1250$，広告料と販売額の共分散は $s_{xy} = 75000$ であった．販売額を広告料で説明する回帰式 $y = a + bx$ と決定係数を求めよ．
7. ある病院の入院患者 $n = 100$ 人について，ある日の午前中の最大血圧 x と午後の最大血圧 y を測定し，$\overline{x} = 120.0$, $s_x = 20.0$ および最小 2 乗法による回帰分析によって次の結果を得た．

$$\text{(Ex1)} \qquad \widehat{y} = 12.0 + 0.90\,x, \qquad R^2 = 0.81$$

(1) $\overline{y}$ および s_y を求めよ．

(2) $u = (x - \overline{x})/s_x$, $v = (y - \overline{y})/s_y$ を，それぞれ x, y の標準化変数とするとき，v の u に対する線形回帰式を最小 2 乗法であてはめ，r_{uv}^2 の値を求めよ．

(3) $x = 100$ および $x = 140$ という 2 人の患者の y の予測値を，それぞれ求めよ．

(4) 以上の結果から，午後の血圧は午前に比べて変動が小さくなると判断できるか．x を y で説明する回帰式 $x = c + dy$ を求め，それを (Ex1) 式と比較したうえで，解釈を述べよ．

8. 以下の各組のデータは散布図の形が異なっているにもかかわらず，平均や分散が等しいため，最小 2 乗法で回帰式をあてはめると，すべて次のようにほぼ同じ回帰式と決定係数が得られる[32)]．

$$y = 3.00 + 0.500x \quad (R^2 = 0.667)$$

(a)		(b)		(c)		(d)	
x	y	x	y	x	y	x	y
10	8.04	10	9.14	10	7.46	8	6.58
8	6.95	8	8.14	8	6.77	8	5.76
13	7.58	13	8.74	13	12.74	8	7.71
9	8.81	9	8.77	9	7.11	8	8.84
11	8.33	11	9.26	11	7.81	8	8.47
14	9.96	14	8.10	14	8.84	8	7.04
6	7.24	6	6.13	6	6.08	8	5.25
4	4.26	4	3.10	4	5.39	19	12.5
12	10.84	12	9.13	12	8.15	8	5.56
7	4.82	7	7.26	7	6.42	8	7.91
5	5.68	5	4.74	5	5.73	8	6.89

このとき，(a)–(d) 4 組のデータについて散布図を描き，回帰分析の適用上の注意点を考えよ．

9. x, y を標準化した変数を，それぞれ $u = (x - \overline{x})/s_x$, $v = (y - \overline{y})/s_y$ とすると，回帰式 $v = a' + b'u$ における係数は $a' = 0$, $b' = r_{xy}$ となることを示せ．

10. y と $\widehat{y}$ とのあいだの相関係数である重相関係数 $R = r_{y\widehat{y}}$ の 2 乗は，決定係数 $R^2 = \mathrm{ESS/TSS} = 1 - \mathrm{RSS/TSS}$ と一致することを示せ．

---

32) F.J. Anscombe, Graphs in Statistical Analysis, *The American Statistician* Vol. 27, No. 1, pp. 17-21, 1973.

4章

確率の基礎

本章では，統計的推測の基礎となる確率について学ぶ．2章と3章で扱った記述統計は与えられたデータを分析する手法であり，標本と母集団を関連づけるための手段として確率が重要な役割を担うことから，母集団に関する推論を行うためには不可欠の主題である．

確率論には数学としての体系があるが，抽象的な公理と定理という議論は，確率の意味的な解釈とは独立になされる．一方，現実の問題を対象とする統計では，具体的な解釈ができなければ確率の応用はできない．そのため，本章では，確率の意味を中心に解説する．

4.1 確率とは何か

最初に，数学者パスカル (B. Pascal) とフェルマー (P. Fermat) が往復書簡で議論したという，確率に関する歴史的な問題を紹介する．2人の人物 A, B が公平な勝負（コイン投げで表なら A の勝ちとする）を続けて，先に3回勝った者が賞金を貰える．A が2勝1敗の状態でゲームを中断するとき，賞金をどのように分配したら公平だろうか．

パスカルは次のように考えた．次のコイン投げで A が勝てば賞金の全額を受け取るが，B が勝てば2勝2敗と五分になり分配金を半分ずつとするのが公平だから A の権利は $(1+1/2)/2 = 3/4$ である．

一方, フェルマーは次のように記した．記号 a, b でそれぞれ A, B の勝ちを表すと, ゲームは最大であと2回で終了するから, すべての可能な結果 (aa, ab, ba, bb) はいずれも $1/4$ の可能性をもつ．このうち，A は最初の3つの場合に勝ち，最後の場合は B が勝つから，A への公平な分配金額は $3/4$ といえる．

フェルマーの方法は一般的で，初等的な問題に関しては，現在でも適用可能である．しかし，当時には「次に A が勝ったらゲームは1回で終了するから，起こりうる場合は a, ba, bb の3通りである」という反論もあった．この3つの結果は同程度に確からしくないようにみえる．では，確からしさについて，どう考えたらよいだろうか.

数学としては，ある種の性質（公理）を満たす概念として確率を定義することはできるが，それだけでは現実的な問題に応用できない．本章では，まず確率の定義として，(1) 先験的（古典的）な定義，(2) 経験的な定義，(3) 主観的な定義を紹介し，その後で数学的な性質について解説する.

4.1.1 確率の先験的（古典的）な定義

公正なさいころや歪みのないコインなど，起こりうる結果がすべて同等に確からしい場合に用いられる定義で，さいころの目は 1 から 6 までいずれも 1/6 の確率，コインの表と裏はいずれも 1/2 の確率とするものである．他の例として，52 枚からなるトランプのカードから 1 枚抜き出すとき，それがハートである確率は $13/52 = 1/4$ と考える．以上の判断は，確かにもっともらしい.

4.2 節で説明する「事象」という用語を用いると，確率の**先験的な定義**（あるいは古典的な定義）では，事象 $E_1, \ldots, E_N$ が「同等に確からしいとき」，それらの確率を $\mathrm{P}(E_1) = \cdots = \mathrm{P}(E_N) = 1/N$ と定める.

この先験的確率は，理想的な状態を想定した場合を表すものであり，公平なくじを引く場合などには妥当と考えられる.

例 4.1 箱の中に 6 枚のカードがあり，4 枚には a，2 枚には b という文字が書かれている．これから何枚かを取り出すときに先験的確率を仮定する.

(1) 1 枚を取り出したとき，a となる確率は $4/6 = 2/3$ となる.

(2) 2 枚を一度に取り出したとき，可能な結果は ${}_6\mathrm{C}_2 = 15$ 通りであり，aa となる結果は ${}_4\mathrm{C}_2 = 6$ 通りだから，確率は $6/15 = 2/5$ となる.

(3) 2 枚を一度に取り出したとき，ab となる結果は ${}_4\mathrm{C}_1 \cdot {}_2\mathrm{C}_1 = 8$ 通りだから，確率は $8/15$ となる.

このような問題では，付録 A.2 で解説している組合せの知識が有効である. ■

例 4.2 ある組織で新しい提案の賛否に関する投票があり，100 人のうち，60 人が賛成 Y，40 人が反対 N と記した．投票箱を開票するとき，次の確率はいくらとなるか.

(1) 1 枚ずつ開票していくとき，1 枚目が賛成である.

(2) 1 枚ずつ開票していくとき，2 枚目が賛成である.

(3) 50 枚をまとめて開票した中に賛成が 30 枚含まれる.

(4) 1 枚ずつ開票していくとき，最初の 10 枚がすべて賛成となる.

(5) 1 枚ずつ開票していくとき，50 枚目に 30 枚目の賛成がでる.

（答）

(1) 取り出し方は 100! 通りで，そのうち 1 枚目が賛成となる順列は $60 \cdot 99!$ 通りだから，確率は $60 \cdot 99!/100! = 60/100$ となる．

(2) 最初の 2 枚が YY となる取り出し方は $60{\cdot}59{\cdot}98!$ 通り，最初の 2 枚が NY となる取り出し方は $60{\cdot}40{\cdot}98!$ 通りだから，確率は $(60{\cdot}59{\cdot}98!+60{\cdot}40{\cdot}98!)/100! = 60/100$ である．じつは，何枚目であっても，それが賛成となる確率は 60/100 である．

(3) 50 枚を取り出す組合せは ${}_{100}C_{50}$ 通り，賛成のうち 30 枚を取り出す組合せは ${}_{60}C_{30}$ 通り，反対のうち 20 枚を取り出す組合せは ${}_{20}C_{40}$ 通りだから，確率は ${}_{60}C_{30} \cdot {}_{20}C_{40}/{}_{100}C_{50}$ となる．

(4) 最初の 10 枚がすべて賛成となる取り出し方は ${}_{60}P_{10}\,90! = 60 \cdot 59 \cdots 51 \cdot 90!$ 通りだから，確率は $60 \cdot 59 \cdots 51 \cdot 90!/100! = (60/100)(59/99) \cdots (51/91)$ となる．一度に 10 枚を開票してすべてが賛成となる確率も ${}_{60}C_{10}/{}_{100}C_{10}$ となり，同じ結論が得られる．

(5) 100! 通りのうち条件を満たす結果の数を考えてもよいが，一度に 49 枚を開票して 29 枚が賛成で，かつ 50 枚目が賛成と考えれば簡単である．いずれの方法でも $\left({}_{29}C_{60}/{}_{100}C_{49}\right)/(31/51)$ が得られる．　■

現実には，先験的確率は必ずしも利用できないことが多い．たとえば，歪んださいころ投げで「1 の目がでる」事象や，6 人の走者が出場する 100 m 競争で「各走者が勝つ」事象を考えれば，起こりうる結果のすべてが同等に確からしいと考えることは無理がある．そもそも「同等に確からしい」とは「確率が等しい」ということだから，この定義は実質的には無意味ともいえる．

4.1.2 相対度数による確率の経験的な定義

現実的には，さいころやコインは歪んでいることもあるから，同等に確からしいという前提が満たされない場合にも確率を考える必要がある．20 世紀まで標準的であった解釈では，相対度数によって確率を定義する．

例 4.3（繰り返し実験）　冒頭のゲームについて，コイン投げの実験を行い，A の 2 勝 1 敗という状態から，決着がつくまでゲームを継続するという実験を 100 回繰り返して，最終的に A が勝った回数と B が勝った回数を比べてみた．20 回ずつ区切って，A が勝った回数を記すと，(15, 15, 14, 17, 15) となった．結局，100 回の実験のうち，A が勝った回数の合計は 76 回，比率にすると 0.76 となる．これは先験的な定義による確率 $3/4 = 0.75$ にかなり近い．　■

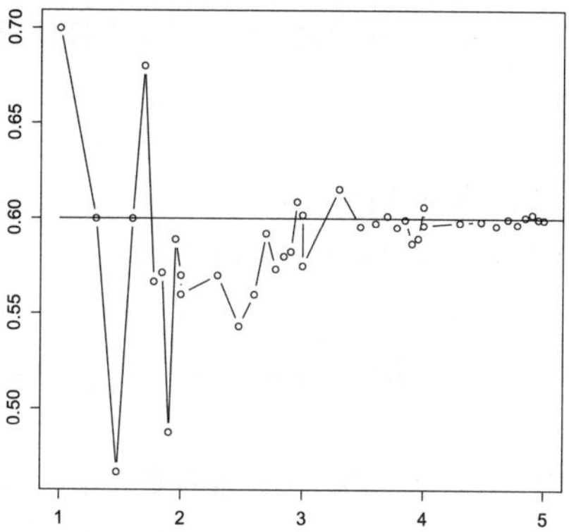

図 4.1　コイン投げの実験

コインを投げ続けるように，同じ条件で繰り返すことのできる実験を**試行**[1]とよぶ．n 回の試行のうちある結果 A が r 回出たとき，$f = r/n$ を**相対度数**とよぶ[2]．実験の最初のうちは相対度数 f は変動しているが，実験の回数を増やしていくと相対度数は次第に安定して，ある値に近づくものと考えられる．このように，ある結果 A に関する仮想的な実験において，A が起こる度数を n_A とするとき，その相対度数 n_A/n の極限が存在するものと考えて，それを A の確率とよび，記号 $\mathrm{P}(A)$ で表す．これが**経験的確率**とよばれる定義である．

当然，相対度数は歪んだコインについても定義できる．図 4.1 は，表がでる確率が 0.6 とわかっているコインを投げ続ける実験を，コンピュータで仮想的に実行したものである．図には 1,2,. . . ,10, 20, . . . , 100, 200, . . . , 1000, 2000,. . . ,10000 と回数を区切って，その回数までの相対度数を示している．横軸は常用対数で表示しているから 1, 2, 3, 4 が，それぞれ $10^1 = 10$, $10^2 = 100$, $10^3 = 1{,}000$, $10^4 = 10{,}000$ に対応する．この例では 1,000 回を超えたあたりから相対度数は 0.6 に近づき，10,000 回付近では安定している．

相対度数による定義では，一般には，確率は未知の値である．しかし，先験的な確率の定義のように理想的な状態が想定できる場合は，相対度数の極限は先験的確率に近いことが期待される．したがって，経験的確率の解釈は，先験的確率の拡張と考えることができて，さらに先験的確率が利用できないような実際的な問題を考える際に有用である．

1) trial
2) relative frequency は相対頻度ともよぶ．

例 4.4 表がでる確率が $p=0.6$ の歪んだコインを投げ続ける試行を考える．次の確率を求めよう．

(1) 5 回続けて表がでる．

(2) 3 回投げて表が 2 回，裏が 1 回でる．

(3) n 回投げて表が a 回，裏が $b=n-a$ 回でる．

(4) 11 回に初めて裏がでる．

(答) 表，裏を H, T として，裏の確率を $q=1-p$ とする．

(1) HHHHH の確率は p^5.

(2) HHT, HTH, THH の 3 通りの確率を求めて合計すればよい．それぞれの確率は ppq, pqp, qpp となり，いずれも p^2q だから答えは $3p^2q$ である．

(3) n 回中，表が a 回でる場所の組合せは ${}_n\mathrm{C}_a$ 通りで，いずれの確率も p^aq^b だから答えは ${}_n\mathrm{C}_a\,p^aq^b$ である．

(4) 10 回連続で表，11 回目が裏だから，$p^{10}q$. ∎

4.1.3 主観確率の定義

上記の経験的確率の定義で前提とした「同一条件で繰り返し実験可能」の意味を厳密に考えると，この定義の利用には限界があることがわかる．たとえば同じ状態のコインに正確に同じ力を加えて回転させて机の上に落下させるなら，毎回の表裏の結果は同じになるはずであり，表がでたり裏がでたりするのは，微妙に条件が違っているからである．

繰り返すことができない問題について，確からしさを表現することにも無理がある．たとえば，源氏物語の宇治十帖とよばれる部分の作者が紫式部である可能性については，歴史を繰り返すことは不可能だから，経験的確率の考え方を適用することはできない．「次の国政選挙においてある候補が当選する」や「明日，東京都区部の降水量が 10 mm 以上である」なども，「次の国政選挙」や，歴史的に特定の日である「明日」は，同じ条件で繰り返して測定することができない．

以上の例のように，繰り返すことが難しい一般的な事象を，より広い概念として「命題」とよぶことがある．**主観確率**（または判断確率）とよばれる**ベイズ統計学**の考え方では，命題のような一般的な事象に対しても確からしさの尺度として確率を定めることができる．すなわち，ある命題 A の確からしさはそれを評価する主体がもつ情報によって異なることを認めるもので，ある人がこれまでに蓄積した情報 H（history の頭文字を使った）の下で A の確からしさを「合理的に」評価するとき，それをその人の主観確率とする．意思決定者 (DM)[3] の合理的な行動に関する仮定から導かれる主観確率の体系について，付録 A.8 で概要を紹介している．

簡単な例で説明しよう．これから乗ろうとしている列車の目的地到着が「時刻表より 5 分以上遅れる」という事象を A として，DM が事象 A の確からしさをどのように評価しているかを知るために，小さな賞金が与えられる 2 つのくじ (lottery)，または賭け (bet) を提案する．

(L1) 青い球 b 個と白い球 w 個，計 $(b+w)$ 個を入れたつぼから（よくかき混ぜて）1 個の球を取り出したときに，それが青だったら賞金が貰える．

(L2) 事象 A が起きたら賞金が貰える．

DM は (L1), (L2) どちらのくじを選んでもよい．DM が合理的なら，もし $w=0$ なら (L1) を選び，$b=0$ なら (L2) を選ぶであろう．b と w の数を変化させていったときに，ある (b,w) に対して (L1) と (L2) が同じ程度の価値をもつと判断すれば，$\mathrm{P}(A \mid H) = b/(b+w)$ と定義する．ここで H は DM のもっている知識であり，確率は H によって異なることを許容する．たとえば，「その列車が前の駅を 5 分遅れて発車した」という追加的な情報 B があれば，新たな知識 $H' = H \cap B$ のもとで，確率は $\mathrm{P}(A \mid H')$ で定められる[4]．その修正は，4.4 節および付録 A.8 で紹介するベイズの公式で明示的に与えられる．

ベイズ統計の公理体系では，(L1) で用いたような「各結果が同等に確からしい装置」をつくれることを仮定し，そのうえで，理想化された合理的な個人について，不確実性を含む「くじ」のあいだの比較可能性を要請する．経済学の効用に関する議論では，異なる結果（財の組合せ）について，どちらを選好するか判断できることを想定するが，ベイズ統計学では，不確実な結果についても選好判断が可能とされる．さらに，合理的な個人は期待効用を最大化するように行動するという合理性を仮定するとベイズ流決定理論の枠組みができるが，本書ではこの部分にはふれない．

以下では相対度数による経験的確率の解釈を基本として記述し，必要に応じてベイズ統計学の考え方を紹介する．また，確率の評価にあたって主観確率が用いられるような問題においても，特別な場合を除いて前提となる知識 H は一定として明示せず，$\mathrm{P}(A \mid H)$ を単に $\mathrm{P}(A)$ と表す．

---

3) 仮に Ms. Decision Maker とよぶ．

4) 事象（または命題）の積を表す記号 $\cap$ については 4.2 節で解説する．

4.2 事象と確率の性質

4.2.1 事象と命題

確率を定義する対象を**事象**とよび，記号 $A, B, \ldots, E, F, \ldots$ などで表す．「野球のボールを投げて 20 m 先の的に当たる」,「コインを投げて表がでる」など，繰り返し可能な場合にはこの用語が一般的である．一方,「次の衆議院選挙で A 政党が過半数の議席を得る」,「今日の午後 1 時に出発する予定の航空便 ABC012 の出発が 30 分以上遅れる」などは，確からしさ（すなわち確率）を判断する対象であるが，繰り返し可能とはいいにくい．このような「命題」に対してもベイズ統計学による主観（判断）確率を定義できることは，すでに指摘したとおりである．以下では事象という用語を広い意味で用いる．

起こりうる結果の全体を**全事象**（または標本空間）とよび，S と表し，その確率を 1 とする．任意の事象は S の一部（部分集合）となる．A または B という事象（**和事象**）を $A \cup B$，A および B という事象（**積事象**）を $A \cap B$（または AB)，A ではないという事象（**余事象**）を $\overline{A}$ と表す．特に全事象 S の余事象 $\overline{S}$ は**空事象**とよばれる「ありえない事象」であり，これを記号 $\varnothing$ で表す[5]．2 つの事象 A, B が同時に起こらない，すなわち $A \cap B = \varnothing$ となる場合，これらの事象を互いに**排反**とよぶ．

図 4.2 は，数学者 Venn による事象を表す図の例で，それぞれ和事象 $A \cup B$，積事象 $A \cap B$，排反事象 $(A \cap B = \varnothing)$ を表している．

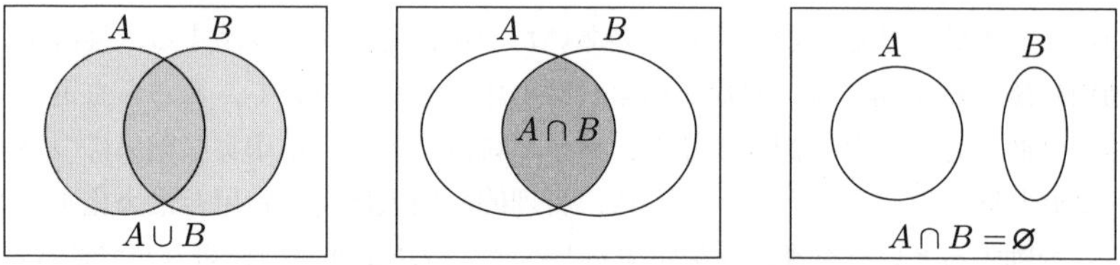

図 4.2 Venn 図

特にこれ以上分割できない事象を**基本事象**（または根元事象）とよぶ．なお，確率論では全事象を Ω，基本事象を ω と書くことが多い．

例 4.5 （基本事象の例）

(1) 各面に 20 個の文字 A, B,. . . , T が記されている正 20 面体を転がしたとき，上になる文字は 20 通りですべてである．これらを基本事象 $s_1, \ldots, s_{20}$ に対応させる．

---

5) $\varnothing$ はゼロに斜線を入れた記号で，ギリシア文字 ϕ で代用することもある．

(2) ある地域で1日に発生する事故については，基本事象である件数 s は 0 以上の整数値をとるから，全事象としては便宜的に $S = \{0, 1, 2, \ldots\}$ と無限個の事象を考えることが自然である．

(3) ある工場で1日に生産される薬品の重量については，結果は 0 から生産能力の限界までの任意の値をとりうるため，基本事象としては任意の非負の実数 s を想定することが自然で，このときの全事象は $S = \{s : 0 \leq s < \infty\}$ となる． ▮

4.2.2 確率の数学的な定義と性質

確率に関する解釈が異なったとしても，確率が満たすべき数学的な性質は変わらない．**確率の公理**では，次の 3 つの性質を要請する．

(P1) 任意の事象 A に対して，$0 \leq \mathrm{P}(A) \leq 1$ である．

(P2) 全事象 S の確率は $\mathrm{P}(S) = 1$ である．

(P3) 互いに排反な事象 $A_1, A_2, \ldots$ $(A_i \cap A_j = \varnothing,\ i \neq j)$ に対して，次の式がなりたつ．

$$\mathrm{P}(A_1 \cup A_2 \cup \cdots) = \mathrm{P}(A_1) + \mathrm{P}(A_2) + \cdots$$

(P1) と (P2) は当然の性質であり，**加法性**とよばれる (P3) が，確率が満たすべき最も重要な性質である．4.1.1 項の古典的な定義，および 4.1.2 項の相対度数による定義は (P1), (P2), (P3) を満たしていることは明らかである．主観確率については，付録 A.8 のように，合理性に関する公理から (P1), (P2), (P3) が（定理として）導かれる．したがって，数学的な議論は，どの解釈を採用しても同じように成立する．

公理 (P3) から，さまざまな確率の計算が導かれる．まず，空事象 $\varnothing$ については $\mathrm{P}(\varnothing) = 0$ である．これから有限個の事象 $A_1, A_2, \ldots, A_n$ が互いに排反なら，次の式がなりたつ．

$$\mathrm{P}(A_1 \cup A_2 \cup \cdots \cup A_n) = \mathrm{P}(A_1) + \mathrm{P}(A_2) + \cdots + \mathrm{P}(A_n) \qquad (4.2.1)$$

さらに，A とその余事象 $\overline{A}$ は排反かつ $S = A \cup \overline{A}$ であり，$\mathrm{P}(S) = \mathrm{P}(\overline{A}) + \mathrm{P}(A)$ だから，次の式がなりたつ．

$$\mathrm{P}(\overline{A}) = 1 - \mathrm{P}(A) \qquad (4.2.2)$$

一般に，排反とは限らない事象 A, B について，次の式がなりたつ．

$$\mathrm{P}(A \cup B) = \mathrm{P}(A) + \mathrm{P}(B) - \mathrm{P}(A \cap B) \qquad (4.2.3)$$

(4.2.3) 式を確かめるには，$A \cup B$ を表す Venn 図において，$E_1 = A \cap B$,

$E_2 = A \cap \overline{B}$, $E_3 = B \cap \overline{A}$ とすればよい．これら3つの事象は互いに排反であり，$A = E_1 \cup E_2$, $B = E_1 \cup E_3$, $A \cup B = E_1 \cup E_2 \cup E_3$ となることから，加法性が適用できる．

例 4.6 全事象に含まれる基本事象の数が有限個で $S = \{s_1, s_2, \ldots, s_n\}$ のときは，基本事象の確率を p_i $(i = 1, 2, \ldots, n)$ とすると，$\sum_{i=1}^{n} p_i = 1$ となる．また，事象 A の確率は A に含まれる基本事象 $s_j \in A$ の確率の和として $\mathrm{P}(A) = \sum_{s_j \in A} p_j$ と表される． ∎

例 4.7（確率とオッズ） ある事象 A が起こる確率 $\mathrm{P}(A)$ と起こらない確率 $\mathrm{P}(\overline{A})$ の比 $\mathrm{P}(A)/\mathrm{P}(\overline{A}) = \mathrm{P}(A)/(1 - \mathrm{P}(A))$ を**オッズ**とよび，$O(A)$ と書くことがある[6]．逆に，確率をオッズで表せば $\mathrm{P}(A) = 1/(1 + O(A))$ となる． ∎

4.3 条件つき確率と独立性

ある事象 A が起きたという条件の下で，事象 B が起きる可能性を判断する機会は多い．これを A が与えられたときの B の**条件つき確率**とよび，公理にもとづく確率論では次の式で「定義」する．

$$\mathrm{P}(B \mid A) = \frac{\mathrm{P}(A \cap B)}{\mathrm{P}(A)} \tag{4.3.1}$$

もちろん分母は $\mathrm{P}(A) \neq 0$ でなければならない．数学的な定義には意味は与えられていないから，応用のためには解釈が必要である．

この定義の意味を考えてみよう．先験的な定義の場合は，同等に確からしい基本事象の数を N 個として，事象 A, B, $A \cap B$ に含まれる基本事象の数をそれぞれ $\#(A)$, $\#(B)$, $\#(A \cap B)$ で表すと，条件がなければ $\mathrm{P}(B) = \#(B)/N$ および $\mathrm{P}(A \cap B) = \#(A \cap B)/N$ である．しかし A が起きたという条件の下では，全事象は A に制限され，その場合に B が起きるのは $A \cap B$ となるから，$\mathrm{P}(B \mid A) = \#(A \cap B)/\#(A) = \mathrm{P}(A \cap B)/\mathrm{P}(A)$ となる．

相対度数の定義では次のようになる．n 回の実験のうち A が n_A 回，B が n_B 回，AB が n_{AB} 回起きたとして，それぞれの相対度数を $f_A = n_A/n$, $f_B = n_B/n$, $f_{AB} = n_{AB}/n$ と表す．このとき，A が起きたという条件の下で B が起きた相対度数 n_{AB}/n_A は次のように表現できる．

$$\frac{n_{AB}}{n_A} = \frac{n_{AB}}{n}\frac{n}{n_A} = \frac{f_{AB}}{f_A}$$

6) odds, 賭け率ともいう．英語圏では不確実性の表現として probability よりも odds の方が日常的に使われる．

n を大きくした場合には，右辺は $\mathrm{P}(AB)/\mathrm{P}(A)$ に近づく．これが，「A が起きたという条件の下で B が起きた相対度数」による条件つき確率の解釈である．

主観確率の場合は，条件つき確率は「定義」ではなく，「定理」として合理的な行動に関する公理から導かれる．最初の知識を H として，事象 A によって得た新たな知識を $H' = H \cap A$ と表すと，主観確率は $\mathrm{P}(B \mid H)$ から $\mathrm{P}(B \mid H \cap A)$ へと変化する．その形を表現するのが，4.4 節で説明するベイズの定理である．その結果は $\mathrm{P}(B \mid H \cap A) = \mathrm{P}(A \cap B \mid H)/\mathrm{P}(A \mid H)$ となり，事前の知識 H を省略すると，形式的には (4.3.1) 式と一致する[7]．

確率に関するいずれの解釈であっても，条件つき確率の (4.3.1) 式を書き換えると

$$\mathrm{P}(A \cap B) = \mathrm{P}(A)\mathrm{P}(B \mid A) \tag{4.3.2}$$

となる．この式は**乗法法則**とよばれることがあるが，3 つ以上の事象 $A, B, C, \ldots$ に対しても

$$\mathrm{P}(ABC) = \mathrm{P}(A)\mathrm{P}(BC \mid A) = \mathrm{P}(A)\mathrm{P}(B \mid A)\mathrm{P}(C \mid AB)$$

などと拡張される．乗法法則は，順番に事象 $A, B, C, \ldots$ が起きる確率を求めるときに，自然な求め方となっている．

例 4.1（つづき）　箱の中の 6 枚のカードの例で，(2), (3) について乗法法則を利用する．(2) aa の確率は $\frac{4}{6}\frac{3}{5} = \frac{2}{5}$，(3) は ab と ba の確率の和として，$\frac{4}{6}\frac{2}{5} + \frac{2}{6}\frac{4}{5} = \frac{8}{15}$ と求められる．∎

例 4.8　乗法法則について，もう少し一般的な問題を考えよう．箱の中に赤と黒のカードがそれぞれ $r = 3$ 枚，$b = 2$ 枚，あわせて $n = r + b$ 枚入っている．これから 1 枚ずつ（元に戻さずに）カードを抜き出すとき，赤，黒を表す事象をそれぞれ R, B とする．添え字にカードの順番を記すと，R_1B_2 となる確率は次のように求められる．

$$\mathrm{P}(R_1B_2) = \mathrm{P}(R_1)\mathrm{P}(B_2 \mid R_1) = \frac{r}{n}\frac{b}{n-1} = \frac{3}{5}\frac{2}{4} = \frac{3}{10}$$

さらに，順番に $R_1B_2R_3$ となる確率は次のようになる．

$$\mathrm{P}(R_1B_2R_3) = \frac{r}{n}\frac{b}{n-1}\frac{r-1}{n-2} = \frac{3}{5}\frac{2}{4}\frac{2}{3} = \frac{1}{5}$$

先験的確率の考え方を直接利用すると，次のように計算される．3 枚のカー

---

7)　正確な説明は付録 A.8 で与えている．

ドを順番に抜き出す結果は全部で ${}_{n}\mathrm{P}_3 = n(n-1)(n-2)$ 通りで，そのうち順番に $R_1B_2R_3$ となるのは ${}_{r}\mathrm{C}_1 \cdot {}_{b}\mathrm{C}_1 \cdot {}_{r-1}\mathrm{C}_1 = rb(r-1)$ 通りだから，$\mathrm{P}(R_1B_2R_3) = rb(r-1)/\big[n(n-1)(n-2)\big]$ となる． ∎

4.3.1 事象の独立性

場合によっては条件つき確率が，次のように，無条件の確率と等しくなることがある．

$$\mathrm{P}(B \mid A) = \frac{\mathrm{P}(A \cap B)}{\mathrm{P}(A)} = \mathrm{P}(B) \tag{4.3.3}$$

このとき，事象 A と B は確率的に**互いに独立**とよぶ．この定義には A を条件として B を考えるという方向があるから，「B は A から独立」と表現する方が自然である．しかし，(4.3.3) 式がなりたてば，

$$\mathrm{P}(A \cap B) = \mathrm{P}(A)\mathrm{P}(B) \tag{4.3.4}$$

となるから，A, B は対称な関係にある．したがって，(4.3.4) 式を独立性の定義としてもよい．これから $\mathrm{P}(A \mid B) = \mathrm{P}(A \cap B)/\mathrm{P}(B) = \mathrm{P}(A)$ という関係も導かれる．なお，A と B が互いに独立なら，$\overline{A}$ と B，A と $\overline{B}$，$\overline{A}$ と $\overline{B}$ も，それぞれ互いに独立である[8]．

3 つの事象 (E_1, E_2, E_3) の独立性はもう少し複雑になる．2 つの事象の組 $(E_1, E_2), (E_1, E_3), (E_2, E_3)$ がいずれも互いに独立で，$\mathrm{P}(E_1E_2) = \mathrm{P}(E_1)\mathrm{P}(E_2)$ などとなり，さらに $\mathrm{P}(E_1E_2E_3) = \mathrm{P}(E_1)\mathrm{P}(E_2)\mathrm{P}(E_3)$ となるときに，(E_1, E_2, E_3) を独立とよぶ．なお，ここでは $E_1 \cap E_2$ の代わりに E_1E_2 という表記を用いている．同様に，多数の事象 $(E_1, \ldots, E_n)$ に対しては，すべての試行の組合せ (E_1, E_2), (E_1, E_3), …, (E_1, E_2, E_3), …, $(E_1, E_2, \ldots, E_n)$ について，それらの確率が $\mathrm{P}(E_1E_2 \cdots E_n) = \mathrm{P}(E_1)\mathrm{P}(E_2) \cdots \mathrm{P}(E_n)$ などと積に分解できるとき，独立とよぶ．

独立かどうかを判断するためには，先験的な定義の場合は，実際に確率を計算することによって確認できるが，一般には，多数の事象の組合せについて独立性を確かめることは容易ではない．

他方，経験的確率の場合は，2 つの事象 A と B を発生する試行が物理的に無関係であれば，それらを独立と想定するのが自然である．しかし，次の例のように，試行に関係があっても確率的には独立となる場合がある．

例 4.9（独立性） 公正なコインを 2 回投げた結果の (HH, HT, HT, TT) において，事象として「1 回目が H」を A，「2 回目が H」を B，「1 回目と 2 回目が同

---

8) 演習問題 3 参照．

じ」を C とすると，$\mathrm{P}(A) = \mathrm{P}(B) = \mathrm{P}(C) = 1/2$，かつ $\mathrm{P}(AB) = \mathrm{P}(AC) = \mathrm{P}(BC) = 1/4$ という関係がなりたち，2 つの事象は，どの組合せも独立である．この例では，コイン投げの試行は 2 回であり，各試行だけに依存している A と B が独立となるのは当然であるが，事象 C は 2 つの試行を組み合わせたものだから，A, B と独立となることは確かめる必要がある． ∎

3 つ以上の事象に対しては, 2 つずつの組合せが互いに独立であっても, 全体として独立とは限らない．このことは, 例 4.9 でも確かめられる．そこでは AB, AC, BC の組はいずれも互いに独立であるが，$\mathrm{P}(ABC) = 1/4 \neq \mathrm{P}(A)\mathrm{P}(B)\mathrm{P}(C)$ だから (A, B, C) 全体では独立ではない．

4.3.2　樹 形 図

継続する事象の確率を評価するときに有用な道具に**樹形図** (tree diagram，または決定木，decision tree) がある．

図 4.3 は，4.1 節で紹介したパスカルとフェルマーの問題の例である．

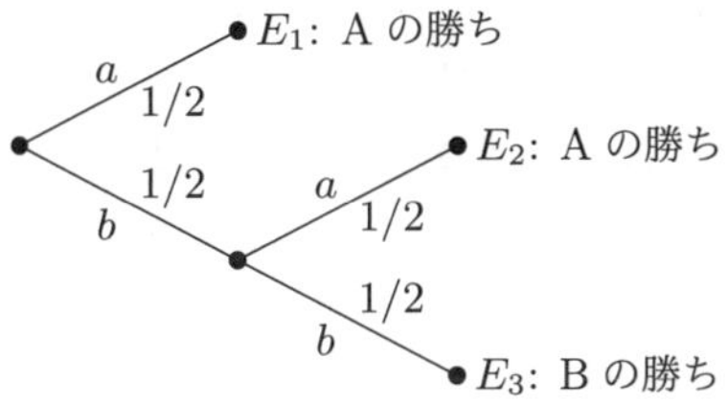

図 4.3　パスカルとフェルマーの問題の樹形図

図の一番左の黒丸がゲームを中断した状態を表し，その後，ゲームを継続するときに起こりうる結果を枝で表している．各節（黒丸）から分かれる枝に各回の結果とその確率が示されていて，右端の点でゲームが終了する．最終的な結果（事象）については E_1 が a，E_2 が ba，E_3 が bb という各回の結果に対応する．E_1 でゲームが終了する確率は $\mathrm{P}(a) = 1/2$ である．同様に，E_2 で終了する確率は $\mathrm{P}(ba) = \mathrm{P}(b)\mathrm{P}(a) = 1/4$，$E_3$ で終了する確率は $\mathrm{P}(bb) = \mathrm{P}(b)\mathrm{P}(b) = 1/4$ である．A が勝つのは E_1 と E_2 の場合だから，確率はそれらの合計として，$1/2 + 1/4 = 3/4$ と求められる．このようにすれば，実際には起こらない aa および ab という場合を考える必要はなくなる．

例 4.10 （樹形図）　3 人のプレーヤー A, B, C がゲームをしている．毎回の勝敗は独立で，それぞれが勝つ確率を $\mathrm{P}(A) = a$, $\mathrm{P}(B) = b$, $\mathrm{P}(C) = c$ とする

$(a+b+c=1)$. このとき C が勝つ前に A が勝つ確率はいくらか.

(答) 次の樹形図で考えると, 問題の確率は $A, BA, BBA, BBBA, \ldots$ の確率を合計したものだから, $\mathrm{P}(A)+\mathrm{P}(BA)+\mathrm{P}(BBA)+\cdots=a+ba+b^2a+\cdots=a(1+b+b^2+\cdots)=a/(1-b)=a/(a+c)$ である.

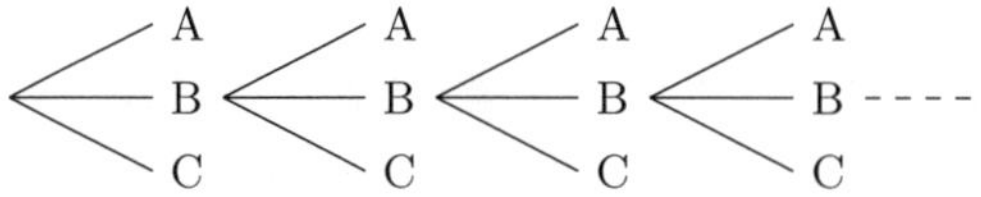

∎

4.4 ベイズの定理

以下に解説する定理を提示したベイズ (Thomas Bayes, 1702?–1761) は, イギリス国教会の牧師であり, 数学者である. ベイズの定理は, 追加的な情報が与えられたときに, 元の主観確率がどのように修正されるかを表すもので, その結論をベイズの公式とよぶこともある[9)].

簡単な例からはじめよう. 例 4.8 のカードについて, 2 人の人が順番に 1 枚ずつ抜き出し, 相手の結果は知らないものとする. 先の例では先験的確率として $\mathrm{P}(R_1)=r/n$ と設定したが, 主観確率としても, カードの抜き出し方に関する通常の知識の下では, ほとんどの人が $\mathrm{P}(R_1 \mid H)=r/n$ とすることに同意するし, 1 枚目として赤を受け取った人が, 相手が受け取った 2 枚目が赤となる主観確率を $\mathrm{P}(R_2 \mid H\cap R_1)=(r-1)/(n-1)$ と想定することも受け入れられる.

2 枚目を受け取った人が赤 R_2 であることを知ると, 情報が $H'=H\cap R_2$ へと変更されたのだから, 1 枚目が赤 R_1 となる確率の判断は変化しうる. 付録 A.8 のとおり, 修正された主観確率は次の式で与えられる.

$$\mathrm{P}(R_1 \mid H\cap R_2)=\frac{\mathrm{P}(R_1\cap R_2 \mid H)}{\mathrm{P}(R_2 \mid H)}$$

この式の分母と分子を変形する. 以下では条件のうち, H は一定として省略し, 新たな知識 $H'=H\cap R_1$ を単に R_1 と表記するが, 主観確率について議論する際は H の存在を意識する必要がある.

$$\mathrm{P}(R_1 \mid R_2)=\frac{\mathrm{P}(R_1\cap R_2)}{\mathrm{P}(R_2)}=\frac{\mathrm{P}(R_1)\mathrm{P}(R_2 \mid R_1)}{\mathrm{P}(R_2)}$$

分子の変形は乗法法則を適用している. さらに, 右辺の分母は次のように求め

9) 体系的な導出は付録 A.8 を参照のこと.

られる．

$$\begin{aligned} P(R_2) &= P(R_1 \cap R_2) + P(B_1 \cap R_2) \\ &= P(R_1)P(R_2 \mid R_1) + P(B_1)P(R_2 \mid B_1) \end{aligned}$$

今の例で，$r = 3, b = 2$ とすると，次のようになる．

$$P(R_1)P(R_2 \mid R_1) = \frac{3}{5}\frac{2}{4} = \frac{3}{10}, \quad P(B_1)P(R_2 \mid B_1) = \frac{2}{5}\frac{3}{4} = \frac{3}{10}$$

これから $P(R_2) = \dfrac{3}{10} + \dfrac{3}{10} = \dfrac{3}{5}$ となり，$P(R_1 \mid R_2) = \dfrac{3}{10}\Big/\dfrac{3}{5} = \dfrac{1}{2}$ である．

ここで扱っている確率はいずれも主観確率なので，最初と最後の部分のみ，判断の前提となる情報 H と $H' = H \cap R_2$ を明示すれば，最初の判断である**事前確率**は $P(R_1 \mid H) = 3/5$ であり，情報が追加されたときの**事後確率**は $P(R_1 \mid H') = 1/2$ と表現される．先験的な定義や経験的な定義では $P(R_1)$ は客観的に固定されているが，判断の根拠となる知識を前提とする主観確率では，このように，知識が変化するにつれて確率の判断が修正される．

以上の例ででてきた確率のうち，$P(R_2 \mid R_1)$ は，時間的な順序にしたがっているから，客観的な確率としても理解できる．他方，結論の $P(R_1 \mid R_2)$ では，結果 R_2 を知って原因となる R_1 に関する確からしさの判断基準を与えている．そのため，ベイズの定理は「結果から原因について推測する方法」とよばれることもある．

一般的な形で，ベイズの定理を提示する．最初に，ある事象 F を観察する前の状態として，全事象が $E_1, E_2, \ldots, E_m$ という m 個の排反な事象に分割されているとする．

$$S = E_1 \cup E_2 \cup \cdots \cup E_m \qquad (E_i \cap E_j = \varnothing,\ i \neq j)$$

原因となる事象に関して**事前確率** (prior probability) として主観確率 $P(E_j)$ が与えられ，さらに，E_j が与えられたときの事象 F の確率が $P(F \mid E_j)$ と与えられている．これらの確率のうち，$P(F \mid E_j)$ は，正確には $P(F \mid E_j \cap H)$ と記すべき主観確率であるが，試行の性質がわかっていれば，経験確率として解釈できることもある．ここで，次の**ベイズの定理**がなりたつ．

$$P(E_i \mid F) = \frac{P(E_i)P(F \mid E_i)}{\sum_{j=1}^{m} P(E_j)P(F \mid E_j)} \tag{4.4.1}$$

左辺の $P(E_i \mid F)$ は**事後確率** (posterior probability) とよばれ，新たな情報 F の追加によって，事前確率が変換されたものである．事前，事後というのは，情報 F を利用する前と後に対応する．

この定理の形式的な証明は簡単であり，まず

$$\mathrm{P}(E_i \mid F) = \frac{\mathrm{P}(E_i \cap F)}{\mathrm{P}(F)} = \frac{\mathrm{P}(E_i)\mathrm{P}(F \mid E_i)}{\mathrm{P}(F)}$$

の分子の変形は，すでに確認した条件つき確率の表現である．次に分母は，事象 F が

$$F = F \cap S = F \cap (E_1 \cup \cdots \cup E_m) = (F \cap E_1) \cup \cdots \cup (F \cap E_m)$$

と排反な事象に分割できるから，その確率は次式で与えられる．

$$\mathrm{P}(F) = \mathrm{P}(F \cap E_1) + \cdots + \mathrm{P}(F \cap E_m) = \sum_{j=1}^{m} \mathrm{P}(E_j)\mathrm{P}(F \mid E_j) \quad (4.4.2)$$

この式は**全確率の公式**とよばれ，確率を分解して評価する際に利用される．

以上のように証明は簡単であるが，数学的には条件つき確率には解釈が与えられていないことに注意が必要である．付録 A.8 に示すベイズの定理は主観確率の形成過程を提示したという意味で，画期的な命題である．その意味をいくつかの例で確認しよう．

例 4.11 （伏せたカード） 箱の中に数字を書いた 6 枚のカードがあり，その数字は，3 枚が「1」，2 枚が「2」，1 枚が「4」である．よくかき混ぜて，1 枚ずつ「元に戻さずに」カードを抜き出す．1 枚目が「2」である確率は $2/6 = 1/3$ となる．では，1 枚目を伏せた状態で 2 枚目に「2」が出たとき，1 枚目が「2」である確率はいくらか．

（答） 主観確率の立場なら，追加的な情報を入手したのだから，ベイズの定理によって事前確率 $1/3$ は，事後確率 $1/5$ へと変化する．この例では，相対頻度によっても，事後的に確率が変化するような繰り返し実験の操作を考えることはできるものの，さらに複雑な問題については，そのような操作を導入することが困難な場合もある． ∎

例 4.12 （3 つの箱） 箱 B_1, B_2, B_3 があり，それぞれの中身は $B_1 : (G, G)$, $B_2 : (S, S)$, $B_3 : (G, S)$ とする．ただし，G, S は，それぞれ金貨および銀貨を表す．いま，1 つの箱をでたらめに選んだとき，1 枚目が金貨だったとすると，2 枚目も金貨である確率はいくらか．

（答） これは **Bertrand** のパラドックスとよばれる問題である．1 枚目が金貨なら，その箱は B_1 または B_3 のいずれかであり，それらは同等に確からしいと考えると，2 枚目も金貨である確率は $1/2$ となる．しかし，ベイズの定理にもとづいて主観

確率を考えると，次のようになる．事前確率は $\mathrm{P}(B_1) = \mathrm{P}(B_2) = \mathrm{P}(B_3) = 1/3$ とする．ここで 1 枚目に金貨がでる確率は $\mathrm{P}(G \mid B_1) = 1$, $\mathrm{P}(G \mid B_2) = 0$, $\mathrm{P}(G \mid B_3) = 1/2$ である．2 枚目も金貨となるのは箱 B_1 であることと同じだから，その事後確率はベイズの公式から

$$\mathrm{P}(B_1 \mid G) = \frac{\mathrm{P}(B_1 \cap G)}{\mathrm{P}(G)} = \left(\frac{1}{3}\right) \cdot \frac{1}{(1/3) \cdot 1 + (1/3) \cdot 0 + (1/3) \cdot (1/2)}$$
$$= \frac{1}{1 + 1/2} = \frac{2}{3}$$

と求められる． ∎

例 4.13 （病気の診断） ある病気に感染しているという事象を M，血液検査で陽性になるという事象を A とする．また最新のデータベースによれば，血液検査で陽性になる確率は，感染しているときは $\mathrm{P}(A \mid M) = 0.9$，感染していないときは $\mathrm{P}(A \mid \overline{M}) = 0.1$ となることが知られている，昨日，あなたの友人が検査を受けたところ陽性と告げられた．友人の住んでいる地域でこの病気に感染している人の割合は 0.1% である．友人が感染している確率 $\mathrm{P}(M \mid A)$ はいくらと判断したらよいか．

（答） 友人が感染しているかどうかは，精密検査を受ければ確定できるし，何回精密検査を行っても結果は変わらないため，感染の可能性を相対度数で表現するなら確率は 0 または 1 となる．一方，主観確率を認める立場では，追加的な情報が与えられると M の確率は変化する．ベイズの定理から事後確率は

$$\mathrm{P}(M \mid A) = \frac{\mathrm{P}(M)\mathrm{P}(A \mid M)}{\mathrm{P}(M)\mathrm{P}(A \mid M) + \mathrm{P}(\overline{M})\mathrm{P}(A \mid \overline{M})}$$
$$= \frac{(0.001) \cdot (0.9)}{(0.001) \cdot (0.9) + (1 - 0.001) \cdot (0.1)} \fallingdotseq 0.0089$$

となる． ∎

例 4.14 （女性の割合） ある試験の受験者に占める女性の割合は 0.6 で，合格率は女性が 0.3，男性が 0.2 であった．

(1) 合格者のうち女性の割合はいくらか．

(2) 受験票の束から無作為に 1 枚取り出したところ，その受験者は合格していた．受験者が女性である確率はいくらか．

（答） (1) は確率ではなく，割合を求める問題である．女性を F，男性を M で表す．受験者数を N 人とすると女性の合格者は $(0.6)N \cdot (0.3) = 0.18N$ 人，男

性の合格者は $(1-0.6)N\cdot(0.2)=0.08N$ 人だから，女性の割合は次のように求められる．

$$\frac{(0.6)\cdot(0.3)N}{(0.6)\cdot(0.3)N+(0.4)\cdot(0.2)N}=0.75$$

(2) は事後確率の問題である．ある受験生が合格したという事象を A で表す．受験者が女性である事前確率は $\mathrm{P}(F)=0.6$ である．$\mathrm{P}(A)=\mathrm{P}(M)\mathrm{P}(A\mid M)+\mathrm{P}(F)\mathrm{P}(A\mid F)=0.4\cdot 0.2+0.6\cdot 0.3=0.24$ を用いると，事後確率は次の式で与えられる．

$$\mathrm{P}(F\mid A)=\frac{\mathrm{P}(F\cap A)}{\mathrm{P}(A)}=\frac{0.18}{0.24}=0.75$$

(1) と (2) で数値は同じだが，意味は異なる． ▮

演習問題

1. A, B がコイン投げ（表なら A の勝ち）をして先に 4 回勝った者が賞金を貰える．A が 2 勝 1 敗の状態で中断するとき賞金をどのように分配したら公平か．

   (1) パスカルの方法で解け．　(2) フェルマーの方法で解け．

2. 前問の変形として，A, B, C の 3 人が公平な勝負をして最初に 2 勝した者が賞金を受け取るゲームで，1 回目に A が勝った状態で中断するとき，A の権利を求めよ．

3. $\mathrm{P}(B\mid A)=\mathrm{P}(B)$ がなりたつとき，以下の式を確認せよ．

   (1) $\mathrm{P}(\overline{B}\mid A)=\mathrm{P}(\overline{B})$,　(2) $\mathrm{P}(B\mid \overline{A})=\mathrm{P}(B)$,　(3) $\mathrm{P}(\overline{B}\mid \overline{A})=\mathrm{P}(\overline{B})$

4. 箱の中に数字を書いた 6 枚のカードがあり，その数字は，3 枚が「1」，2 枚が「2」，1 枚が「4」である．よくかき混ぜて，**毎回元に戻しながら**カードを抜き出す試行において，以下の確率はいくらか．

   (1) 3 回の実験で，いずれも「1」がでる．
   (2) 3 回の実験で，「1」，「1」，「2」の順番にでる．
   (3) 3 回の実験で，「1」，「2」，「1」の順番にでる．
   (4) 3 回の実験で，「1」が 2 回，「2」が 1 回でる．
   (5) 5 回目に初めて「4 の目」がでる．
   (6) 「1 または 2 の目」がでる前に「6 の目」がでる．

5. 前問の箱で，**元に戻さずに**カードを取り出す**独立でない実験**で，以下の確率はいくらか．

   (1) 1 枚目に「1」がでたという条件の下で，2 枚目に「4」がでる．
   (2) 3 回の実験で，「1」，「1」，「2」の順番にでる．
   (3) 3 回の実験で，順番にかかわらず「1」が 2 枚，「2」が 1 枚でる．

(4) 1枚目の結果にかかわらず，2枚目に「2」がでる．

(5) 1枚目を裏にしたままで2枚目を見たら「2」であったとき，1枚目が「4」となる．

6. 歪んだコインで表がでる確率を p，裏がでる確率を q $(p+q=1)$ とする．毎回のコイン投げは物理的に無関係で，独立と想定してよい．

(1) コインを投げ続けて，5回目に初めて表がでる確率はいくらか．

(2) コインを5回投げて，表が3回，裏が2回となる確率はいくらか．

(3) コイン投げ続けて，5回目に3度目の表がでる確率はいくらか．

7. 例4.10の問題を，樹形図を使わず，条件つき確率を用いて解け．

8. つぼの中に赤い球が r 個，黒い球が b 個入っている．その中から球を1つ無作為に取り出し，選んだ球をつぼに戻したうえで，選ばれた球と同じ色の球を1つ，つぼに加えるという試行を n 回繰り返す．n 回目に赤い球が選ばれる確率を p_n とするとき，$p_n = r/(r+b)$ となることを示せ．

9. 前問で，選ばれた球と同じ色の球を m 個，つぼに加えるという試行を n 回繰り返す．このときも，n 回目に赤い球が選ばれる確率は $p_n = r/(r+b)$ となることを示せ．

10. 公正なさいころを投げるとき，以下の確率はいくらか．

(1) 2回投げたとき異なる目がでる．

(2) 3回投げたときすべての目が異なる．

(3) 6回投げたときすべての目が異なる．

11. 1から N までの数字が書かれたカードから，元に戻さずに無作為に n 枚を取り出したとき，すべての番号が異なる確率を求めよ．

(1) 誕生日の問題（通常の形）： 誕生日は1年のうち365日が等しい確率であると仮定（閏年は無視）するとき，n 人のグループに同じ誕生日の人がいる確率が1/2を超える n はいくらか．

(2) 誕生日の問題（もう一つの形）： 前問と同じ条件で，ある特定の人（あなた）と誕生日が同じ人が含まれる確率を1/2以上にするためには，何人のグループが必要か．

12. 1964年にロサンゼルスで起きた強盗事件で，検察側の証人は，犯人の特徴である「部分的に黄色い自動車（確率10分の1）」「口髭をつけた男（確率4分の1）」「顎鬚を付けた黒人（確率10分の1）」「ポニーテールの女（確率10分の1）」「ブロンドの女（確率3分の1）」「車の中の異人種のカップル（1000分の1）」をすべて掛けて，これらすべての特徴に一致するカップルの確率は1200万分の1であるから容疑者のカップルが無実である確率は1200万分の1と証言した．この議論は正しいか．

5章

確率変数と確率分布

この章では，次章以降で解説する統計的推測の基礎となる確率変数と確率分布を扱う．5.1 節で，離散型および連続型の確率変数について，確率分布，確率関数，密度関数などの基本的な事項を解説した後，5.2 節では確率変数の期待値とその応用を取り上げる．5.3 節は多変数確率変数に関して基本となる概念，特に独立性の概念を導入する．5.4 節と 5.5 節では，応用上も重要な分布である離散型の 2 項分布および連続型の正規分布について学習する．最後の 5.6 節では後に参照するために，その他のよく利用される確率分布について解説する．

5.1 確率変数

前章では，事象とその確率の概念を紹介した．統計学でデータを扱うためには，事象 A, B に実数 $0, 1$ を対応させるなど，数として扱うことが有用である．基本事象 s に実数を対応させたものが**確率変数**である[1)]．実数 x と確率変数 X に対応して定まる確率 $\mathrm{P}(X \leq x)$ を，確率変数 X の**確率分布**（または**分布**）とよび，確率変数はこの分布に**したがう**と表現する．確率変数は X, Y, Z などと大文字で表すことが多いが，本書では原則として小文字 x, y, z などを用いる．実数 x と区別する必要があれば，確率変数を $\widetilde{x}$ と表し，$\mathrm{P}(\widetilde{x} \leq x)$ などと表記する[2)]．

5.1.1 離散型確率変数

まず，とりうる値が整数値など一定の間隔である**離散型**確率変数について解説する．

---

1) 正確には基本事象 $s \in S$ に実数を対応させる関数 $X(s)$ を**確率変数** (random variable) とよぶ．ただし記号が煩雑になるため，誤解が生じない限り，単に X と表すことが多い

2) 確率分布 (probability distribution) にしたがう確率変数に大文字を用いる理由は $\mathrm{P}(X \leq x)$ などと表しても混乱が生じないためであるが，後に紹介する t 分布では確率変数を慣習で小文字 t と表記し，大文字 T は別な確率変数 (Hotelling の T^2) を意味するなど，必ずしも大文字で統一できるわけではない．小文字 x と $\widetilde{x}$ の表記法はベイズ統計学で用いられる．

例 5.1 箱の中に N 枚のカードがあり，1 から N までの数字（文字）が書かれている．カードを選ぶときの可能な結果が基本事象 $s_1, \ldots, s_N$ に対応し，$\mathrm{P}(s_i) = 1/N \ (i = 1, \ldots, N)$ となるが，s は事象であって数値ではない．s に対応する数字を実数に対応させて $x(s)$ とすると，確率変数 x のとりうる値は $x = 1, \ldots, N$ という数となり，確率変数についてはグラフを用いるなど量的な扱いが可能となる．その確率は $\mathrm{P}(\widetilde{x} = x) = 1/N \ (x = 1, \ldots, N)$ と書ける．なお，この確率変数は**離散型一様分布**とよばれる． ▮

離散型確率変数の確率分布を**離散型**確率分布とよび，実数 x の関数 $p(x) = \mathrm{P}(\widetilde{x} = x)$ を**確率関数**とよぶ．他の確率変数と区別するときは $p_x(x)$ や $p_y(y)$ という記号も用いられるが，誤解のおそれがないときは $p(x)$ や $p(y)$ が簡単な記号である．

例 5.2 同じ実験の結果 s に対応する関数，すなわち確率変数はいくつも考えられる．例 5.1 の実験で，数字が偶数であれば $y = 0$，奇数であれば $y = 1$ とすると別な確率変数が定まり，その確率関数は，N が偶数なら $p_y(0) = 1/2$, $p_y(1) = 1/2$，N が奇数なら $p_y(0) = (N-1)/2N$, $p_y(1) = (N+1)/2N$ で与えられる．

さらに，$N = 10{,}000$ 枚のカードに対して，数字が 1 から 5 のとき $z = 10$, 6 から 15 のとき $z = 5$, 16 より大きいときは $z = 0$ とすると，くじを引いて賞金 z（万円）が当たる問題が表現できる．このときの確率関数は $p_z(0) = 99985/10000$, $p_z(5) = 10/10000$, $p_z(10) = 5/10000$ となる． ▮

このように，確率関数が与えられれば，基本事象 s についての確率を考える必要はなくなり，数値だけを扱うことができる．一般に，とりうる値が $x_1, x_2, \ldots$ である離散型確率変数 x の確率関数 $p(x)$ は，次の性質を満たす．

$$p(x) \geq 0 \quad (x = x_1, x_2, \ldots), \qquad \sum_x p(x) = 1$$

ここで $\sum_x$ は x のとりうるすべての値についての和 $p(x_1) + p(x_2) + \cdots$ を表す．

確率変数 x に対して，$F(x) = \mathrm{P}(\widetilde{x} \leq x) \ (-\infty < x < \infty)$ と定義される関数 $F(x)$ を（累積）**分布関数**という．x のとりうる値が $x_1 < x_2 < \cdots < x_m$ のときは，$F(x_1) = p(x_1)$, $F(x_2) = p(x_1) + p(x_2) = F(x_1) + p(x_2)$，以下同様にして次の関係がなりたつ．

$$F(x_i) = F(x_{i-1}) + p(x_i) \qquad (i = 2, \ldots, m)$$

$F(x)$ はすべての実数 x に対して定義される．離散型確率分布では，区間 $(x_i \leq$

$x < x_{i+1}$) の上で $F(x) = F(x_i)$ と一定になり，図 5.1 右のように階段状に変化する[3]．なお離散型確率変数の確率関数は棒グラフで，これが階段状の分布関数に対応するから，$F(x)$ から逆に $p(x)$ を求めることもできる．

$$p(x_i) = F(x_i) - F(x_{i-1})$$

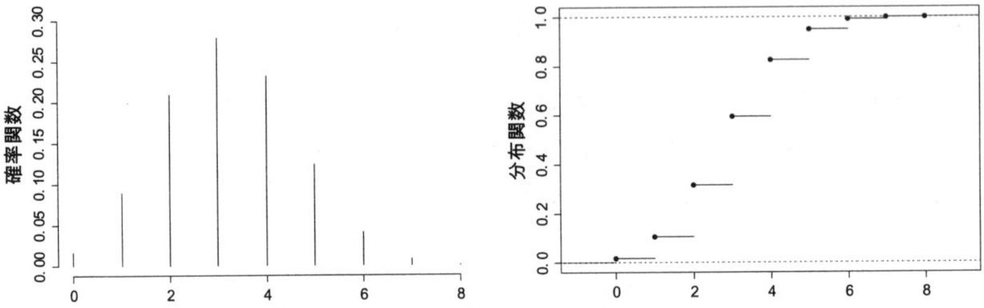

図 5.1　離散型分布の確率関数（左）と累積分布関数（右）

確率変数の関数 $y = g(x)$ は基本事象 s に対応して実数 $g(x(s))$ を与えるから，やはり確率変数である．次の例のように，y の確率関数 $p_y(y)$ は x の確率関数 $p_x(x)$ から導くことができる．

例 5.3　確率変数 x は $\{-2, -1, 0, 1, 2\}$ という 5 つの値を同じ確率 0.2 でとり，その確率関数は次のとおりとする．これも離散型一様分布の一種である．

$$p_x(x) = 0.2 \qquad (x = -2, -1, 0, 1, 2)$$

ここで $y = x^2$ とすると，y のとりうる値は $\{0, 1, 4\}$ となり，その確率関数 $p_y(y)$ は次のように導かれる．$p_y(0) = p_x(0) = 0.2$, $p_y(1) = p_x(-1) + p_x(1) = 0.4$, $p_y(4) = p_x(-2) + p_x(2) = 0.4$． ■

一般の関数 $g(x)$ についても，$y = g(x)$ の確率関数 $p_y(y)$ は同様な手順で導かれる．

例 5.4　確率変数 x は $\{0, 1\}$ という 2 つの値をとり，その確率関数を $p(1) = p$, $p(0) = 1 - p$ とする．ある実験や観察をして，確率 $\mathrm{P}(A) = p$ となる特定の事象 A が起きたときに $x = 1$，起きなかったときに $x = 0$ とおくことに相当する．この確率分布は**ベルヌーイ** (J. Bernoulli) **分布**とよばれることがある． ■

---

3)　この図のように，離散的という用語は関数 $F(x)$ が不連続ということも表している．

有限母集団からの標本抽出　これまでに説明した例では，確率変数は同じ条件で繰り返せる実験や観察を前提としていた．一方，経済分析の世界では 1.1 節で説明したように，世帯や個人の有限母集団を対象とする問題も少なくない．大きさ N の有限母集団について，$x_1, \ldots, x_m$ と m 通りの値をとる変数を対象に標本調査を実施する場合，大きさ $n = 1$ の標本を無作為に抽出した結果を確率変数 x とする．母集団において x_i という値をもつ個体が f_i 個 $(N = \sum_{i=1}^{m} f_i)$ 存在するとき，x の確率関数を求めてみよう[4)]．

母集団の各個体が抽出される確率は $1/N$ だから，確率変数 x が x_i という値をとる確率は $\mathrm{P}(\widetilde{x} = x_i) = f_i/N$ である．この確率分布を標本調査における**母集団分布**とよぶ．

例 5.5　20,000 人の有権者からなる母集団で，ある政策を支持する人が 9,000 人，それ以外が 11,000 人いる．この母集団から 1 名を無作為に選び，選んだ人が政策を支持していれば 1，そうでなければ 0 とする確率変数を x とする．このとき x の確率関数は

$$p(1) = \frac{9000}{20000} = 0.45, \qquad p(0) = \frac{11000}{20000} = 0.55$$

となる．これはベルヌーイ分布である．　■

5.1.2　連続型確率変数

この節では，身長や体重のように，とりうる値が連続的に変化する連続型確率変数を扱う．連続型確率変数では，後に正確に記すように，x がある特定の値をとる確率は 0 となるため，区間に含まれる確率 $\mathrm{P}(a < x \leq b)$ を考察する必要がある．分布関数 $F(x) = \mathrm{P}(\widetilde{x} \leq x)$ を用いると区間の確率は次のように表現される．

$$\mathrm{P}(a < x \leq b) = \mathrm{P}(x \leq b) - \mathrm{P}(x \leq a) = F(b) - F(a)$$

図 5.2 のように，小さな数 $h > 0$ に対して，確率変数 x が $(x \pm h/2)$ の範囲に入る確率が

$$F(x + \tfrac{h}{2}) - F(x - \tfrac{h}{2}) = \mathrm{P}(x - \tfrac{h}{2} < \widetilde{x} \leq x + \tfrac{h}{2}) \fallingdotseq f(x)\,h \qquad (5.1.1)$$

となるような関数 $f(x) \geq 0$ を，確率変数 x の**密度関数**（または確率密度関数）とよぶ．

図 5.2 の右の方にある底辺 h，高さ $f(c)$ の長方形の面積は $f(c)h$ であり，

4)　個体と総称するが，調査の対象は世帯，個人，事業所などである．

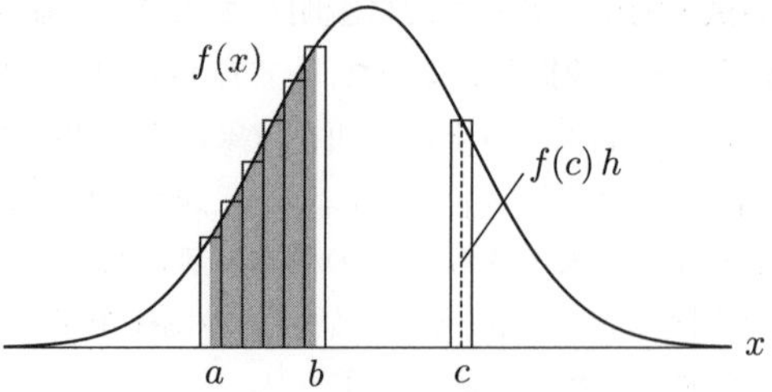

図 5.2　密度関数と区間の確率

(5.1.1) 式は，これが密度関数と x 軸に囲まれる $c-h/2<x<c+h/2$ の範囲の面積に近似的に等しいことを意味している．同様に，区間 (a,b) の間の影をつけた部分が確率 $\mathrm{P}(a<x\le b)$ であり，これが，小さな h を底辺とする多数の長方形の面積の和で近似される．つまり，密度関数 $f(x)$ は，その面積で確率を定めるもので，積分の記号では，

$$F(b)-F(a)=\mathrm{P}(a<x\le b)=\int_a^b f(x)\,dx \tag{5.1.2}$$

と表される[5]．なお，図 5.2 で $h\to 0$ とすると長方形の面積は 0 に近づくが，連続型確率変数 x が特定の値と一致する確率は $\mathrm{P}(x=c)=0$ である．したがって，区間の端の値を含めるかどうかにかかわらず，たとえば $\mathrm{P}(a\le x\le b)=\mathrm{P}(a<x<b)$ となる．

図 5.3 は，$\mathrm{P}(x\le q)$ すなわち密度関数 $f(x)$ で影をつけた部分の面積が，分布関数の高さ $F(q)$ に等しいという関係を示している．確率 p が与えられたとき，$F(x)$ のグラフを逆に読めば $F(q)=p$ となる点 q が定められる．q を p **分位点**（または $100p$%点）とよぶことは記述統計の場合と同様である．特に，確率変数の**中央値** m は $F(m)=1/2$ となる点である．

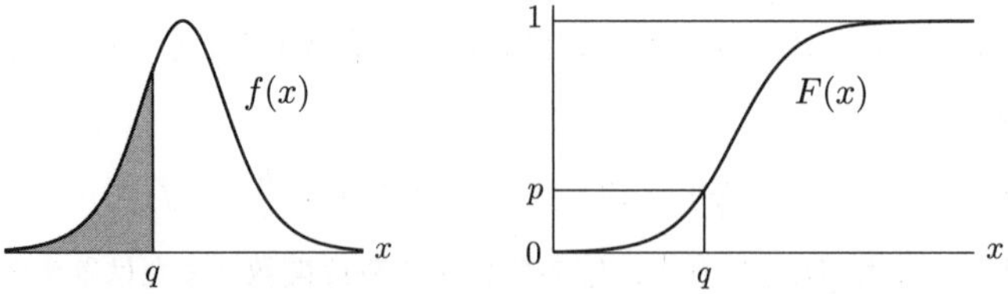

図 5.3　連続型確率変数の密度関数（左）と分布関数（右）

5)　曲線と x 軸で囲まれる部分の面積を定める方法が積分である．密度関数がヒストグラムで近似されることを理解しておけば，本書では複雑な積分の計算は不要である．

分布関数と密度関数は密接に対応している．(5.1.1) 式を分布関数 $F(x)$ を用いて書き換えると，h が小さければ次のように近似される．

$$f(x) \doteqdot \frac{F(x+h/2)-F(x-h/2)}{h} \doteqdot \frac{F(x+h)-F(x)}{h}$$

この式の数学的な意味は

$$f(x) = \lim_{h\to 0}\frac{F(x+h)-F(x)}{h} = \frac{dF(x)}{dx} \tag{5.1.3}$$

であり，(5.1.2) 式と (5.1.3) 式から，密度関数は分布関数の微分，逆に分布関数は密度関数の積分という関係が明らかになる．

離散型確率変数に対しても $F(x)$ と $p(x)$ には同様な関係が成立する．

$$F(x) = \sum_{x_i \le x} p(x_i), \qquad \Delta F(x_i) = F(x_i) - F(x_{i-1}) = p(x_i)$$

この場合は，それぞれ**和分**，**差分**とよぶ．

例 5.6 （連続型一様分布） 2 つの実数 $a<b$ に対して $a<x<b$ の区間の値をとる確率変数 x の密度関数が

$$f(x) = \frac{1}{b-a} \quad (a<x<b \text{ のとき}) \tag{5.1.4}$$

となるとき，x の分布を**連続型一様分布**とよぶ[6]．$a \le c < d \le b$ のとき，$\mathrm{P}(c<x<d) = (d-c)/(b-a)$ となることは容易に確かめられる．簡単な $a=0, b=1$ の場合を標準形とすることが多い．

たとえば，長方形のビリヤード台の長辺の長さを ℓ とするとき，勢いよく転がした球が停止した場所と片方の短辺からの距離を x とすると，これは $a=0, b=\ell$ の一様分布にしたがうと考えられ，確率は $\mathrm{P}(0<\widetilde{x}<x) = x/\ell \ (0<x<\ell)$ となる． ∎

5.2 確率変数の期待値と分散

本節では，特に重要な話題である確率変数の期待値とその応用について解説する．

---

6) $a<x<b$ 以外のときは $f(x)=0$ と明示的に書くこともある．

5.2.1 期 待 値

まず離散的な場合について説明する．離散型確率関数 x の確率関数を $p(x)$ とするとき，x の**期待値** $E(x)$ は次の式で定義される．ただし，$\sum$ は x のとりうる値すべてに関する和とする．

$$E(x) = \sum x\,p(x) \tag{5.2.1}$$

期待値を確率変数の平均とよぶこともあり，$E(x) = \mu$ という表記も一般に用いられる[7)]．期待値の意味は，例 5.2 のようなくじを考えるとわかりやすい．あるくじの賞金額は $x_1, \ldots, x_m$ であり，それぞれの確率を $p_1, \ldots, p_m$ とする．くじを（毎回元に戻しながら）多数 (N) 回引いて，賞金 x_i を得た回数を f_i とすると，賞金の合計は $\sum_{i=1}^m x_i f_i$ であり，1 回あたりの平均金額は

$$\frac{\sum_{i=1}^m x_i f_i}{N} = \sum_{i=1}^m x_i \frac{f_i}{N}$$

となる．N が十分大きいときは，確率を相対度数によって解釈すれば，$p_i \doteqdot f_i/N$ とみなせる．結局，1 回あたりの賞金は期待値 $E(x) = \sum_{i=1}^m x_i p_i$ で与えられる．

注意すべき点は，期待値に関しては実際には 1 回しかくじを引かないということである．それでも，何回も繰り返したときに平均的に $E(x)$ の賞金が「期待」される．これが期待値という用語の理由である．この手順で明らかなように，観測値に適用する平均の式 $\overline{x}$ と，期待値の表現は一致する．ただし $\overline{x}$ は与えられた標本に関する平均なので，理論的な平均である期待値と区別して**標本平均**とよび，母集団の特性を表す期待値とは記号も変えている．一般に，母集団の特性値はギリシア文字を用いて表記する．

例 5.7（さいころ） 期待値は賞金に限らず，任意の確率変数に対して (5.2.1) 式で定義される．歪みのないさいころを投げてでる目を x とすると，その確率関数は $p(x) = 1/6\ (x = 1, \ldots, 6)$ だから，期待値は

$$E(x) = \sum_{x=1}^{6} x\,p(x) = 1 \cdot \frac{1}{6} + 2 \cdot \frac{1}{6} + \cdots + 6 \cdot \frac{1}{6} = \frac{7}{2} = 3.5$$

となる．なお，さいころでは 3.5 という目はでない．つまり，現実に期待値と同じ値がでるとは限らない． ∎

7) 平均 (mean) の頭文字に対応するギリシア文字が μ である．

連続型確率変数の期待値　連続型確率変数 x の期待値 $E(x)$ は密度関数 $f(x)$ を用いて，次のように定義される[8]．

$$E(x) = \int_{-\infty}^{\infty} x\, f(x)\, dx$$

確率変数の関数の期待値　5.1.1 項で説明したとおり，確率変数 x の関数 $y = g(x)$ は確率変数だから，その期待値は y の確率関数 $p_y(y)$ を用いて $E(y) = \sum_y y\, p_y(y)$ と定義される．ところで，$p_y(y)$ を求めなくても期待値を計算することはできる．

例 5.8　例 5.3 の x に対しては，すでに $y = x^2$ の確率関数を求めているから，

$$E(y) = 0 \cdot p_y(0) + 1 \cdot p_y(1) + 4 \cdot p_y(4) = 0 \cdot 0.2 + 1 \cdot 0.4 + 4 \cdot 0.4 = 2.0$$

となる．ここで，改めて $E(y)$ の式を $p_x(x)$ を用いて表現してみよう．

$$\begin{aligned} E(y) &= 0 \cdot p_y(0) + 1 \cdot p_y(1) + 4 \cdot p_y(4) \\ &= 0^2 \cdot p_x(0) + 1^2\{p_x(-1) + p_x(1)\} + 2^2\{p_x(-2) + p_x(2)\} \\ &= (-2)^2 p_x(-2) + (-1)^2 p_x(-1) + 0^2 \cdot p_x(0) + 1^2 \cdot p_x(1) + 2^2 \cdot p_x(2) \end{aligned}$$

この例では $E(y) = \sum y\, p_y(y) = \sum x^2\, p_x(x)$ となっている．■

この例の関係は，次のように一般に成立する[9]．

$$\sum_y y\, p_y(y) = \sum_x g(x)\, p_x(x) \tag{5.2.2}$$

つまり，確率変数 $y = g(x)$ の期待値を求めるだけなら，y の確率関数を求める必要はない．したがって，多くの本では y の確率分布を明示的に考慮せず，(5.2.2) 式の右辺で期待値 $E[g(x)]$ を「定義」している．

離散型，連続型にかかわらず，期待値の記号は統一的に扱うことができて，積分と和の記号を区別する必要がなくなるため，期待値は有用な概念である．期待値に関しては，付録 A.6 のとおり，次の性質がなりたつ（a, b, c は定数）．

(1) $E(c) = c$

(2) $E(ax + b) = aE(x) + b$

(3) $E[g(x) + h(x)] = E[g(x)] + E[h(x)]$

(4) $g(x) \geq h(x)$ なら $E[g(x)] \geq E[h(x)]$.

---

8) 積分を知らない読者は，ヒストグラムの幅を狭くした場合と理解すれば，以下の記述の理解には支障がない．

9) 連続型確率変数についても同様な関係が得られる．

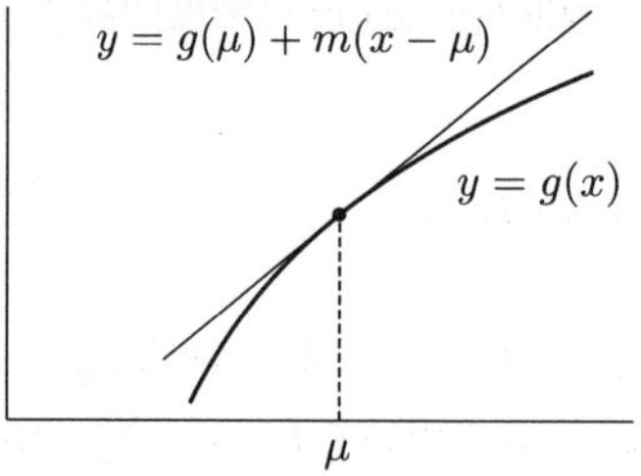

図 5.4　凹関数と接線

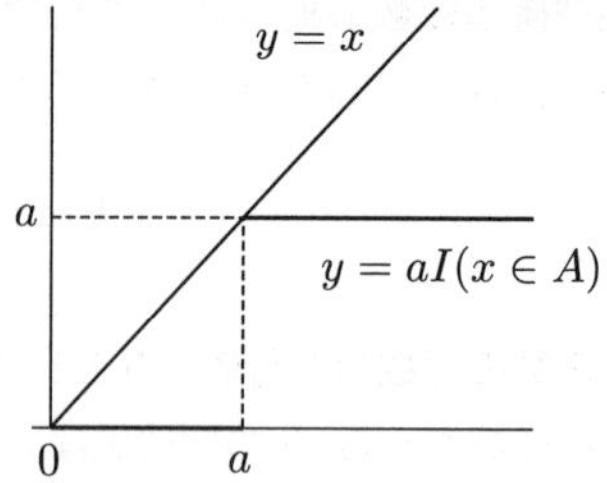

図 5.5　マルコフの不等式

性質 (2) から，1 次式 $g(x) = ax + b$ に関しては，

$$E[g(x)] = aE(x) + b = g\bigl(E(x)\bigr)$$

と，期待値と関数の順番を入れ替えることができる．しかし，一般には $E[g(x)] = g\bigl(E(x)\bigr)$ は成立しない．たとえば $E(x^2) \geq \bigl(E(x)\bigr)^2$ となることが，次に紹介する凸関数の例として示される．

特別な関数の期待値　2 つの例を紹介しよう．

第 1 は，関数 $g(x)$ が凹関数（または凸関数）の場合である．凹関数の場合は，付録 A.3 に示すとおり，図 5.4 の曲線 $y = g(x)$ 上の点 $(\mu, g(\mu))$ における接線の方程式を $y = g(\mu) + m(x - \mu)$ $(m = g'(\mu))$ とすると，$g(\mu) + m(x - \mu) \geq g(x)$ となる．したがって，期待値の性質 (4) から

$$E[g(x)] \leq E[g(\mu) + m(x - \mu)] = g(\mu) + mE(x - \mu) = g(\mu), \qquad (5.2.3)$$

すなわち $E[g(x)] \leq g\bigl(E(x)\bigr)$ が導かれる[10]．なお，凸関数の場合は $g(x) \geq g(\mu) + m(x - \mu)$ だから，逆の向きの不等式 $E[g(x)] \geq g\bigl(E(x)\bigr)$ が導かれる．これは **Jensen の不等式**とよばれ，応用の範囲が広い．簡単な例として，関数 $y = x^2$ は凸関数だから $E(x^2) \geq \bigl(E(x)\bigr)^2$ が導かれる．また $x > 0$ なら，$E(1/x) \geq 1/E(x)$ や，$E(\log x) \leq \log E(x)$ がなりたつ．

第 2 の例は，次の式で定義される**指示関数** $I(x \in A)$ である[11]．ここで A は確率変数のとりうる値の一部，たとえば区間や点の集合である．また，$x \in A$ は x が A に含まれることを表す集合論の記号である．

$$I(x \in A) = \begin{cases} 1 & (x \in A \text{ のとき}), \\ 0 & (\text{それ以外のとき}) \end{cases} \qquad (5.2.4)$$

10)　等号が成立するのは接線と凹関数が等しくなる確率が 1 の場合だけである．
11)　$I_A(x)$ という記号もある．なお，指示関数 (indicator function) は指標関数ともよぶ．

このとき確率変数 $I(x \in A)$ の期待値は A の確率である．すなわち，次の式が成立する．

$$E[I(x \in A)] = \mathrm{P}(x \in A) \tag{5.2.5}$$

離散型確率変数の場合は定義そのものである．連続型確率変数の場合でも，A が区間のときは分布関数の定義から確認できる．一般の場合については証明を省略するが，$E[I(x \in A)]$ を $\mathrm{P}(x \in A)$ の定義と考えてもよい．

指示関数の応用例として，非負の値をとる任意の確率変数 x に対して成立する**マルコフ** (A. Markov) **の不等式**

$$P(x \geq a) \leq \frac{E(x)}{a} \quad (a > 0)$$

を紹介する．A として $x \geq a$ という区間を選ぶと，$I(x \in A) = 0$ $(0 \leq x < a)$，$I(x \in A) = 1$ $(x \geq a)$ であり，図 5.5 に示すとおり $x \geq 0$ の範囲で $x \geq a\,I(x \in A)$ となる．したがって，期待値の性質 (4) から

$$E(x) \geq E[a\,I(x \in A)] = a\,E[I(x \in A)] = a\,\mathrm{P}(x \geq a)$$

がなりたつ．この両辺を $a > 0$ で割ればよい．

5.2.2 確率変数の分散

確率変数の散らばりを表す基本的な尺度は**分散** (variance) である．確率変数 x の分散は $(x-\mu)^2$ の期待値と定義され，記号では $\mathrm{var}(x)$ または σ^2 と書く．また $\mathrm{var}(x)$ の正の平方根を**標準偏差**とよび σ または $\sigma(x)$ と表す[12)]．

$$\mathrm{var}(x) = E[(x-\mu)^2]$$

以上の表現からわかるとおり，確率変数の分散は標本の分散と同様に，散らばりを測る尺度である．なお，分散は

$$\mathrm{var}(x) = E(x^2) - \mu^2$$

のように変形できる（付録 A.6 参照）．$\mathrm{var}(x) \geq 0$ からも，p. 82 で紹介した不等式 $E(x^2) \geq \mu^2$ が確かめられる．

確率変数の 1 次式 $ax+b$ の分散と標準偏差については，次の関係がある（付録 A.6）．

$$\mathrm{var}(ax+b) = a^2\mathrm{var}(x), \qquad \sigma(ax+b) = |a|\sigma(x)$$

---

12) 分散と標準偏差について変数を明示するときは σ_x^2, σ_x などと表される．

5.2.3 チェビシェフの不等式

期待値 μ と標準偏差 σ が与えられたとき，任意の確率変数に対して次の**チェビシェフ** (Chebyshev) **の不等式**が成立する．

$$\mathrm{P}(|x-\mu| \geq \lambda) \leq \frac{\sigma^2}{\lambda^2} \qquad (\lambda > 0) \tag{5.2.6}$$

このことは，マルコフの不等式において非負の確率変数を $w = (x-\mu)^2$，定数を $a = \lambda^2$ とすると，$E(w) = \sigma^2$ であり，$|x-\mu| \geq \lambda$ は $w \geq \lambda^2$ と同等だから

$$\mathrm{P}(|x-\mu| \geq \lambda) = \mathrm{P}(w \geq \lambda^2) \leq \frac{E(w)}{\lambda^2} = \frac{\sigma^2}{\lambda^2}$$

と，直ちに確認できる．たとえば x が $\mu \pm 2\sigma$ の範囲に含まれない確率は 1/4 以下，$\mu \pm 3\sigma$ の範囲に含まれない確率は 1/9 以下という不等式が，どのような確率変数に対してもなりたつ．

しかし，このような確率の評価だけなら，第 1 四分位と第 3 四分位が与えられればその間に入る確率は 1/2 などと，分位点を用いれば任意の確率変数に対する情報が得られる．チェビシェフの不等式は，経済分野では実用上は有用とはいえないが，理論的な性質を証明するために用いられる重要なものである．

5.2.4 確率変数の標準化

記述統計と同様に，確率変数の**標準化**を考えることができる．期待値を μ，標準偏差を σ としたとき，x を標準化した確率変数は $z = (x-\mu)/\sigma$ と定義される．この定義から，z の期待値と分散は，それぞれ $E(z) = 0$, $\mathrm{var}(z) = 1$ となる．逆に $x = \mu + \sigma z$ という表現もよく利用される．当然，期待値と分散は次のようになる．

$$E(x) = \mu + \sigma E(z) = \mu, \qquad \mathrm{var}(x) = \sigma^2 \mathrm{var}(z) = \sigma^2$$

標準化は，6 章以降の統計的推論でも用いられる．

5.3 多変数の確率分布

5.3.1 同時確率分布と周辺確率分布

記述統計の相関や回帰でみたように，2 つ以上の変数を同時に考えることは多い．この節では多変数の確率変数の分布について基本的な概念を紹介する．説明を簡単にするため，主に離散型で確率変数が 2 つの場合について記述する．確率変数の組 $(\widetilde{x}, \widetilde{y})$ が (x, y) という値をとる確率を $p(x,y) = \mathrm{P}(\widetilde{x} = x, \widetilde{y} = y)$

と表そう[13]．x と y の確率的な挙動は確率関数 $p(x,y)$ によって明らかにされる．$p(x,y)$ を**同時分布** (joint distribution) の確率関数とよぶ．

x がとりうる値を $(x_1,\ldots,x_m)$，y がとりうる値を $(y_1,\ldots,y_n)$ と明示する場合に，確率関数 $p(x_i,y_j)$ を p_{ij} と表記して同時確率分布を示したものが表 5.1 である．

表 5.1 離散型確率変数の同時確率分布

$x\backslash y$	y_1	$\cdots$	y_j	$\cdots$	y_n	合計
x_1	p_{11}	$\cdots$	p_{1j}	$\cdots$	p_{1n}	$p_{1\cdot}$
$\vdots$	$\vdots$		$\vdots$		$\vdots$	$\vdots$
x_i	p_{i1}	$\cdots$	p_{ij}	$\cdots$	p_{in}	$p_{i\cdot}$
$\vdots$	$\vdots$		$\vdots$		$\vdots$	$\vdots$
x_m	p_{m1}	$\cdots$	p_{mj}	$\cdots$	p_{mn}	$p_{m\cdot}$
合計	$p_{\cdot 1}$	$\cdots$	$p_{\cdot j}$	$\cdots$	$p_{\cdot n}$	1

表の右および下には，それぞれ x だけ，y だけに注目したときの確率として，行和 $p_{i\cdot}=\sum_{j=1}^{n}p_{ij}$ および列和 $p_{\cdot j}=\sum_{i=1}^{m}p_{ij}$ が与えられている．p_{ij} の合計 $\sum_{i=1}^{m}\sum_{j=1}^{n}p_{ij}=1$ が表の右下にある．

このように，x,y の同時分布から x, y 単独の確率分布を導くとき，それらは表の周辺部分に表示されることから，同時分布と区別して**周辺分布** (marginal distribution) とよぶ．x の周辺分布は $p(x)=\sum_y p(x,y)$，y の周辺分布は $p(y)=\sum_x p(x,y)$ と表される[14]．

例 5.9 3 つの結果 A,B,C がそれぞれ確率 p,q,r $(p+q+r=1)$ で起こる実験を 2 回繰り返して，A の回数を x，B の回数を y とする．このとき，(x,y) の同時分布と周辺分布は次のようになる．

$y\backslash x$	0	1	2	$p(y)$
0	r^2	$2pr$	p^2	$(p+r)^2$
1	$2qr$	$2pq$	0	$2q(p+r)$
2	q^2	0	0	q^2
$p(x)$	$(r+q)^2$	$2p(q+r)$	p^2	1

少し整理すると，x の周辺分布は $p_x(0)=(1-p)^2$, $p_x(1)=2p(1-p)$, $p_x(2)=p^2$ となる．同様に，$p_y(0)=(1-q)^2$, $p_y(1)=2q(1-q)$, $p_y(2)=q^2$ となる． ∎

13) p_{xy}, p_x, p_y などを用いれば，関数が異なることを明示できるが，記号が複雑になるため，誤解がない限り，$p(x,y)$, $p(x)$, $p(y)$ は変数に対応した異なる関数を表す．

14) 記号については脚注 13 参照．

同時分布の分布関数　2つの確率変数に対して，同時分布関数 $F(x,y)$ を $F(x,y) = \mathrm{P}(\widetilde{x} \leq x, \widetilde{y} \leq y)$ と定める．これを用いると，$\widetilde{x} \leq x$ となる確率，すなわち x の周辺分布の分布関数は $F_x(x) = F(x,\infty)$ と表される．同様に y の周辺分布の分布関数は $F_y(y) = F(\infty, y)$ となる．また，$F(b,d) - F(b,c) = \mathrm{P}(x \leq b, y \leq d) - \mathrm{P}(x \leq b, y \leq c)$ などから，$a < x \leq b$, $c < y \leq d$ という長方形に含まれる確率は次のように表現される．

$$
\begin{aligned}
&[F(b,d) - F(b,c)] - [F(a,d) - F(a,c)] \\
&\qquad = F(b,d) - F(b,c) + F(a,d) - F(a,c) \qquad (5.3.1)
\end{aligned}
$$

連続型確率変数の場合　連続型確率変数の場合は，xy 平面において点 (x,y) と $(x+h, y+k)$ を対角の頂点とする面積 hk の小さな長方形に (x,y) が含まれる確率を $\mathrm{P}(x < \widetilde{x} \leq x+h, y < \widetilde{y} \leq y+k) \fallingdotseq f(x,y)\,hk$ と近似する関数 $f(x,y)$ を**同時確率密度関数**とよぶ．$f(x,y)$ を y（または x）について合計（積分）したものが，x（または y）の周辺分布の確率密度関数 $f(x)$ である．

$$
f(x) = \int_{-\infty}^{\infty} f(x,y)\,dy, \qquad f(y) = \int_{-\infty}^{\infty} f(x,y)\,dx
$$

例 5.10　円板 $x^2 + y^2 \leq 1$ の上の一様分布とは，円板の中に含まれる面積 S の図形 A に (x,y) が含まれる確率が，その面積に比例する分布である．円板の面積は π だから $\mathrm{P}\{(x,y) \in A\} = S/\pi$ となる[15)]．ここで (x,y) と円の中心の距離 $r = \sqrt{x^2+y^2}$ を考えよう．$\widetilde{r} \leq r$ となる円の面積は πr^2 だから，$\widetilde{r}$ の分布関数は

$$
F(r) = \mathrm{P}(\widetilde{r} \leq r) = \frac{\pi r^2}{\pi} = r^2
$$

であり，その密度関数は $f(r) = 2r$ となる．これは一様分布ではない[16)]．

次に (x,y) と中心を結ぶ線分と x 軸の角度を θ（ラジアン）とする．すなわち $\tan\theta = y/x$ $(0 < \theta < 2\pi)$ である[17)]．$\widetilde{\theta} \leq \theta$ となるのは (x,y) が x 軸との角を θ とする扇形に含まれる場合であり，その面積は $\theta/2$ だから θ の分布関数は次の式で与えられる．

$$
F_\theta(\theta) = \mathrm{P}(\widetilde{\theta} \leq \theta) = \frac{\theta/2}{\pi} = \frac{\theta}{2\pi}
$$

その密度関数は $f_\theta(\theta) = 1/2\pi$ と一定で，θ は一様分布にしたがう．　∎

15)　密度関数は $f(x,y) = 1/\pi$ $(x^2+y^2 \leq 1)$ となる．
16)　微分を使えば $f(r) = dF(r)/dr = 2r$ である．
17)　ここで $\mathrm{P}(x=0) = 0$ だから，$x \neq 0$ のときだけを考えてよい．

多変数関数の期待値　確率変数 $z = g(x, y)$ の期待値は z の確率関数を用いて $E(z) = \sum_z z\, p_z(z)$ と定義されるが，結果的に次の式が示されるため，(5.3.2) 式の右辺を期待値の定義と理解してもよい．

$$E(z) = E[g(x, y)] = \sum_x \sum_y g(x, y)\, p(x, y) \tag{5.3.2}$$

$g(x, y)$ が x だけの関数のときは，次のように変形される[18]．

$$E[g(x)] = \sum_x \Big\{ \sum_y g(x) p(x, y) \Big\} = \sum_x \Big\{ g(x) \sum_y p(x, y) \Big\} = \sum_x g(x)\, p(x)$$

この結果は，x の周辺分布を用いた期待値の式にほかならない．同様に，y だけの関数も y の周辺分布を用いた期待値として求められる．このように，期待値を用いる場合には同時分布と周辺分布の違いを意識する必要はない．

$g(x, y) = x + y$ の期待値は次のようになる．

$$E(x + y) = \sum_x \sum_y (x + y)\, p(x, y) = E(x) + E(y) \tag{5.3.3}$$

すなわち，確率変数の和の期待値は，期待値の和と一致する．一方で，積の期待値 $E(x\,y)$ は，一般には期待値の積 $E(x)E(y)$ とは等しくならない．ただし，後に 5.3.3 項で説明するとおり，独立な場合には $E(x\,y) = E(x)E(y)$ が成立する．

期待値に関する性質は連続型確率変数についてもなりたつが，その表現には積分が必要なので，本書では詳しい内容には立ち入らない．

5.3.2 確率変数の共分散と相関係数

2 つの確率変数 x, y の関係をとらえる尺度に共分散と相関係数がある．その意味と解釈は，基本的には記述統計における標本の共分散，相関係数と同様である．記号では，確率変数の**共分散**は σ_{xy} または $\mathrm{cov}(x, y)$ などと表され，$E(x) = \mu_x$, $E(y) = \mu_y$ とおけば以下のように定義される．

$$\sigma_{xy} = \mathrm{cov}(x, y) = E[(x - \mu_x)(y - \mu_y)]$$

共分散は，平均 (μ_x, μ_y) からの偏差の積 $(x - \mu_x)(y - \mu_y)$ の期待値だから，確率変数の関係が右上がりか右下がりかを表現する尺度である．なお，$\mathrm{cov}(x, y) = E(xy) - \mu_x \mu_y$ という変形もよく用いられる[19]．

---

18)　変形では $g(x)$ が y に依存しないことから $\sum_y g(x)p(x, y) = g(x) \sum_y p(x, y)$ として，さらに $\sum_y p(x, y) = p(x)$ を用いている．

19)　演習問題 4 参照．

確率変数 x と y の**相関係数**は，ρ または ρ_{xy} と記され，次の式で定義される[20)].

$$\rho_{xy} = \frac{\sigma_{xy}}{\sigma_x \sigma_y}$$

相関係数が $-1 \leq \rho_{xy} \leq 1$ という不等式を満たすことは，標本相関係数と同様に示される[21)]．共分散 σ_{xy} が 0 なら相関係数も 0 になる．実際，5.3.3 項では，x と y が独立なら**無相関**となることが示される．

確率変数の 1 次式の共分散　それぞれ x と y の 1 次式で定められる確率変数 $z = ax + b$ と $w = cy + d$ について，共分散と相関係数を求めてみよう．なお，期待値，分散，共分散を，それぞれ μ_x，σ_x^2，σ_{xy} などと表す．

期待値と分散は，すでに確認したとおり，次のようになる．

$$\mu_z = a\mu_x + b, \quad \sigma_z^2 = a^2\sigma_x^2, \qquad \mu_w = c\mu_y + d, \quad \sigma_w^2 = c^2\sigma_y^2$$

以下，$z - \mu_z = a(x - \mu_x)$, $w - \mu_w = c(y - \mu_y)$ となることに注意して，定義にしたがって σ_{zw} を変形すればよい．結果は次のとおりである．

$$\sigma_{zw} = E[(z - \mu_z)(w - \mu_w)] = ac\, E[(x - \mu_x)(y - \mu_y)] = ac\, \sigma_{xy}$$

これから相関係数は次のように求められる．

$$\rho_{zw} = \frac{\sigma_{zw}}{\sigma_z\, \sigma_w} = \frac{ac\, \sigma_{xy}}{(|a|\, \sigma_x)\, (|c|\, \sigma_y)} = \pm\rho_{xy}$$

右辺の符号は $ac > 0$ のとき正，$ac < 0$ のとき負である．これは a と c の符号によって相関の正負が逆になるためである．結論として，ρ_{zw} と ρ_{xy} は符号を除いて一致する．

5.3.3　条件つき確率分布と確率変数の独立性

y が与えられたときの x の条件つき確率分布は，離散型では確率関数，連続型では密度関数と，若干異なる形で表現される[22)]．離散型確率変数 x の**条件つき確率関数** $p(x \mid y)$ は次の式で与えられる．

$$p(x \mid y) = \frac{\mathrm{P}(\widetilde{x} = x, \widetilde{y} = y)}{\mathrm{P}(\widetilde{y} = y)} = \frac{p(x, y)}{p(y)} \tag{5.3.4}$$

---

20)　記述統計で定義した r は**標本相関係数**とよぶ．これに対応するギリシア文字が ρ である．慣例で Spearman の相関係数と同じ記号になるが，混乱しないように注意すること．

21)　演習問題 9 参照．

22)　一般的な積分を扱う測度論を使えばいずれも密度関数として統一できるが，本書では扱わない．

ここで，もちろん $p(y) > 0$ とする．

例 5.9（つづき） p. 85 の同時分布で，$y = 1$ が与えられたときの x の条件つき確率 $p(x \mid y = 1)$ は，$x = 0, 1, 2$ に対して，それぞれ $r/(p+r)$, $p/(p+r)$, 0 となる．

また，$x = 0$ が与えられたときの条件つき確率 $p(y \mid x = 0)$ は，$y = 0, 1, 2$ に対して，それぞれ $\bigl(r/(r+q)\bigr)^2$, $2qr/(r+q)$, $\bigl(q/(r+q)\bigr)^2$ となる． ∎

連続型確率変数の場合，**条件つき密度関数**は $f(y) > 0$ のとき，次の式で与えられる．

$$f(x \mid y) = \frac{f(x, y)}{f(y)} \tag{5.3.5}$$

なお，$\widetilde{y} = y$ となる確率は 0 であることに注意が必要である．(5.3.5) 式の解釈は，以下のように小さな $h, k > 0$ を考えて，$\{y < \widetilde{y} \leq y + k\}$ という事象が与えられたときの $\{x < \widetilde{x} \leq x + h, y < \widetilde{y} \leq y + k\}$ という事象の条件つき確率を，条件つき密度関数が近似するということである．

$$\frac{\mathrm{P}(x < \widetilde{x} \leq x + h, y < \widetilde{y} \leq y + k)}{\mathrm{P}(y < \widetilde{y} \leq y + k)} \doteqdot \frac{f(x, y)\,hk}{f(y)\,k} = \frac{f(x, y)}{f(y)}\,h$$

この式の左辺は次の式の左辺と等しいから，右辺どうしも等しい．

$$\mathrm{P}(x < \widetilde{x} \leq x + h \mid y < \widetilde{y} \leq y + k) \doteqdot f(x \mid y)\,h$$

確率変数の独立性 2 つの事象 A, B は，$\mathrm{P}(A \cap B) = \mathrm{P}(A)\mathrm{P}(B)$ がなりたつとき独立である．確率変数については，x に関する任意の事象 A と，y に関する任意の事象 B に対して

$$\mathrm{P}\{(x \in A) \cap (y \in B)\} = \mathrm{P}(x \in A)\mathrm{P}(y \in B)$$

がなりたつ場合，確率変数 x, y は**独立**であるという．このように，確率変数の独立性は 2 つの事象の独立性より強い条件である．

確率変数の独立性に関する注意 統計的手法を現実の問題に適用する際，データ x, y の発生過程が物理的に無関係であれば，確率変数 x, y を独立と想定するのは自然である．したがって (x, y) の同時分布は周辺分布の積で表現される．このような場合に，数学的な定義にしたがって任意の事象 (A, B) の組合せについて，それらが独立であると確認する作業を必要とするわけではない．

同様に，同じ条件で観測を繰り返した結果を $x_1, \ldots, x_n$ とするとき，これらの確率変数は独立に同じ確率分布にしたがうと想定する．この想定が正しくな

るように実験や観察の条件を整えることが，1章で取り上げた統計データの収集にかかわる問題である．

x と y が独立なら，特別な場合として A を $\{\widetilde{x} \leq x\}$，B を $\{\widetilde{y} \leq y\}$ とすると，$F(x,y) = F_x(x)F_y(y)$ となる．さらに，離散型確率変数の場合は確率関数に関して $p(x,y) = p(x)\,p(y)$，連続型確率変数の場合は密度関数に関して $f(x,y) = f(x)\,f(y)$ が「すべての x, y に対して」成立する[23)]．

独立な確率変数の積の期待値　x と y が独立なときには，それらの関数の積 $z = g(x)h(y)$ に関しては，その期待値は

$$E(z) = E[g(x)h(y)] = E[g(x)]E[h(y)] \tag{5.3.6}$$

と期待値の積に分解できる．離散型確率変数の確率関数 $p(x,y)$ は，独立な場合は $p(x,y) = p(x)p(y)$ と分解できる．(A.1.6) 式で i, j を x, y で置き換え，a_i, b_j を $g(x)p(x)$, $h(y)p(y)$ で置き換えれば，期待値が積に分解できることは，次のように確かめられる[24)]．

$$\begin{aligned} E[g(x)h(y)] &= \sum_x \sum_y g(x)h(y)p(x,y) = \sum_x \sum_y g(x)h(y)p(x)\,p(y) \\ &= \left\{\sum_x g(x)p(x)\right\}\left\{\sum_y h(y)p(y)\right\} = E[g(x)]E[h(y)] \end{aligned}$$

特別な場合として，共分散 $E[(x-\mu_x)(y-\mu_y)]$ については，$E(x-\mu_x) = 0$ かつ $E(y-\mu_y) = 0$ だから，独立な場合には $\mathrm{cov}(x,y) = 0$ となる．なお，共分散が 0 であっても独立であるとは限らないことは，次の簡単な例でも確かめられる．

例 5.11　(x,y) のとりうる値の組合せを $(1,0)$, $(0,1)$, $(-1,0)$, $(0,-1)$ として，それらの確率はすべて $1/4$ とする．x の確率関数は $p_x(-1) = 1/4$, $p_x(0) = 1/2$, $p_x(1) = 1/4$，y の確率関数も $p_y(-1) = 1/4$, $p_y(0) = 1/2$, $p_y(1) = 1/4$ である．$p_x(x)p_y(y) \neq p_{xy}(x,y)$ だから独立ではないが，共分散は 0 になる． ∎

条件つき分布の期待値　y が与えられたときの確率変数 $z = g(x,y)$ の**条件つき期待値** $E(z \mid y)$，および**条件つき分散** $\mathrm{var}(z \mid y)$ は，離散型については次のように表現される[25)]．

---

23) 証明は省略するが，これらは独立性に対する十分条件でもある．
24) 連続型について同様な議論は積分を用いてなされる．
25) 連続型についても同様であり，特に (5.3.9) 式と (5.3.10) 式がなりたつ．

$$E(z \mid y) = \sum_x g(x,y)\,p(x \mid y) \tag{5.3.7}$$

$$\mathrm{var}(z \mid y) = \sum_x \bigl\{g(x,y) - E(z \mid y)\bigr\}^2 p(x \mid y) \tag{5.3.8}$$

$E(z \mid y)$ と $\mathrm{var}(z \mid y)$ は，いずれも y の関数だから，y を確率変数と考えれば，これらも確率変数である．

ところで同時分布 $p(x,y)$ に関する期待値 $E(z)$ は

$$\sum_x \sum_y g(x,y)p(x,y) = \sum_y \Bigl\{\sum_x g(x,y)p(x \mid y)\Bigr\}p(y)$$

と書き直せる．これと (5.3.7) 式から次の結果が得られる．

$$E(z) = E\bigl[E(z \mid y)\bigr] \tag{5.3.9}$$

ここで $E(z \mid y)$ は確率変数，外側の期待値は y の周辺分布 $p(y)$ に関する期待値である．

分散については次の結果がなりたつ．

$$\mathrm{var}(z) = E[\mathrm{var}(z \mid y)] + \mathrm{var}[E(z \mid y)] \tag{5.3.10}$$

(5.3.10) 式の導出　簡単のため $E(z) = \mu_z$, $E(z \mid y) = h(y)$ と書くと，$E[h(y)] = \mu_z$, $\mathrm{var}[E(z \mid y)] = \mathrm{var}[h(y)] = E[(h(y) - \mu_z)^2]$ と表される．ここで

$$\begin{aligned}\mathrm{var}(z \mid y) &= E\bigl[(z - h(y))^2 \mid y\bigr] = E\bigl[\{(z - \mu_z) - (h(y) - \mu_z)\}^2 \mid y\bigr]\\ &= E[(z - \mu_z)^2 \mid y] - 2(h(y) - \mu_z)E[(z - \mu_z) \mid y] + (h(y) - \mu_z)^2\\ &= E[(z - \mu_z)^2 \mid y] - (h(y) - \mu_z)^2\end{aligned}$$

である．$\phi(z) = (z - \mu_z)^2$ に対して $E[E(\phi(z) \mid y)] = E[\phi(z)]$ となることに注意して，両辺の y に関する期待値をとると，

$$\begin{aligned}E[\mathrm{var}(z \mid y)] &= E\bigl[E\{(z - \mu_z)^2 \mid y\}\bigr] - E[(h(y) - \mu_z)^2]\\ &= E[(z - \mu_z)^2] - \mathrm{var}(h(y)) = \mathrm{var}(z) - \mathrm{var}[E(z \mid y)]\end{aligned}$$

を得る．■

5.3.4 確率変数の和

離散型確率変数 (x, y) の同時分布 $p(x,y)$ が与えられたとき，和 $z = x + y$ の確率関数 $p(z)$ は，定義から，次の式で求められる．

$$p(z) = \sum_{x+y=z} p(x,y) \tag{5.3.11}$$

ここで $\sum_{x+y=z}$ という記号は，$x+y=z$ という条件を満たす，すべての (x,y) の組に関する和を表す．

例 5.12 (x,y) が $x=0,1,2,\ldots$, $y=0,1,2,\ldots$ という値をとるときは，$p_z(0)=p(0,0)$, $p_z(1)=p(0,1)+p(1,0)$, $p_z(2)=p(0,2)+p(1,1)+p(2,0)$, $p_z(3)=p(0,3)+p(1,2)+p(2,1)+p(3,0)$ などとなる． ∎

$z=x+y$ の期待値が $E(z)=E(x)+E(y)$ となることは，すでに知っている．z の分散 $\mathrm{var}(x+y)=\sigma_z^2$ については次のようになる．

$$\mathrm{var}(x+y)=\mathrm{var}(x)+\mathrm{var}(y)+2\mathrm{cov}(x,y) \qquad (5.3.12)$$

この結果は，次のようにして確かめられる．以下で，期待値の記号 μ_x,μ_y を用いる．

$$\begin{aligned}\sigma_z^2 &= E\big[\{(x+y)-(\mu_x+\mu_y)\}^2\big]=E\big[\{(x-\mu_x)+(y-\mu_y)\}^2\big]\\ &= E[(x-\mu_x)^2+(y-\mu_y)^2+2(x-\mu_x)(y-\mu_y)]\\ &= \mathrm{var}(x)+\mathrm{var}(y)+2\mathrm{cov}(x,y)\end{aligned}$$

特に x と y が独立のときは，分散も和になる．

$$\mathrm{var}(x+y)=\mathrm{var}(x)+\mathrm{var}(y) \qquad (5.3.13)$$

確率分布のたたみ込み x と y が独立で，それぞれ $p_x(x)$, $p_y(y)$ という確率関数をもつとき，$z=x+y$ の確率 $p_z(z)$ は $x+y=z$ という式を満たす x,y について $p_x(x)\,p_y(y)$ を合計したものである．したがって，次のように表される．

$$p_z(z)=\sum_x p_x(x)\,p_y(z-x)=\sum_y p_x(z-y)\,p_y(y) \qquad (5.3.14)$$

この式は確率分布の**たたみ込み** (convolution) とよばれる．

例 5.13（離散型一様分布のたたみ込み） $x_1,\ldots,x_r$ が独立に同じ離散型一様分布にしたがう，すなわち $\mathrm{P}(\widetilde{x}_i=x)=p(x)=1/(m+1)$ $(x=0,1,\ldots,m,\ i=1,\ldots,r)$ とする．以下，簡単のために $m=2$ とする．このとき $z=x_1+\cdots+x_r$ の確率関数 $p_r(z)$ を求めてみよう．$r=2$ のときは $p_2(z)=\sum_x p(x)\,p(z-x)$ である．ただし，$p(x)\,p(z-x)>0$ となるのは $0\le x\le m$ かつ $0\le z-x\le m$（書き換えると $z-m\le x\le z$）の場合であることに注意すると，$z=(0,1,2,3,4)$ に対して，$p_2(z)$ は $(1,2,3,2,1)/9$ となる．$r=3$ のときは，$p_2(z)$ と $p(x)$ を用いてたたみ込みの計算をする．以下同様にして $r=4,5,6$ までの和の確率分

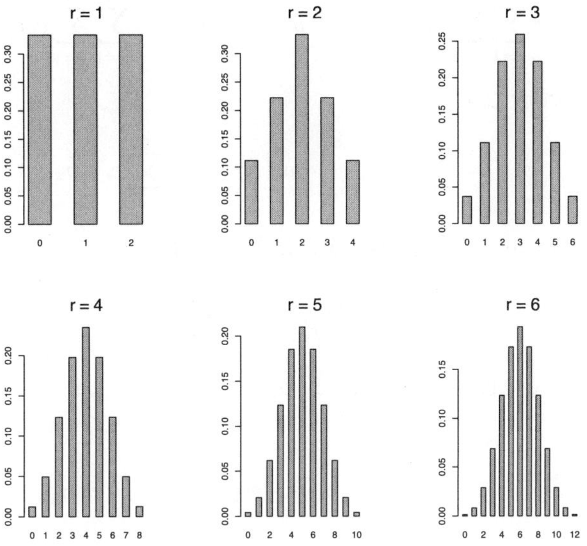

図 5.6　離散型一様分布の和（$r = 1$〜6 個）の確率関数

布を求めると，図 5.6 の棒グラフで表示される結果を得る．$r = 1$ のときは一様分布，$r = 2$ のときは $2 = m$ で確率が最大となり，両端の $p_2(z)$ は z の 1 次式で表される．この手続きを繰り返すと，r 個の和は $rm/2$ で確率が最大となる分布である[26]． ■

多変数の 1 次式の平均，分散，共分散　n 個の確率変数 $x_1, \ldots, x_n$ の平均を $\mu_i = E(x_i)$，分散を $\sigma_i^2 = \mathrm{var}(x_i)$ とし，x_i, x_j の共分散を $\sigma_{ij} = \mathrm{cov}(x_i, x_j)$ と書く．なお x_i と x_i の共分散は x_i の分散だから $\sigma_{ii} = \sigma_i^2$ である．どちらも広く用いられる記号である．

ここで c_i $(i = 1, \ldots, n)$ を定数とするとき，1 次式 $S = \sum_1^n c_i x_i$ の期待値と分散を求めよう．和の期待値は $E(S) = \sum_1^n E(c_i x_i) = \sum_1^n c_i \mu_i$ となる．そこで，$S - E(S) = \sum_1^n c_i x_i - \sum_1^m c_i \mu_i = \sum_1^m c_i(x_i - \mu_i)$ と書き，$a_i = c_i(x_i - \mu_i)$ とおいて (A.1.7) 式の $\left(\sum_i a_i\right)^2 = \sum_i \sum_j a_i\, a_j$ を利用すると，分散は次のようになる．ここで和の期待値は期待値の和になることを利用している．

$$\mathrm{var}(S) = E\Bigl(\sum_{i=1}^{n} \sum_{j=1}^{n} a_i\, a_j\Bigr) = \sum_{i=1}^{n} \sum_{j=1}^{n} E\bigl[c_i(x_i - \mu_i)\, c_j(x_j - \mu_j)\bigr]$$

---

26)　r 個の和では，$p_r(z)$ は区分的に z の $(r-1)$ 次式で表される．

$$= \sum_{i=1}^{n} \sum_{j=1}^{n} c_i \, c_j E\big[(x_i - \mu_i)(x_j - \mu_j)\big] = \sum_{i=1}^{n} \sum_{j=1}^{n} c_i \, c_j \sigma_{ij}$$

以上をまとめておこう.

$$E(S) = \sum_{i=1}^{n} c_i \mu_i, \qquad \mathrm{var}(S) = \sum_{i=1}^{n} \sum_{j=1}^{n} c_i \, c_j \sigma_{ij} \tag{5.3.15}$$

特に $x_1, \ldots, x_n$ が独立な場合は，分散は次のようになる.

$$\mathrm{var}(S) = \sum_{i=1}^{n} c_i^2 \sigma_{ii} = \sum_{i=1}^{n} c_i^2 \sigma_i^2 \tag{5.3.16}$$

共分散については次の関係がなりたつ.

$$\mathrm{cov}(x + y, z) = \mathrm{cov}(x, z) + \mathrm{cov}(y, z) \tag{5.3.17}$$

これは $\mathrm{cov}(x, z) = E(xz) - \mu_x \mu_z$ などと書けば，次のとおり確かめられる.

$$\begin{aligned} \mathrm{cov}(x + y, z) &= E[(x + y)z] - (\mu_x + \mu_y)\mu_z \\ &= E(xz) + E(yz) - \mu_x \mu_z - \mu_y \mu_z \\ &= \mathrm{cov}(x, z) + \mathrm{cov}(y, z) \end{aligned}$$

さらに一般的に，次の式がなりたつ.

$$\mathrm{cov}\Big(\sum_i x_i, y\Big) = \sum_i \mathrm{cov}(x_i, y),$$

$$\mathrm{cov}\Big(\sum_i a_i x_i, \sum_j b_j y_j\Big) = \sum_i \sum_j a_i b_j \mathrm{cov}(x_i, y_j) \tag{5.3.18}$$

5.4 2 項 分 布

例 4.4（p. 60）のコイン投げや，例 5.4（p. 76）の実験を独立に繰り返すことを考える．これは**ベルヌーイ試行列** (Bernoulli trial) とよばれる基本的な実験であり，特定の事象が起きることを成功，起きないことを失敗とよび，それぞれ S, F (Success, Failure) と表現することがある．$q = 1 - p$ と表すと表現が簡単になるので，以下ではこれを用いる．このとき，成功，失敗の確率は $\mathrm{P}(S) = p$, $\mathrm{P}(F) = q$ である.

n 回の実験で事象 A が起きた回数 x の確率分布を **2 項分布**とよぶ．このとき，確率変数 x は 2 項分布 $B(n, p)$ にしたがうと表現し，記号で $x \sim B(n, p)$

と表す[27]．なお $n=1$ の場合は例 5.4 のベルヌーイ分布そのものである．

x の確率関数 $p(x)$ は次の式で与えられる．

$$p(x) = {}_n\mathrm{C}_x\, p^x q^{n-x} \qquad (x = 0, 1, \ldots, n) \tag{5.4.1}$$

この式を確かめよう．まず $n=2$ のときは次のようになる．$x=0$ は FF となる場合で，各回の実験は独立だから，$p(0)=q^2$．$x=1$ は SF または FS となる場合で，$p(1)=pq+qp=2pq$．$x=2$ は SS となる場合で，$p(2)=p^2$ である．$n=3$ の場合は，FFF のとき $p(0)=q^3$．SFF, FSF, または FFS のとき，$p(1)=pq^2+qpq+q^2p=3pq^2$．SSF, SFS, または FSS のとき，$p(2)=p^2q+pqp+qp^2=3p^2q$．SSS のとき，$p(3)=p^3$ である．同様な計算は例 4.4 でも行った．

一般の場合，n 回中 x 回成功する確率は，どのような順番であっても $p^x\, q^{n-x}$ となり，異なる順番の組合せは ${}_n\mathrm{C}_x$ 通りあることから，(5.4.1) 式が導かれる．(5.4.1) 式の確率の和が 1 に等しいことは，(A.2.5) 式の 2 項定理で $a=p, b=q$ とすると，$\sum_{x=0}^{n} {}_n\mathrm{C}_x\, p^x q^{n-x} = (p+q)^n = 1^n$ となることから確かめられる．

x の期待値と分散は次の式で与えられる．

$$E(x) = np, \qquad \mathrm{var}(x) = npq \tag{5.4.2}$$

期待値は (5.2.1) 式の定義にしたがって計算できるが，やや面倒である．ここでは，もっと簡単な導出方法を紹介する．n 回の実験のそれぞれは，ベルヌーイ分布にしたがう確率変数 x_i $(i=1,\ldots,n)$ で表される．つまり i 回目の実験が成功すれば $x_i=1$，失敗すれば $x_i=0$ である．それらの合計は n 回中の成功の回数だから，$x=x_1+\cdots+x_n$ の確率分布が $B(n,p)$ となる．独立な確率変数の和である x の期待値と分散は，各確率変数の期待値と分散の和として求められるから，x_1 の期待値と分散を求めて n 倍すればよい．

$$E(x_1) = 0\cdot q + 1\cdot p = p, \qquad E(x_1^2) = 0^2\cdot q + 1^2\cdot p = p$$

これから $\mathrm{var}(x_1) = E(x_1^2) - E(x_1)^2 = p - p^2 = p(1-p) = pq$ を得る．$E(x) = nE(x_1)$, $\mathrm{var}(x) = n\mathrm{var}(x_1)$ から，(5.4.2) 式が確かめられる．

2 項分布をベルヌーイ分布の和と考えれば，次の性質も直ちに導かれる．x_1, x_2 を 2 項分布 $B(n_1,p)$, $B(n_2,p)$ にしたがう独立な確率変数とするとき，和 x_1+x_2 は 2 項分布 $B(n_1+n_2,p)$ にしたがう．

R や Excel には，2 項分布に関する確率を計算する関数が用意されている．図 5.7 は，$n=30$ として，成功の確率が $p=0.1, 0.5, 0.8$ という 3 つの 2 項分

27) binomial distribution の頭文字．

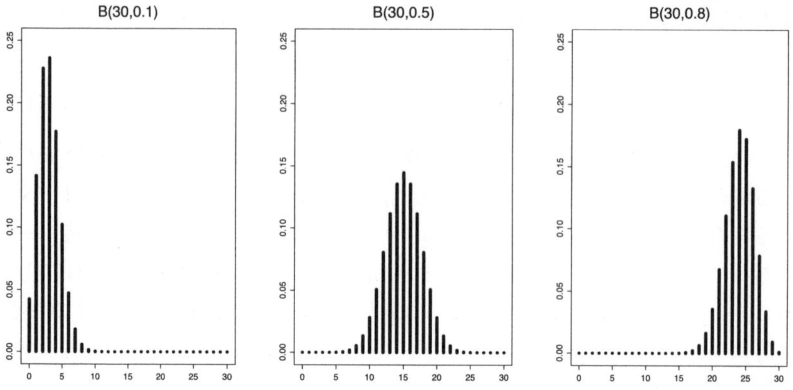

図 5.7　2 項分布 $B(n, p)$ の形状 ($n = 30$, $p = 0.1, 0.5, 0.8$)

布のグラフで，これは R を用いた例である．

p が大きくなるについてグラフ全体が右方向に移動し，$p = 0.5$ のときはグラフが左右対称の釣り鐘型になっている．それぞれのグラフの最頻値は順に 3, 15, 24 であり，これらは期待値 np と一致している．実際，2 項分布 $B(n, p)$ で確率が最大になる x は，次のように求められる．

x から $x + 1$ にかけて確率が減少する条件は $p(x+1)/p(x) < 1$ だから，この不等式を満たす最小の整数値 x が $p(x)$ を最大にする．実際に計算すると

$$\frac{p(x+1)}{p(x)} = \frac{{}_n\mathrm{C}_{x+1}\, p^{x+1}(1-p)^{n-x-1}}{{}_n\mathrm{C}_x\, p^x(1-p)^{n-x}} = \frac{n-x}{x+1}\frac{p}{1-p}$$

であり，これから $x > np + p - 1 = (n+1)p - 1$ が得られる．$B(30, p)$ ($p = 0.1, 0.5, 0.8$) について，$(n+1)p - 1$ は，それぞれ 2.1, 14.5, 23.8 だから，確かに上記の $x = 3, 15, 24$ で最大となる．最頻値は n, p の値に依存するが，np に近い値となる．

例 5.14　ある機械は 10 個の部品で構成され，各部品は，1 年間に確率 $p = 0.1$ で独立に故障する．このとき 1 年間に 1 個も故障しない確率は，2 項分布 $x \sim B(10, p)$ で $x = 0$ となる確率だから $q^{10} = 0.9^{10} \doteqdot 0.349$ である．

また，1 個以上が故障した条件の下で，2 個以上が故障する条件つき確率は，$\mathrm{P}(x \geq 2 \mid x \geq 1) = \mathrm{P}(x \geq 2)/\mathrm{P}(x \geq 1) = \bigl\{1 - \mathrm{P}(x = 0) - \mathrm{P}(x = 1)\bigr\}/\bigl\{1 - \mathrm{P}(x = 0)\bigr\} = (1 - q^{10} - 10 \cdot pq^9)/(1 - q^{10}) \doteqdot 0.405$ である．　■

社会，経済における比率に関する調査でも，2 項分布が利用される場合がある．N 人の集団のうち，ある政策を支持する人が M 人，その比率を $p = M/N$ とするとき，繰り返しを許して，無作為に抽出した n 人のうち，この政策の支持者の数は 2 項分布 $B(n, p)$ にしたがう確率変数となる．この調査は，N 枚のカードを入れた箱から，毎回元に戻しながら n 枚のカードを抜き出す実験と同等である．これが 1.5 節でふれた**復元抽出**の方法であり，そこで「理論的に単純である」と記したのは，期待値と分散が容易に評価できることを指す．繰り返しを許す抽出方法は現実的ではないが，理論的には基本となる考え方である．なお，**非復元抽出**については 5.6.2 項でふれる．

5.5 正規分布

図 5.8 右や図 5.9 のような，左右対称で釣り鐘型の密度関数をもつ正規分布は，統計学において最も重要な連続型の分布である．重要な理由のひとつは，現実の問題で，近似的に正規分布にしたがうとみなされる変数が少なくないことである．身長の分布はよく知られた例であり，実際，成人の男または女について作成したヒストグラムは，それぞれ，非常に正規分布に近い．小学生の身長についても，学年別・性別に作成したヒストグラムは正規分布に近い．一方，体重の分布は正規分布とは違って，右に歪んだ分布である[28)]．また，ある種の変換によって正規分布に近くなるヒストグラムもある．上述のとおり体重 x は右

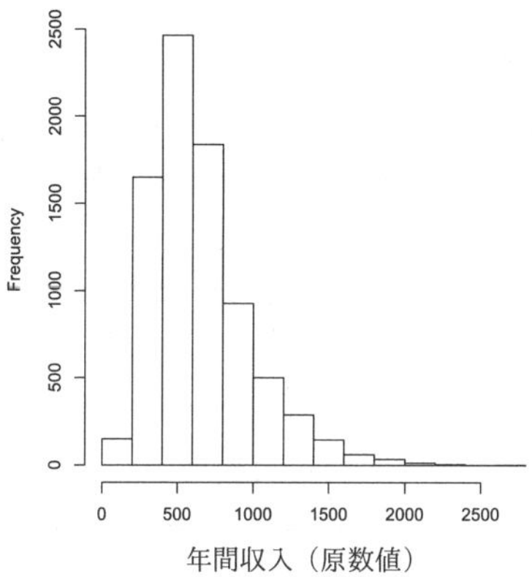

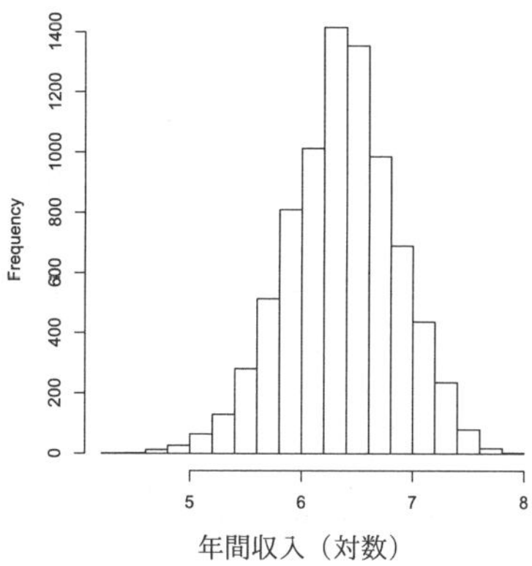

図 5.8　年間収入のヒストグラム（原数値と対数）

28)　歪みの程度は集団による．たとえば最近のアメリカ人女性の体重の分布では歪みが非常に大きい．体重も正規分布に近いと記している教科書もあるが，少なくとも最近 50 年程度の観測値については，これは正しくない．

に歪んだ分布だが，$\sqrt{x}$ または $x^{1/3}$ の分布は正規分布に近い．

経済データでも正規分布を利用する機会は少なくない．図 5.8 は，年間収入（単位は万円）の分布をヒストグラムで示したものである．原数値のヒストグラムは右に歪んでいるが，対数値に変換した図は，ほぼ左右対称の釣り鐘型をしている．

もう一つの理由として，正規分布が数学的に扱いやすいことがある．じつは，6.1.4 項で説明する**中心極限定理**によって，ほとんどの分布に対して標本平均 $\overline{x}$ は正規分布で近似される．極限として，数学的な扱いが容易になることは当然ともいえる．

5.5.1 正規分布の性質

確率変数 x が平均 μ，分散 σ^2 の**正規分布** (normal distribution) にしたがうことを，記号で $x \sim N(\mu, \sigma^2)$ と表す．特に，$\mu = 0, \sigma = 1$ の正規分布 $N(0,1)$ を**標準正規分布**とよぶ．$N(0,1)$ の密度関数は，通常 $\phi(x)$ と表記され，それは次の式で与えられる．

$$\phi(x) = \frac{1}{\sqrt{2\pi}}\, e^{-x^2/2} \tag{5.5.1}$$

ここで，$1/\sqrt{2\pi}$ は密度関数の面積を 1 とするために必要な定数であり，この密度関数の本質的な部分は $e^{-x^2/2}$ ないし $-x^2$ という単純な形である[29]．実際に積分を計算すれば，標準正規分布の期待値は 0，分散は 1 となることが示される．

一般の正規分布は $z \sim N(0,1)$ を 1 次式で変換した $x = \mu + \sigma z$ の分布として定義される．したがって，その期待値と分散は $E(x) = \mu + \sigma E(z) = \mu$，$\mathrm{var}(x) = \sigma^2 \mathrm{var}(z) = \sigma^2$ であり，記号 $x \sim N(\mu, \sigma^2)$ の意味は明確である．

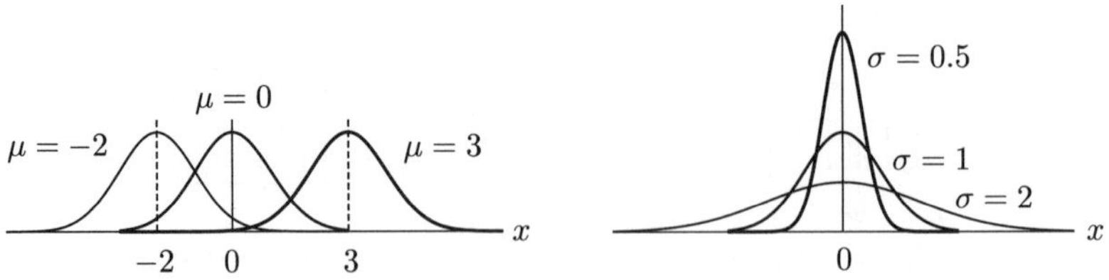

図 5.9　μ, σ と $N(\mu, \sigma)$ の密度関数（左：$\sigma = 1$，右：$\mu = 0$）

29) π は円周率，e は自然対数の底（付録 A.3 参照）である．ここで $e^{-x^2/2}$ を区間 $(-\infty, \infty)$ の範囲で積分すると $\sqrt{2\pi}$ となるが，その証明は省略する．

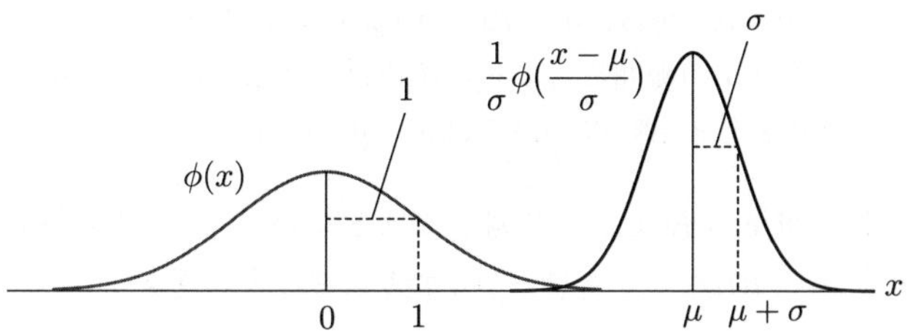

図 5.10　標準正規分布 $N(0,1)$ と $N(\mu,\sigma^2)$ の密度関数

図 5.9 は，μ と σ が密度関数に与える影響を示している．σ を固定して μ を変えると，分布は左右に平行に移動する．一方，μ を固定すると標準偏差 σ が大きいほど散らばりが大きくなり横方向に σ 倍される．このとき，面積は 1 で一定だから，対応して，縦方向は $1/\sigma$ 倍され，高さが変化する．

図 5.10 は μ と σ を同時に変えた場合で，標準正規分布と $N(4,0.5^2)$ の密度関数を示している．図のように，正規分布の密度関数は μ で最大となり，$\mu\pm\sigma$ の位置に変曲点をもつ[30)]．標準正規分布の密度関数は $\phi(x)$，$N(\mu,\sigma^2)$ の密度関数 $f(x)$ は $f(x)=(1/\sigma)\phi\big((x-\mu)/\sigma\big)$ で与えられる[31)]．標準正規分布の分布関数は $\Phi(x)=\mathrm{P}(\widetilde{x}<x)$ という記号で表される．

正規分布 $x\sim N(\mu,\sigma^2)$ に関して確率 $\mathrm{P}(a<x<b)$ を求めるためには積分の計算が必要であり，その積分は初等関数では表せないことが知られている．現在ではコンピュータによって容易に確率を求めることができるが，以下で説明するとおり，標準正規分布の数値表を利用する方法は今でも有用である．

例 5.15　$z\sim N(0,1)$ に対して「付表 1. 標準正規分布の上側確率」(p. 229) に $Q(z)=1-\Phi(z)=\mathrm{P}(\widetilde{z}>z)$ を与えている．対称性から $1-\Phi(z)=\Phi(-z)$ だから，負の z に対してもこの表が利用できる．

(1) $\mathrm{P}(z>2)=1-\Phi(2)=Q(2)$ は 0.0228 である．

(2) $\mathrm{P}(z<-1)=\Phi(-1)$ は，$\mathrm{P}(z>1)=1-\Phi(1)=Q(1)$ と等しく，0.1587 である．

(3) $\mathrm{P}(1<z<3)$ は $\mathrm{P}(z>1)-\mathrm{P}(z>3)$ と表現して，$0.1587-0.0013=0.1574$ である．

(4) $\mathrm{P}(-1<z<2)$ は $\mathrm{P}(z<2)=1-Q(2)=0.9772$ と，$\mathrm{P}(z<-1)=$

30)　微分の知識があれば，$\phi'(x)=-x\phi(x)$, $\phi''(x)=(x^2-1)\phi(x)$ となることを確認できる．変曲点は $\phi''(x)=0$ となる点である．

31)　この式は $f(x)\,h\doteqdot\mathrm{P}(x<\widetilde{x}<x+h)=\mathrm{P}\big\{(x-\mu)/\sigma<\widetilde{z}<(x-\mu)/\sigma+h/\sigma\big\}\doteqdot\phi((x-\mu)/\sigma)\,h/\sigma$ から確かめられる．

$P(z > 1) = 0.1587$ から，$0.9772 - 0.1587 = 0.8185$ である．

(5) z が $\pm 1, \pm 2, \pm 3$ の範囲に含まれる確率は，約 68.3%，95.4%，99.7% である．近似値として 68, 95, 99.7 はよく用いられる． ∎

一般の正規分布 $x \sim N(\mu, \sigma^2)$ に対しては $z = (x - \mu)/\sigma$ と標準化して条件 $a < x < b$ を $(a - \mu)/\sigma < z < (b - \mu)/\sigma$ と書き換えればよい．

例 5.16

(1) ある集団の身長 x が正規分布 $N(170, 10^2)$ にしたがうとき，$x > 180$ となる確率は $z > (180 - 170)/10 = 1$ から 0.0228 である．

(2) ある大学の新入生について試験の成績が正規分布 $N(500, 100^2)$ にしたがうとき，無作為に選ばれた新入生の成績が 450 以下となる確率は $z = (450 - 500)/100 = -0.5$ から 30.9% である． ∎

5.5.2 2 変量正規分布

2 変数の連続型確率変数に関する代表例として 2 変量正規分布を紹介する．z_1, z_2 を独立に標準正規分布にしたがう確率変数とするとき，$x = \mu_x + a_{11}z_1 + a_{12}z_2$, $y = \mu_y + a_{21}z_1 + a_{22}z_2$ と変換した (x, y) の同時分布を **2 変量正規分布**とよぶ．これが一般的な定義であり，3 変数以上の正規分布も同様に定義される．

期待値が $E(x) = \mu_x$, $E(y) = \mu_y$ となることは明らかである．また，分散は $\mathrm{var}(x) = \sigma_x^2 = a_{11}^2\mathrm{var}(z_1) + a_{12}^2\mathrm{var}(z_2) = a_{11}^2 + a_{12}^2$ となる．同様に $\mathrm{var}(y) = \sigma_y^2 = a_{21}^2 + a_{22}^2$ である．共分散は $\mathrm{cov}(x, y) = \sigma_{xy} = a_{11}a_{21} + a_{12}a_{22}$ だから，相関係数 $\rho = \sigma_{xy}/(\sigma_x\sigma_y)$ が求められる[32]．

定義から，2 変量正規分布の周辺分布はいずれも正規分布であり，同時分布は期待値，分散，相関係数によって定められる．$\mu_x = \mu_y = 0, \sigma_x = \sigma_y = 1$ の場合の密度関数は次の式で与えられる．なお $c = 1/2\pi\sqrt{1 - \rho^2}$ は確率を 1 にするための定数である．

$$f(x, y) = ce^{-Q/2(1-\rho^2)}, \qquad Q = x^2 - 2\rho xy + y^2$$

このとき $Q = a$ $(a > 0)$ はだ円の方程式である．一般の場合は x, y をそれぞれ $(x - \mu_x)/\sigma_x$, $(y - \mu_y)/\sigma_y$ で置き換え，定数 c を $\sigma_x\sigma_y$ で割ればやはり $f(x, y) = ce^{-Q/2(1-\rho^2)}$ の形となる．

同時確率密度関数 $f(x, y)$ のグラフは図 5.11 のようになる．図 5.11 の底面にある曲線は $Q = a$ をいくつかの a について描いたもので，密度が一定の場合

---

32) (a_{11}, a_{12}) と $(a_{21}, \pm a_{22})$ が比例関係にあるときは $\rho = \pm 1$ となるため，通常はこの場合を除いて考える．

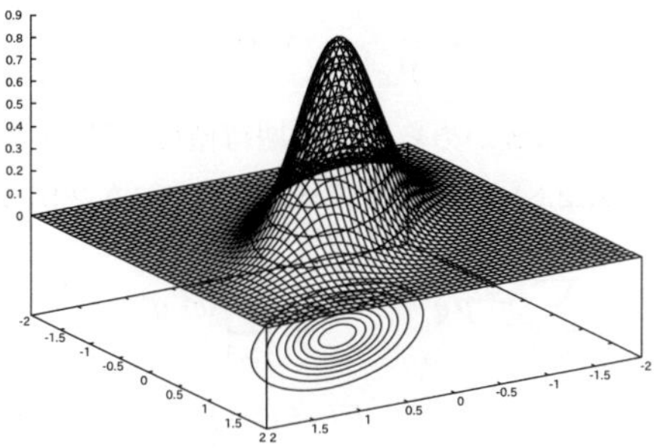

図 5.11 2 変量正規分布の概形

に対応する等高線であり，だ円になる．

一般の確率分布では $\rho=0$ であっても独立とは限らないが，正規分布においては $\rho=0$ は独立と同等である．このことは密度関数で $\rho=0$ とおくと，上記の Q の部分が x の 2 次関数と y の 2 次関数の和になること，したがって，密度関数 $f(x,y)$ が x だけの関数と y だけの関数の積に分解されることから確かめられる．

なお，x を与えたときの y の条件つき確率分布も正規分布となり，その期待値と分散は (5.5.2) 式で与えられる[33]．

$$E(y \mid x)=\mu_y+\rho\,\frac{\sigma_y}{\sigma_x}\,(x-\mu_x), \quad \operatorname{var}(y \mid x)=(1-\rho^2)\,\sigma_y^2 \qquad (5.5.2)$$

5.6 その他の確率分布

5.6.1 幾何分布と負の 2 項分布

成功の確率を $\mathrm{P}(S)=p$ とするベルヌーイ試行列において，x 回目に初めて成功するとき，x の分布を**幾何分布**とよび $x \sim G(p)$ と表す．その確率関数は次のとおりである[34]．

$$\mathrm{P}(\widetilde{x}=x)=p\,q^{x-1} \quad (x=1,2,\ldots) \qquad (5.6.1)$$

確率の和は，(A.2.7) 式から，$\sum_{x=1}^{\infty} p\,q^{x-1}=p\sum_{k=0}^{\infty} q^k=p/(1-q)=1$ となる．また

33) 積分を用いない導出は次のとおりである．$z=y-(\sigma_{xy}/\sigma_x^2)(x-\mu_x)$ とおくと，$E(z)=\mu_y$, $\operatorname{var}(z)=(1-\rho^2)\sigma_y^2$ となるが，z と x の共分散を計算すれば $\operatorname{cov}(z,x)=0$ となるから z と x は独立である．$y=z+(\sigma_{xy}/\sigma_x^2)(x-\mu_x)$ だから，x を固定すると y は z に定数を加えた正規分布であり，$E(y \mid x)=E(z)+(\sigma_{xy}/\sigma_x^2)(x-\mu_x)$, $\operatorname{var}(y \mid x)=\operatorname{var}(z \mid x)=\operatorname{var}(z)$ である．

34) geometric distribution. なお，初めて成功するまでの失敗の回数を x とする定義もある．

$$E(x) = \frac{1}{p}, \qquad \mathrm{var}(x) = \frac{q}{p^2} \tag{5.6.2}$$

となることが，次のように確かめられる．期待値は，$E(x) = \sum_{x=1}^{\infty} x\,p\,q^{x-1} = (p/q)\sum_{x=1}^{\infty} x\,q^x$ に (A.2.8) 式を適用する．さらに (A.2.9) 式を用いて

$$E(x^2) = \sum_{x=1}^{\infty} x^2\,p\,q^{x-1} = \frac{p}{q}\sum_{x=1}^{\infty} x^2\,q^x = \frac{p}{q}S^{(2)}(q)$$

となることを利用すれば，$\mathrm{var}(x) = E(x^2) - E(x)^2$ が求められる．

ベルヌーイ試行列において，r 回目の成功が x 回目に起きるとき，x の分布を**負の 2 項分布**とよび $x \sim NB(r,p)$ と表す．特に $r=1$ のときが幾何分布 $G(p)$ である．$NB(r,p)$ の確率関数は次のように求められる．r 回目は成功であり，$(r-1)$ 回目までに成功が $(x-1)$ 回，失敗が $(r-1)-(x-1)=(r-x)$ 回起きなければならない．その確率はそれぞれ p，${}_{r-1}\mathrm{C}_{r-x}\,p^{x-1}q^{r-x}$ で，事象は独立だから，確率 $p(x)$ はそれらの積である[35)]．

$$p(x) = {}_{r-1}\mathrm{C}_{r-x}\,p^x q^{r-x} \qquad (x = r, r+1, \ldots) \tag{5.6.3}$$

期待値や分散を求めるには，定義にもとづくと複雑な計算が必要となるが，2 項分布のときと同じ工夫で，次のように求められる．ベルヌーイ試行列において，最初の成功までの回数を x_1，それから数えて 2 回目の成功までの回数を x_2，以下同様に定めると，$x_1, x_2, \ldots$ は独立に幾何分布 $G(p)$ にしたがう確率変数である．それらの和 $x = x_1 + \cdots + x_r$ は，定義によって負の 2 項分布 $x \sim NB(r,p)$ だから，x の期待値と分散は幾何分布の期待値と分散の r 倍として，次の式で与えられる．

$$E(x) = \frac{r}{p}, \qquad \mathrm{var}(x) = \frac{rq}{p^2} \tag{5.6.4}$$

例 5.17

(1) $x \sim G(1/n)$ の期待値は $E(x) = n$ で，最初の n 回はすべて失敗する確率は $\mathrm{P}(x > n) = q^n$ である．

(2) 成功の確率が p のベルヌーイ試行で，x 回目に 2 回目の成功が起きる確率は，$(x-1)p^2q^{x-2}$．特に $p = 1/2$ のときは $(x-1)/2^{x-2}$． ∎

5.6.2 超幾何分布

M 個の赤玉と $(N-M)$ 個の白玉，あわせて N 個が入っている箱から，無作為に n 個の玉を取り出したとき赤が x 個となる確率は

35) 確率の和が 1 となることの証明は省略する．

$$p(x) = \frac{{}_M\mathrm{C}_x\,{}_{N-M}\mathrm{C}_{n-x}}{{}_N\mathrm{C}_n}$$

で与えられる．この確率分布を**超幾何分布**[36)] とよび，$HG(N, M, n)$ で表す．確率の和が 1 になることは (A.2.6) 式からわかる．

期待値の導出は比較的容易である．n 個を順番に取り出すと考えて，i 回目に赤がでれば $x_i = 1$，でなければ $x_i = 0$ とすると，各 x_i は独立ではないが，$\mathrm{P}(x_i = 1) = M/N$ であり，期待値は $E(x_i) = M/N$ となる．$x = x_1 + \cdots + x_n$ だから，その期待値は $E(x) = nM/N$ となる．

分散は次のようにして求められる．$E(x_i^2) = E(x_i) = M/N$ だから $\mathrm{var}(x_i) = M/N - (M/N)^2 = M(N-M)/N^2$ である．これを σ_i と書こう．また $x_i x_j$ $(i \neq j)$ は 1 または 0 の値をとり，$\mathrm{P}(x_i x_j = 1) = \mathrm{P}(x_i = 1, x_j = 1) = M(M-1)/N(N-1)$ だから $E(x_i x_j) = M(M-1)/N(N-1)$ となる．これから $\mathrm{cov}(x_i, x_j) = M(M-1)/N(N-1) - (M/N)^2 = -M(N-M)/N^2(N-1)$ である．これを σ_{ij} と書く．これらを用いると $\mathrm{var}(x) = \mathrm{var}(x_1 + \cdots + x_n) = n\sigma_1 + n(n-1)\sigma_{12}$ となる．以上の結果をまとめると次のようになる．

$$E(x) = n\frac{M}{N}, \qquad \mathrm{var}(x) = n\frac{M}{N}\frac{N-M}{N}\frac{N-1}{N-n} \tag{5.6.5}$$

なお N, M がいずれも大きく，相対的に n が小さいときは，x_i はそれ以前の結果の影響をほとんど受けない，すなわち独立に近いと考えられる．したがって，この場合は $p = M/N$ とした 2 項分布 $B(n, p)$ で近似される．このことは (5.6.5) 式を 2 項分布の期待値 np，分散 $np(1-p)$ と比較しても理解できる．期待値は一致し，分散は $(N-1)/(N-n)$ 倍されている．この係数がかかるのは，N 個から毎回元に戻しながら復元抽出した場合である 2 項分布と，元に戻さずに非復元抽出した場合である超幾何分布の違いである．後者の方が小さいが，N が大きければこの係数は 1 に近づく．そのため，$(N-1)/(N-n)$ を**有限母集団修正**とよぶことがある．

例 5.18 （超幾何分布と 2 項分布）

(1) 女性が 15 人，男性が 5 人のグループから無作為に 4 人を選んだとき，男性が x 人含まれる確率は ${}_5\mathrm{C}_x\,{}_{15}\mathrm{C}_{4-x}/{}_{20}\mathrm{C}_4$ である．実際に計算すると $x = 0, \ldots, 4$ に対して，それぞれ 28.2%, 47.0%, 21.7%, 3.10%, 0.100% となる．

(2) 女性が 1,500 人，男性が 500 人のグループから無作為に 4 人を選んだときの確率を計算すると，$x = 0, \ldots, 4$ に対して，それぞれ 31.6%, 42.2%, 21.1%, 4.67%, 0.387% となる．この確率を 2 項分布 $B(4, 1/4)$ を用いて計算する

36) hyper-geometric distribution

と，31.6%, 42.2%, 21.1%, 4.69%, 0.391% となり，正確な近似を与えている．■

社会，経済における比率に関する調査では，通常は**非復元抽出**が用いられる．これは，繰り返しを許さずに n 人を無作為に抽出する方法であり，N 枚のカードを入れた箱から，元に戻さずに n 枚のカードを抜き出す実験と同等である．復元抽出が 2 項分布に対応するのに対して，非復元抽出は超幾何分布に対応する．後者の方が複雑であるが，N が大きい場合には，復元抽出と非復元抽出の差が小さいことは上述のとおりである．

5.6.3　ポアソン分布

連続的に運転するシステムで，100 時間に平均して 1 件の障害が発生する．時間によって障害の発生確率は変化しないとすれば，50 時間に発生する障害が x 件となる確率 $p(x)$ はどのように評価したらいいだろうか．そのため時間を 1 秒単位に分割して，それぞれの 1 秒における障害の発生件数はベルヌーイ分布 $B(1,p)$ にしたがうと想定する．n 秒間に発生する障害の期待値 $np=\lambda$ を一定として，2 項分布で n が大きい場合の確率 $p(x)$ を求めよう．

$$p(x) = {}_n\mathrm{C}_x\, p^x(1-p)^{n-x} = \frac{n(n-1)\cdots(n-x+1)}{n^x}\,\frac{1}{x!}\,\lambda^x\left(1-\frac{\lambda}{n}\right)^{n-x}$$

において n を大きくするとき，$n(n-1)\cdots(n-x+1)/n^x = (1-1/n)(1-2/n)\cdots(1-(x-1)/n)$ は 1 に近づく．また (A.3.8) 式から $(1-\lambda/n)^{n-x} \fallingdotseq e^{-(n-x)\lambda/n}$ は $e^{-\lambda}$ に近づく．したがって，次の確率関数が得られる．

$$p(x) = \frac{\lambda^x e^{-\lambda}}{x!} \quad (x=0,1,\ldots) \tag{5.6.6}$$

この分布を**ポアソン分布** (Poisson distribution) とよび，$Po(\lambda)$ と表す

冒頭のシステムで，障害が x 件となる確率 $p(x)$ は $\lambda=50/100=0.5$ のポアソン分布 $Po(\lambda)$ と考えられる．したがって $p(0)=e^{-\lambda}=e^{-0.5}\fallingdotseq 0.6065$, $p(1)=\lambda e^{-\lambda}\fallingdotseq 0.3033$ などとなる．

$x\sim Po(\lambda)$ の期待値と分散については定義から計算すればよいが，2 項分布において $p=\lambda/n$ とおき，$(1-p)\to 1$ として得られる．次のとおり，ポアソン分布では期待値と分散は等しい．

$$E(x)=np=\lambda, \qquad \mathrm{var}(x)=np(1-p)\to\lambda$$

ポアソン分布は，次の例のように珍しい事象が出現する回数を表現するために用いられるが，上記のとおり，2 項分布で n が大きい場合の近似的な計算にも

利用できる．

例 5.19 ある品種の花では $p = 0.001$ の確率で変種ができる．$n = 2{,}000$ 株の花のうち x 株に変種ができる確率は 2 項分布となり，手で計算することは不可能であるが，コンピュータを利用すれば容易に求められる．$p(x)\ (x = 0, 1, 2, 3)$ を $B(n, p)$ について計算すると，0.1352, 0.2707, 0.2708, 0.1805 となる．この問題では，$\lambda = np = 2$ のポアソン分布 $Po(\lambda)$ がよい近似を与える．その確率は $p(0) = e^{-\lambda} = e^{-2} \fallingdotseq 0.1353$, $p(1) = \lambda e^{-\lambda} \fallingdotseq 0.2707$, $p(2) = \lambda^2 e^{-\lambda}/2 \fallingdotseq 0.2707$, $p(3) = \lambda^3 e^{-\lambda}/6 \fallingdotseq 0.1804$ などとなる．この程度なら普通の電卓でも計算できる． ∎

5.6.4 多 項 分 布

k 種類の結果が，それぞれ確率 p_k で発生する実験を n 回繰り返したとき，それぞれの結果がでた回数を $x_1, \ldots, x_k$ とする．この分布を**多項分布**とよび，$MN(n, p_1, \ldots, p_k)$ と表す．その確率関数は (A.2.10) 式の多項係数を用いて，次のように表される．

$$p(x_1, \ldots, x_k) = \binom{n}{x_1 \ \cdots \ x_k} p_1^{x_1} \cdots p_k^{x_k}$$

ただし $x_1 + \cdots + x_k = n$ は一定だから，$(k-1)$ 個の変数 x_i から最後の変数が確定する．その意味では $(k-1)$ 変数の確率分布と考えてもよい．実際，$k = 2$ のときの x_1 の分布は 2 項分布 $B(n, p_1)$ に等しい．先の例 5.9 の (x, y) は 3 項分布である．

定義から x_i の周辺分布は 2 項分布 $B(n, p_i)$ となるから，$E(x_i) = np_i$, $\mathrm{var}(x_i) = np_i(1 - p_i)$ である．共分散は $\mathrm{cov}(x_i, x_j) = -np_ip_j$ となる[37)]．

5.6.5 指 数 分 布

ある事象が，時間帯 $(x, x+h)$ に発生する確率 $\mathrm{P}(x < \tilde{x} < x + h)$ を考える．h が小さいとき事象が発生する件数は 0 または 1 で，2 件以上となる確率は無視できる．さらに，それぞれの短い時間帯に発生する事象は独立であり，$(x, x+h)$ の時間内に事象が発生する確率は x にかかわらず一定で λh と想定する．$x = 0$ から観測をはじめて，最初にこの事象が発生するまでの**待ち時間**を $x = nh$ とすると，$\mathrm{P}(x < \tilde{x} < x + h) = \mathrm{P}(\tilde{n} = n)$ は次のように幾何分布 $\tilde{n} \sim G(\lambda h)$ で

37) 共分散は次のように求められる．$y_1^{(r)}, \ldots, y_k^{(r)}\ (r = 1, \ldots, n)$ を $MN(1, p_1, \ldots, p_k)$ にしたがう独立な確率変数とすれば，定義から，その和の分布が $MN(n, p_1, \ldots, p_k)$ となる．k 個の $y_i^{(r)}$ のうち 1 つだけが 1，その他は 0 だから，$E(y_i^{(r)} y_j^{(r)}) = 0$ である．したがって $\mathrm{cov}(y_i^{(r)}, y_j^{(r)}) = E(y_i^{(r)} y_j^{(r)}) - E(y_i^{(r)})E(y_j^{(r)}) = -p_ip_j$．$\mathrm{cov}(x_i, x_j)$ はこの n 倍である．

近似できる.

$$\mathrm{P}(x < \widetilde{x} < x + h) \doteqdot \lambda h(1 - \lambda h)^n \doteqdot \lambda e^{-\lambda h n} h = \lambda e^{-\lambda x} h$$

ここで (A.3.8) 式の近似 $1 - \lambda h \doteqdot e^{-\lambda h}$ を用いている. $\mathrm{P}(x < \widetilde{x} < x + h) \doteqdot f(x)h$ という関係から, 次の密度関数を得る.

$$f(x) = \lambda e^{-\lambda x} \qquad (0 < x < \infty) \tag{5.6.7}$$

この分布を**指数分布**[38] とよぶ. 事象が発生するまでの待ち時間の分布として用いられる. 宇宙からの素粒子の観測を続けて, 1 個目の観測時刻から 2 個目の観測時刻までの経過時間は指数分布と考えられる. また, たとえばバスの到着や窓口サービスの開始・終了までの待ち時間も, 指数分布で説明されることが多い.

期待値と分散を, 幾何分布の極限として求めよう[39]. $G(\lambda h)$ については $E(n) = 1/(\lambda h)$, $\mathrm{var}(n) = (1 - \lambda h)/(\lambda h)^2$ である. これから, $E(x) = hE(n) = 1/\lambda$, $\mathrm{var}(x) = h^2 \mathrm{var}(n) = (1 - \lambda h)/\lambda^2 \to 1/\lambda^2$ となる.

5.6.6 正規分布から導かれる分布

この項では, 統計的推論を扱う 6 章および 7 章で利用される分布について, 概要を紹介する. 以下では, $z_1, \ldots, z_n$ と z を, 互いに独立に標準正規分布 $N(0, 1)$ にしたがう変数とする.

カイ 2 乗分布 $U = z_1^2 + \cdots + z_n^2$ の分布を**自由度** n の**カイ 2 乗分布**とよび, $U \sim \chi^2(n)$ と表す. その期待値は $E(U) = nE(z^2) = n$ である. また $E(z^4) = 3$ となることを用いると, 分散は $\mathrm{var}(U) = n\{E(z^4) - E(z^2)^2\} = 2n$ となる[40].

t 分布 $U \sim \chi^2(n)$ と独立な $z \sim N(0, 1)$ を組み合わせた $t = z/\sqrt{U/n}$ の分布を自由度 n の **t 分布**とよび, $t \sim t(n)$ と表す. この分布は $t = 0$ を中心にした対称な密度関数をもつが, 正規分布に比べて裾が長い. 特に自由度が $n \leq 2$ のときは分散が存在せず, $n = 1$ のときは期待値ももたない[41]. そのため, 外れ値が出現する現実のデータを説明する際に利用されることがある.

6.1.3 項で説明する大数の法則によって, n が大きくなると分母の U/n は

---

38) exponential distribution
39) 通常は積分を利用して求める.
40) 標準正規分布に関して $E(z^2) = 1$, $E(z^4) = 3 \cdot 1$, $E(z^6) = 5 \cdot 3 \cdot 1$ などの結果は部分積分を用いれば容易に導ける.
41) 期待値をもたない簡単な例は演習問題 12 を参照のこと.

$E(z^2)=1$ に近づく．すなわち，自由度が大きい t 分布は正規分布に近い．

F **分 布**　$U \sim \chi^2(m)$ と独立な $V \sim \chi^2(n)$ を組み合わせた $F=(U/m)/(V/n)$ の分布を**自由度** (m,n) の F **分布**とよび，$F \sim F(m,n)$ と表す．m を分子の自由度，n を分母の自由度とよぶこともある．F の分母と分子の期待値は，いずれも $E(U/m)=E(V/n)=1$ で，独立性から $E(F)=(n/m)E(U)E(1/V)$ となるが，(5.2.3) 式から $E(1/V)>1/E(V)$ となるため，$E(F)>1$ である．

定義から，次の性質が導かれる．

(1) $t \sim t(n)$ とすると，$t^2 \sim F(1,n)$，すなわち，t^2 の分布は自由度 $(1,n)$ の F 分布にしたがう．

(2) $F \sim F(m,n)$ のとき，$(1/F) \sim F(n,m)$ となる．この性質は巻末の F 分布表を使うときに必要となる．

(3) 分母の自由度を $n \to \infty$ とすると，6.1.3 項で解説する大数の法則から $(V/n) \to 1$ となる．したがって，$F \sim F(m,n)$ で $n \to \infty$ のとき $mF \sim \chi^2(m)$ となる．

演 習 問 題

1. 「自動車・同部品/その他輸送機器」製造業に属する企業 $N=200$ 社に海外拠点の有無をたずねたところ，$M=160$ 社が海外拠点をもっていた．無作為に 3 社を選んだとき，そのうち少なくとも 1 社が海外拠点をもっている確率を求めよ．
2. 「自動車・同部品/その他輸送機器」製造業では，国内拠点における外国人社員比率（以下，外国人比率）は 5%，標準偏差は 1.5% である．
   (1) 外国人比率の分布が正規分布で近似できるとき，同比率が 8% 以上である企業の割合，および同比率が 2% と 8% の間となる企業の割合を求めよ．
   (2) 前問の割合をチェビシェフの不等式を用いて評価せよ．
3. ある地域に住む有業者の平日 1 日平均労働時間 x と睡眠時間 y について，$\overline{x}=7$（時間），$s_x=1$，$\overline{y}=9$（時間），$s_y=2$ であり，いずれも正規分布で近似できることが知られている．　（総務省「社会生活基本調査」にもとづく近似）
   (1) 1 日平均 8 時間以上働く人と，睡眠時間が 8 時間以下の人とでは，どちらの割合が大きいか．
   (2) 2 つの分布の変動係数を比較せよ．
   (3) 無作為に選んだ有業者の x と y は独立といえるか．
4. 共分散は $\mathrm{cov}(x,y)=E(xy)-\mu_x\mu_y$ と変形できることを確かめよ．
5. 例 5.1 の離散型一様分布について期待値と分散を求めよ．
6. 例 5.6 の連続型一様分布について期待値と分散を求めよ．

7. Jensen の不等式 (5.2.3) は観測値 $x_1, \ldots, x_n$ についても，次の形で成立することを確かめよ．$\overline{x} = \sum x_i/n$ とするとき，
(1) $g(x)$ が凹関数なら $\sum_i g(x_i)/n \leq g(\overline{x})$,
(2) $g(x)$ が凸関数なら $\sum_i g(x_i)/n \geq g(\overline{x})$.
（6.2.2 項の経験分布を用いれば，これらは確率分布の特別な場合である.）
8. 前問の結果を用いて，2.2.4 項で解説した幾何平均 G，調和平均 H と算術平均 $\overline{x}$ に関して，不等式 $H \leq G \leq \overline{x}$ が成立することを確かめよ．
9. 確率変数の相関係数 ρ に関する不等式 $-1 \leq \rho \leq 1$ を確かめよ．
10. 半径 1 の球面上の一様分布は，球面上の図形 A の面積を S とするとき，この図形に含まれる確率が面積に比例する分布として定義される．球面上の点の位置は（地球と同様に）経度 θ $(-\pi < \theta \leq \pi)$ と緯度 ϕ $(-\pi/2 < \phi \leq \pi/2)$ で表現できる．たとえば北極は $\phi = \pi/2$，赤道は $\phi = 0$ とみなせる．このとき，緯度を与えたときの経度の条件つき分布は一様分布 $f(\theta) = 1/2\pi$ となるが，経度を与えたときの緯度の条件つき分布は一様分布とはならないことを示せ．
11. 本文の (5.3.12) 式と同様の手順で，$x - y$ の分散 $\mathrm{var}(x - y)$ を求めよ．
12. 公正なコインを投げ続けて n 回目に初めて表がでるとき，$x = 2^{n-1}$（万円）の賞金が貰える．賞金の期待値 $E(x)$ は有限でないことを示せ．（これはセント・ペテルスブルグのパラドックスとして知られている，期待値が存在しない例である.）
13. 成功の確率を $\mathrm{P}(S) = p$ とする．成功するまで実験を続けて $\widetilde{x} = x$ 回目で止めたときの成功の比率 $1/x$ の期待値と p はどちらが大きいか．
14. ポアソン分布 $s \sim Po(\lambda)$ において確率を最大にする x と λ の関係を求めよ．
15. $x \sim B(m, p)$ と $y \sim B(n, p)$ は独立とする．$z = x + y$ を固定したときの x の条件つき分布 $p(x \mid z)$ を求めよ．
16. $x \sim G(p)$ と $y \sim G(p)$ は独立とする．$z = x + y$ を固定したときの x の条件つき分布 $p(x \mid z)$ を求めよ．
17. 男性の交通事故の件数 $x \sim Po(\lambda)$ と女性の交通事故の件数 $y \sim Po(\mu)$ は独立とする．(1) $z = x + y$ の分布が $Po(\lambda + \mu)$ となることを示し，(2) 交通事故の合計件数 z が与えられたときの x の条件つき分布 $p(x \mid z)$ を求めよ．
18. ある事象が起きるまでの待ち時間 x を指数分布 $\lambda e^{-\lambda x}$ にしたがう確率変数とする．ある時点 x_0 までに事象が発生していないという条件の下で，$x - x_0$ の確率分布を求めよ．なお，x の分布関数は $F(x) = 1 - e^{-\lambda x}$ である．

6章

統計的推測

この章では，標本から得られる情報にもとづいて母集団に関する推論を行う統計的推測の方法を扱う．そのために，まず標本と母集団の関係を明らかにして，確率変数としての標本の性質について解説する．その基礎のうえに，推定および仮説検定の考え方と，具体的な問題への応用について記述する．

6.1 標本分布

6.1.1 母集団と標本

2章では1変数データの整理，3章では2変数以上のデータの分析を扱ったが，これらはいずれも与えられた標本のもつ情報をわかりやすく整理することを目的とした記述統計の手法である．これに対して，標本から得られる情報を利用した母集団に関する推論を**統計的推測**とよぶ．

与えられた標本を，実験・観察・調査によって得られる可能性のある結果の1つが実現した観測値とみなすことができる．これによって，標本の分布と母集団を結びつけることが可能となる．これが統計的推論の基本的な考え方である．

母集団から実験や観測を通じて無作為に抽出された標本 $x_1, \ldots, x_n$ は確率変数とみなされる．標本にもとづく推論が適切なものとなるためには，標本の抽出方法が重要である．不適当な実験や，社会集団に関するかたよった調査・観察による標本を用いては，母集団に関して適切な推論を行うことは不可能である．まず，**無限母集団**では同じ条件で実験・観察を繰り返すことで得られる標本を想定する．1章で述べたメンデルの実験を同じ条件で繰り返すのが無限母集団の例である．実験の結果は重量，長さなど，さまざまな変数の特性値として表現され，母集団の特性を反映した分布が想定される．無限母集団からの無作為抽出とは，$x_1, \ldots, x_n$ が独立に同一の**母集団分布**にしたがう確率変数（**独立同一分布**）であることを意味する．母集団分布の平均を母平均あるいは母集団平均とよび，一般に，記号 μ で表す．同様に母集団分布の分散を記号 σ^2 で，

標準偏差を σ で表すのが慣例である．このように，母集団分布を表す特性値を**母数** (parameter) とよぶ．以上から，無作為標本 $x_1, \ldots, x_n$ は独立に同一分布にしたがい，すべての i に対して，$E(x_i) = \mu$, $\mathrm{var}(x_i) = \sigma^2$ がなりたつ．

一方，経済・社会データの多くは，現実の社会を対象とする**有限母集団**からの標本である．無作為に抽出された標本 $x_1, \ldots, x_n$ を確率変数とみなすことは無限母集団の場合と同様である．**復元抽出**では無限母集団の場合と同様に独立同一分布となるが，**非復元抽出**の場合は独立ではないため，注意が必要である．有限母集団からの標本については，6.1.6 項で改めてふれることにして，以下では無限母集団からの標本抽出について解説する．

例 6.1 次の 3 つは，母集団と標本の関係を想定する典型的な例である．

(1) ある製品に含まれる不純物の量 x は，原材料や製造工程によって微妙に変動する．このとき，製品は製造工程から無数に製造される可能性があるから無限母集団と想定する．検査された n 個の製品における不純物の量 $x_1, \ldots, x_n$ が母集団分布にしたがう確率変数である．品質管理が十分であれば，母集団分布は正規分布 $N(\mu, \sigma^2)$ と想定される．

(2) 新生児の性は確率的に変動するが，将来にわたって観測できるという想定で，無限母集団を想定する．男の比率 p が一定であれば，新生児 n 人のうち男の人数は 2 項分布 $B(n, p)$ となる．

(3) 日本の世帯 (約 5 千万) を対象にした**非復元**無作為抽出によって $n = 10{,}000$ 世帯を抽出し，前月の支出額を調査する場合は，日本の世帯全体が有限な母集団，母集団全体における支出額の分布が母集団分布である．ここで平均 μ, 分散 σ^2 は全世帯の情報が入手できれば特定できる．ただし，分布のヒストグラムは正規分布とは大きく異なる．このとき n 世帯の支出額 $x_1, \ldots, x_n$ について，個々の x_i は母集団分布にしたがう独立ではない確率変数である．ただし，**復元**無作為抽出の場合には独立な確率変数となる．

標本と母集団を想定することが適切とはいえない場合もある．ある学生が友人 30 人を対象にして，前の週に大学図書館を利用した回数について調査するときは，母集団は特定の友人 30 人となる．全員が回答した場合は全数調査だから，統計的推測の対象とはならない．一方，50 人に調査を依頼して協力が得られたのが 30 人だったとすると，協力が無作為な場合は超幾何分布の標本と想定できる．しかし，通常は協力者と非協力者にはさまざまな違いがあって回答者はかたよりのある標本となり，単純な統計的推測は難しい． ∎

記述統計の手法では平均 $\overline{x}$，分散 s^2 など，さまざまな指標を作成した．統計的推測においては，これらを確率変数とみなして母集団との関係を分析する．一般に，標本の関数 $T(x_1, \ldots, x_n)$ を確率変数とみなすとき，これを**統計量** (statistic) とよび，その実現値と区別して考える．たとえば T の期待値が母平均 μ と一致したとしても，通常，その実現値は μ と異なる．そのため，統計的推測においては T の確率分布に関心がある．統計量がしたがう確率分布を**標本分布** (sample distribution) とよぶ．

統計的推論は大別すると，統計的推定 (statistical estimation) と統計的検定 (statistical testing) とに分けられる．統計的推定とは標本にもとづいて未知の母数を推定する統計的な手続きであり，統計的検定とは，先験的な情報にもとづいて設定される，母数に関する仮説の妥当性を検証する手続きである．母数の推定のために用いられる統計量を**推定量**，検定のために用いられる統計量を**検定統計量**とよぶ[1)].

6.1.2 標本平均の分布

最も基本的な統計量である標本平均 $\overline{x} = \sum_i x_i/n$ は，5.3.4 項で述べた $S = \sum_i c_i x_i$ という 1 次式で $c_i = 1/n$ とおいた場合である．したがって期待値は (5.3.15) 式，独立性がなりたつ無作為抽出の仮定の下では分散は (5.3.16) 式から，次のようになる．

$$E(\overline{x}) = \mu, \qquad \mathrm{var}(\overline{x}) = \frac{\sigma^2}{n} \tag{6.1.1}$$

標本平均 $\overline{x}$ の期待値は母平均 μ と一致し，分散は母分散の $1/n$ となることが特徴である．

6.1.3 大数の法則

n が大きくなると $\overline{x}$ の分散は 0 に近づくから，$\overline{x}$ は母平均 μ に近づく．正確な表現は次のとおりである．$\varepsilon > 0$ を小さな数として，$\overline{x}$ にチェビシェフの不等式 (5.2.6) を適用すると

$$\mathrm{P}(|\overline{x} - \mu| \geq \varepsilon) \leq \frac{\mathrm{var}(\overline{x})}{\varepsilon^2} = \frac{\sigma^2}{\varepsilon^2 n}$$

が導かれる．したがって $\varepsilon > 0$ がどれほど小さくても，標本の大きさ n を十分に大きくすると $\mathrm{P}(|\overline{x} - \mu| < \varepsilon)$ は 1 に近づく．これが**大数の法則**である[2)]．実用上の意味は，十分大きな無作為標本から母平均が正確にわかるということで

---

1) 推定量 (estimator) の実現値を**推定値** (estimate) とよぶことが多いが，P. J. Huber のように区別しない数理統計学者もいる．検定統計量 (test statistic) については，確率変数とその実現値を区別する表記はあまり用いられない．

2) 英語では law of large numbers，通常は「たいすう」と読む．

ある．

一般に，n が大きくなるとき確率変数 x が定数 c に近づき $\mathrm{P}(|x-c|<\varepsilon)\to 1$ となることを，x は c に**確率収束**すると表現し，記号 $\xrightarrow{P}$ (plim) を用いて，$x \xrightarrow{P} c$ と表す．この記号を用いると大数の法則は $\overline{x} \xrightarrow{P} \mu$ と表せる．大数の法則の応用範囲は非常に広い．

例 6.2 $w_i=(x_i-\mu)^2$ とおくと，$(1/n)\sum_i(x_i-\mu)^2=\overline{w} \xrightarrow{P} E(w)=\sigma^2$ である．この結果を用いると標本分散 $s^2=(1/n)\sum_i(x_i-\overline{x})^2$ について，$s^2 \xrightarrow{P} \sigma^2$ となることが，次のように確かめられる．$s^2=(1/n)\sum_i\{(x_i-\mu)-(\overline{x}-\mu)\}^2=\overline{w}+(\overline{x}-\mu)^2$ となるが，$\overline{x} \xrightarrow{P} \mu$ だから $(\overline{x}-\mu)^2 \xrightarrow{P} 0$ である．したがって $s^2 \xrightarrow{P} E(w)=\sigma^2$ となる． ▮

$x \xrightarrow{P} c$ のとき，g が連続関数なら $g(x) \xrightarrow{P} g(c)$ となる．正確には次の式がなりたつ．

$$\mathrm{P}(|g(x)-g(c)|<\varepsilon)\to 1 \qquad (n\to\infty) \tag{6.1.2}$$

例 6.2 の手順を正確に述べれば，$\overline{x} \xrightarrow{P} \mu$ から $(\overline{x}-\mu) \xrightarrow{P} 0$ を導き，さらに連続関数 $g(x)=x^2$ を組み合わせて，$(\overline{x}-\mu)^2 \xrightarrow{P} 0$ を導いている．

6.1.4 中心極限定理

無作為標本 $x_1,\ldots,x_n$ について，標本平均 $\overline{x}$ の期待値と分散は (6.1.1) に示したとおりである．特に，母集団分布が正規分布 $N(\mu,\sigma^2)$ であれば，$\overline{x}$ は正規分布 $N(\mu,\sigma^2/n)$ にしたがう[3]．

ところで，$x_1,\ldots,x_n$ が正規分布とは限らない任意の母集団分布にしたがい，さらに独立でない場合であっても，適当な条件を満たせば，n が大きいときには $\overline{x}$ の分布は正規分布に近づく．この性質は確率論で最も重要な定理であり**中心極限定理**とよばれる[4]．母平均 μ，母分散 σ^2 をもつ無限母集団からの無作為標本については，中心極限定理が成立する条件が満たされている．その内容を正確に記すと次のようになる．

$$n\to\infty \text{ のとき} \qquad \mathrm{P}(\overline{x}<x)\to\Phi(\sqrt{n}(x-\mu)/\sigma)$$

実用上は，大きな n に対して $\overline{x}$ の分布が $N(\mu,\sigma^2/n)$ で近似されることを意味する．したがって，和 $x_1+\cdots+x_n=n\overline{x}$ の分布は $N(n\mu,n\sigma^2)$ で近似される．

---

3) これは 5.5.2 項に記した多変量正規分布の定義からわかる．
4) Central Limit Theorem という名称のとおり，中心的な定理である．

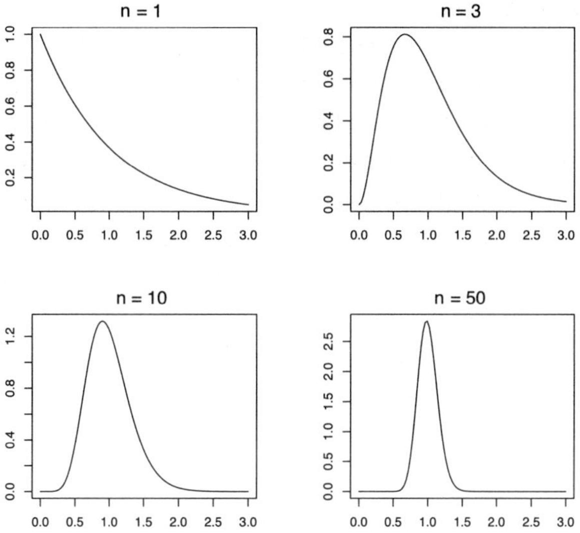

図 6.1　中心極限定理．指数分布の例 $n = 1, 3, 10, 50$

本書では中心極限定理の証明を記す余裕はないが，$\overline{x}$ の密度関数を比較した図 6.1 の例で概要を確認しよう．x の分布は 5.6.5 項で紹介した指数分布で，左上の $n = 1$ の場合がその密度関数である．正規分布とはまったく形が違っているが，$n = 3, 10, 50$ に対する $\overline{x}$ の密度関数を見ると，次第に正規分布に近づく様子がわかる．なお，大数の法則によって，n が大きくなると分布は期待値 $E(x) = 1$ の近くに集中する．

例 6.3　健康診断の結果によると，ある大学の男子学生の体重は平均 60 kg，標準偏差 8 kg である．16 人が乗ったエレベーターで体重の合計が 1,000 kg を超える確率を求めるときは，$n = 16$ 人の和 S は，中心極限定理から近似的に正規分布で，期待値 $16 \cdot 60 = 960$，分散 $16 \cdot 8^2 = 1014 = 32^2$ である．したがって $\mathrm{P}(S > 1000) = \mathrm{P}\bigl(z > (1000 - 960)/32\bigr) = 1 - \Phi(1.25) \doteqdot 0.105$ としてよい．1 人あたりの体重として $\mathrm{P}(\overline{x} > 62.5) \doteqdot 0.105$ としても同じ結果を得る．しかし体重の分布は正規分布とは異なるため，無作為に選んだ男子学生の体重が 62.5 kg を超える確率を，正規分布表から $1 - \Phi\bigl((62.5 - 60)/8\bigr) \doteqdot 0.377$ と計算するのは正確ではない．■

6.1.5 2 項分布の正規近似

中心極限定理は離散型確率変数に対してもなりたつ．2 項分布 $B(n,p)$ は，5.4 節に記したとおり n 個のベルヌーイ分布の和だから，n が大きいときは正規分布 $N(np,np(1-p))$ に近づく．図 6.2 は 2 項分布 $x \sim B(10,0.55)$ の確率を，$x=0,\ldots,10$ の各整数に $x\pm 0.5$ の幅をつけて表現したものである．底辺の長さが 1 だから，それぞれの長方形の面積は確率と等しい．$E(x)=10\cdot 0.55=5.5$, $\mathrm{var}(x)=10\cdot 0.55(1-0.55)=2.475$ だから，正規分布 $N(5.5,2.475)$ の密度関数を重ねて描いている．この例では $n=10$ 程度であっても正規分布はよい近似を与えている．

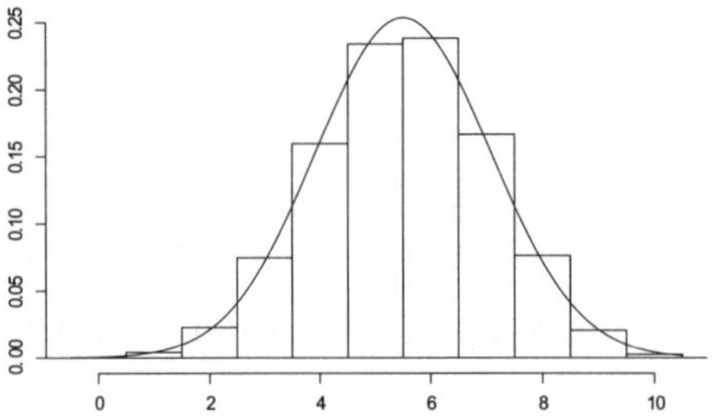

図 6.2 2 項分布の正規近似．$B(10,0.55)$

図 6.2 のように，2 項分布で $x=4$ となる確率は正規分布では $\mathrm{P}(4-0.5 \le x \le 4+0.5)$ で近似される．したがって，2 項分布で $3 \le x \le 5$ となる確率は，正規分布では $3-0.5 \le x \le 5+0.5$ の確率で近似すべきである．実際，2 項分布の確率が 0.4682 となるのに対して，正規分布で $3 \le x \le 5$ の確率は 0.3193 と過小になり，$3-0.5 \le x \le 5+0.5$ の確率は 0.4713 と改善する．一般に，離散型確率変数を連続型の正規分布で近似するときは，このように ± 0.5 を考慮することで近似が改善される．これを**連続修正**または**半整数補正**とよぶ．

n が大きければ連続修正は不要になるが，$n=200$ 程度でも，若干の違いがある．たとえば $B(200,0.6)$ では $x \le 131$ となる確率は 0.9525，正規分布の連続修正で 0.9515 となるが，連続修正を用いないと 0.9438 となり，6.3 節の仮説検定で有意性を判断する際は，微妙に結論が変わる．

6.1.6 有限母集団からの標本抽出

6.1.1 項で述べたように，経済・社会データの多くは**有限母集団**からの標本である．このとき，母集団の $x_1,\ldots,x_N$ は固定した値であり，**母平均**と**母分散**は次のように定義される．

$$\mu = \frac{1}{N}\sum_{i=1}^{N} x_i, \qquad \sigma^2 = \frac{1}{N}\sum_{i=1}^{N}(x_i - \mu)^2$$

多くの調査では**非復元抽出**が用いられているため，無限母集団からの無作為標本とみなせる**復元抽出**とは異なり，分散の評価はやや難しい．具体的には，非復元抽出のとき，標本平均 $\overline{x} = \sum_i x_i/n$ の期待値と分散は次の式で与えられる．

$$E(\overline{x}) = \mu, \qquad \mathrm{var}(\overline{x}) = \left[1 - \frac{n-1}{N-1}\right]\frac{\sigma^2}{n} \tag{6.1.3}$$

すなわち，期待値は復元抽出の場合と等しく，分散が $[1-(n-1)/(N-1)]$ 倍される．これを**有限母集団修正**とよぶ．**抽出率**を $f = n/N$ とするとき，有限母集団修正は $1-f$ に近い．N が大きいときは $1 - f \fallingdotseq 1$ となり，無限母集団の場合と同じになる．

(6.1.3) 式は，5.6.2 項と同様の方法で確かめられる．実際，2 項分布と超幾何分布の関係は復元抽出と非復元抽出の違いであった．

(6.1.3) 式の導出　標本平均を $\overline{x} = (1/n)\sum_1^n x_i$ とする．$\widetilde{x}_1, \ldots, \widetilde{x}_n$ は同一の分布にしたがい，代表的に $\widetilde{x}_1$ について記せば，確率分布は $\mathrm{P}(\widetilde{x}_1 = x_j) = 1/N$ $(j = 1, \ldots, N)$ で与えられる．当然，$E(\widetilde{x}_1) = (1/N)\sum_1^N x_j = \mu$, $\mathrm{var}(\widetilde{x}_1) = (1/N)\sum_1^N (x_j - \mu)^2 = \sigma^2$ は，母数と一致する．非復元抽出のときは $\widetilde{x}_1, \ldots, \widetilde{x}_n$ は独立ではないが，任意の組 $\widetilde{x}_i, \widetilde{x}_j$ の確率分布は同一である．代表的に $\widetilde{x}_1$, $\widetilde{x}_2$ について記せば次のようになる．

$$p(x_i, x_j) = \mathrm{P}(\widetilde{x}_1 = x_i, \widetilde{x}_2 = x_j) = \frac{1}{N(N-1)} \qquad (i, j = 1, \ldots, N,\ i \neq j)$$

共分散 $\mathrm{cov}(\widetilde{x}_1, \widetilde{x}_2) = \sum_i \sum_j p(x_i, x_j)(x_i - \mu)(x_j - \mu) = \sum\sum_{i \neq j}(x_i - \mu)(x_j - \mu)/N(N-1)$ を求めよう．なお $\sum\sum_{i\neq j}$ は $i, j = 1, \ldots, N$ かつ $i \neq j$ の範囲の和を表す記号，$\sum_i$ と $\sum_j$ は $i, j = 1, \ldots, N$ の和を表す記号とする．このとき，

$$\begin{aligned}\sum\sum_{j\neq i}(x_i - \mu)(x_j - \mu) &= \sum_i\sum_j(x_i - \mu)(x_j - \mu) - \sum_i(x_i - \mu)^2 \\ &= \Big\{\sum_i(x_i - \mu)\Big\}^2 - \sum_i(x_i - \mu)^2\end{aligned}$$

となり，$\sum_i(x_i - \mu) = 0$ だから，$\mathrm{cov}(\widetilde{x}_1, \widetilde{x}_2) = -\sigma^2/(N-1)$ となる．次の式を整理すれば，(6.1.3) 式の分散が導かれる．

$$\mathrm{var}(n\overline{x}) = n\,\mathrm{var}(\widetilde{x}_1) + n(n-1)\,\mathrm{cov}(\widetilde{x}_1, \widetilde{x}_2) = n\,\sigma^2 - \frac{n(n-1)}{N-1}\sigma^2 \qquad \blacksquare$$

6.2 推　　定

6.2.1 点 推 定

母集団分布の特性値，すなわち母数の推定には，**点推定**および**区間推定**とよばれる 2 つの手法がある．母平均を推定する**点推定量**の例として，標本平均 $\overline{x}$，標本中央値 m がある．さらに，観測値を昇順に並べて $x_{(1)} \leq x_{(2)} \leq \cdots \leq x_{(n)}$ として $(x_{(1)} + x_{(n)})/2$ や，最小値 $x_{(1)}$ と最大値 $x_{(n)}$ を除いた平均値（刈込み平均の一種）などさまざまな方法が考えられる．これらは 1 つの数値で母数を推定するものだから，点推定量とよばれる．

優れた推定量を選ぶ基準にはいくつかある．一般に，母数 θ の推定量を $\widehat{\theta}$，または明示的に $\widehat{\theta}(x_1, \ldots, x_n)$ と表す．推定量は確率変数であり，その実現値（推定値）と区別して考える．

母数 θ の推定量 $\widehat{\theta}$ の標準偏差 $\sigma_{\widehat{\theta}} = \sqrt{\mathrm{var}(\widehat{\theta})}$ またはその推定値 $\widehat{\sigma}_{\widehat{\theta}}$ を**標準誤差** (standard error) とよび，$\mathrm{se}(\widehat{\theta})$ と記す[5]．たとえば，母分散を σ^2 とするとき，標本平均 $\overline{x}$ の標準誤差は $\sigma/\sqrt{n}$，またはその推定値 $s/\sqrt{n}$ である．

6.2.2 不偏性と一致性

かたよりと平均 2 乗誤差　図 6.3 は，母数が $\theta = 0$ の母集団からの無作為標本にもとづく 3 つの推定量の分布を表している．いずれも対称な分布である．実線の推定量は中心の位置が $\theta = 0$ と一致しているが，$\widehat{\theta}^{(3)}$ は過大，$\widehat{\theta}^{(2)}$ は過小に推定している．一般的に，推定量の期待値と母数の差を**かたより** (bias) といい，本書では $b(\theta) = E(\widehat{\theta}) - \theta$ と表す．通常，かたより $b(\theta)$ は未知の母数 θ に依存するが，**常に** $b(\theta) = 0$ すなわち $E(\widehat{\theta}) = \theta$ が成立する推定量を**不偏推定**

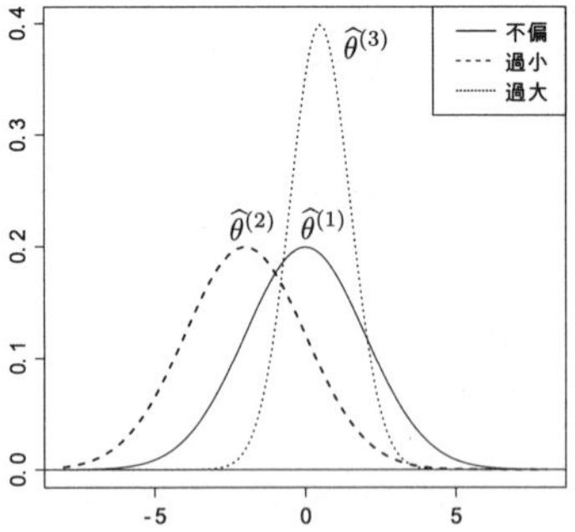

図 6.3　$\theta = 0$ のときの推定量の分布（$\widehat{\theta}^{(1)}$：不偏，$\widehat{\theta}^{(2)}$：過小，$\widehat{\theta}^{(3)}$：過大）

5) $\sigma_{\widehat{\theta}}$ または $\widehat{\sigma}_{\widehat{\theta}}$ という 2 通りの定義がある．本書では推定値の意味で用いる．

量という．

図 6.3 では $E(\widehat{\theta}^{(1)})=0$ だが，すべての θ の値に対して $b(\theta)=0$ となるのが不偏推定量だから，これだけでは $\widehat{\theta}^{(1)}$ は不偏推定量とはいえない．$\theta=0$ のときだけを考えるのであれば，標本を無視して常に $\widehat{\theta}^{*}=0$ とする推定量は，実際に $\theta=0$ のときは最も優れた推定量となる．不偏性は，$\widehat{\theta}^{*}$ のような合理的とはいえない推定量を排除するための基準の一つである．

2 つの推定量の分散が等しければ，かたよりが小さい方が優れている．図 6.3 の $\widehat{\theta}^{(2)}$ は $E(\widehat{\theta}^{(2)})=-2$ とかたよりがあり，分散は $\mathrm{var}(\widehat{\theta}^{(1)})=\mathrm{var}(\widehat{\theta}^{(2)})=2$ だから，$\widehat{\theta}^{(1)}$ の方が $\widehat{\theta}^{(2)}$ より優れている．また，2 つの推定量がいずれも不偏であれば，分散が小さい方が優れている．

ところで，$\widehat{\theta}^{(3)}$ は $E(\widehat{\theta}^{(3)})=0.5$ で不偏ではないが，分散 $\mathrm{var}(\widehat{\theta}^{(3)})=1$ が小さいため，全体としては $\widehat{\theta}^{(1)}$ より優れているという考え方もできる．このような場合に推定量を比較する基準として，次の**平均 2 乗誤差** MSE がある．

$$\mathrm{MSE}(\widehat{\theta})=E[(\widehat{\theta}-\theta)^2]=\mathrm{var}(\widehat{\theta})+b(\theta)^2 \tag{6.2.1}$$

この分解は次のように確かめられる．

$$\begin{aligned}\mathrm{MSE}(\widehat{\theta})&=E\big[\big\{\big(\widehat{\theta}-E(\widehat{\theta})\big)+\big(E(\widehat{\theta})-\theta\big)\big\}^2\big]\\&=E\big[\big(\widehat{\theta}-E(\widehat{\theta})\big)^2\big]+2E\big[\big(\widehat{\theta}-E(\widehat{\theta})\big)\big(E(\widehat{\theta})-\theta\big)\big]+[E(\widehat{\theta})-\theta]^2\end{aligned}$$

ここで右辺第 2 項は，$E\big(\widehat{\theta}-E(\widehat{\theta})\big)\big(E(\widehat{\theta})-\theta\big)=0$ だから，0 となる．

上記の 3 つの推定量を比較すると，$\mathrm{MSE}(\widehat{\theta}^{(1)})=2+0^2=2$, $\mathrm{MSE}(\widehat{\theta}^{(2)})=2+(-2)^2=6$, $\mathrm{MSE}(\widehat{\theta}^{(3)})=1+(0.5)^2=1.25$ となり，この基準では $\widehat{\theta}^{(3)}$ が最も優れている．ただし，MSE は θ に依存することに注意が必要である．

例 6.4　平均 μ，分散 σ^2 の母集団からの無作為標本を $x_1,\ldots,x_n$ とする．すでに確認したとおり，標本平均 $\overline{x}$ の期待値は常に $E(\overline{x})=\mu$ と母集団の平均と一致する．つまり $\overline{x}$ は，母集団分布によらず，μ の不偏推定量である[6]． ▮

ところで，標本分散 $s^2=\sum(x_i-\overline{x})^2/n$ の期待値は σ^2 と一致しない．

$$ns^2=\sum(x_i-\overline{x})^2=\sum[(x_i-\mu)-(\overline{x}-\mu)]^2=\sum(x_i-\mu)^2-n(\overline{x}-\mu)^2$$

であり，$E[(x_i-\mu)^2]=\sigma^2$, $E[(\overline{x}-\mu)^2]=(1/n)\sigma^2$ だから，

$$E(s^2)=\frac{1}{n}(n\,\sigma^2-\sigma^2)=\frac{n-1}{n}\sigma^2$$

6)　当然，期待値が存在するような母集団分布を想定する．5 章の演習問題 12 参照．

となる．すなわち，記述統計で定義した標本分散 s^2 は不偏推定量ではない．これを修正することは容易であり，$s^2 = \sum_i (x_i - \overline{x})^2/(n-1)$ とすればよい．このように偏差平方和を $(n-1)$ で割った分散の推定量を**不偏分散**とよび，統計的推測では不偏分散を用いることが一般的である[7]．区別する場合には，n で割る分散を $\widehat{\sigma}^2$ と表記する．

一 致 性　母数 θ の推定量 $\widehat{\theta}$ が，標本のサイズ n が大きくなるにつれて θ の真の値に近づいていくことを**一致性** (consistency) といい，一致性をもつ推定量を**一致推定量**という．6.1.3 項で導入した記号を用いると，一致性は $\widehat{\theta} \xrightarrow{P} \theta$ と表現される．大数の法則は，$\overline{x}$ が μ の一致推定量であることを示している．

例 6.5　不偏分散 s^2 の正の平方根 $s = \sqrt{s^2}$ は，標準偏差 σ の推定量として用いられる．ここで $y = g(x) = \sqrt{s}$ は凹関数であることに注意すると，(5.2.3) 式から $E(s) = E[g(s^2)] < g[E(s^2)] = \sqrt{\sigma^2} = \sigma$ となる．すなわち，$s = \sqrt{s^2}$ は σ の不偏推定量ではない．$\widehat{\sigma}^2 = ((n-1)/n)s^2 < s^2$ だから，$\widehat{\sigma} = \sqrt{\widehat{\sigma}^2}$ も σ の不偏推定量とはならない．

しかし，分散の推定量 $\widehat{\sigma}^2$ は，例 6.2 で示したとおり，$\widehat{\sigma}^2 \xrightarrow{P} \sigma^2$ だから，標準偏差の推定量は $\widehat{\sigma} \xrightarrow{P} \sigma$ と，一致推定量である．同様に，$s = \sqrt{n/(n-1)}\,\widehat{\sigma}$ も σ の一致推定量である．∎

ところで一致性の定義は $n \to \infty$ のときの議論なので，実際の適用については注意が必要である．たとえば $\widehat{\theta}$ を母数 θ の一致推定量として，新しい推定量 $\widehat{\theta}^*$ を，$n \leq 10^{10}$ のとき $\widehat{\theta}^* = 0$，$n > 10^{10}$ のとき $\widehat{\theta}^* = \widehat{\theta}$ と定義すると，これは一致推定量であるが，現実的には役に立たない．この問題を解決できる概念が，例 6.6 で紹介する Fisher の一致性である．

経験分布　標本 $x_1, \ldots, x_n$ にもとづく経験分布関数 $F_n(x)$ は

$$F_n(x) = \frac{1}{n}\#\{x_i \leq x\} = \frac{1}{n}\sum_{i=1}^{n} I(x_i \leq x)$$

と定義される．ここで $\#\{x_i \leq x\}$ は $\{\,\}$ 内の条件が満たされる観測値の数で，(5.2.4) 式の指示関数を用いて $\sum_{i=1}^{n} I(x_i \leq x)$ と書くこともできる．

$F_n(x)$ は，標本 $x_1, \ldots, x_n$ の値をそれぞれ $1/n$ の確率でとる離散的な確率変数の分布関数である．実現値が整数値 $x = 0, 1, 2, \ldots$ をとる離散型確率変数の場合には，図 5.1 の右側に示した分布関数と同様，整数値で階段状になり，段差

7)　筆者の一人が J.W. Tukey から直接聞いた話では，不偏分散が一般的になったのは 1940 年代の彼の論文以降とのことで，比較的最近用いられるようになった推定量である．

$F_n(x)-F_n(x-1)=f_x$ は x という値をとる観測値の相対度数である．連続型確率変数の場合には，四捨五入による丸め誤差がなければ，標本 $x_1,\ldots,x_n$ の値はすべて異なるため，段差が $1/n$ の階段関数となる．

母集団の分布関数を $F(x)=\mathrm{P}(\widetilde{x}\le x)$ とすると，$\#\{x_i\le x\}$ は 2 項分布 $B(n,F(x))$ にしたがうから，$F_n(x)=(1/n)\#\{x_i\le x\}\xrightarrow{P}F(x)$ がなりたつ．すなわち，すべての x に対して経験分布関数 $F_n(x)$ は $F(x)$ の一致推定量である．

例 6.6（Fisherの一致性）　離散型確率変数の分布関数を $F(x)$ とすると，確率関数は $p(x)=F(x)-F(x-1)$ である．多くの場合，母数 θ は分布関数 $F(x)$ を用いて定義される．たとえば，期待値なら $\theta=\sum_x xp(x)=\sum_x x\,\{F(x)-F(x-1)\}$ である．これを $\theta=T(F)$ と表そう[8]．一方，観測値 $x_1,\ldots,x_n$ の関数である θ の推定量 $\widehat{\theta}$ も F_n の関数として $\widehat{\theta}(F_n)$ と書くことができる．

具体的な例として母集団分布を $B(n,p)$，母数を期待値 $\theta=np$ とする．通常の推定量 $x/n=\widehat{\theta}(F_n)$ の式は，$T(F)$ に F_n を代入したものである．したがって，もし $F_n=F$ であれば $\widehat{\theta}(F_n)=T(F)=\theta$ となり，母数に一致する．たとえば，$B(2,0.5)$ で観測値が $\{0,1,1,2\}$ のとき $F_n=F$ であり，$\widehat{\theta}(F_n)=(0\cdot 1/4+1\cdot 2/4+2\cdot 1/4)/2=1/2=p$ である．一般に，連続型分布の場合も含めて，推定量が $\widehat{\theta}=T(F_n)$ と表されて，$F_n=F$ のとき $\widehat{\theta}=\theta$ となるとき，Fisher の一致性をもつという．Fisher の一致性は n によらない．

$\theta=T(F)$ の推定量として $\widehat{\theta}=T(F_n)$ は Fisher の一致性をもつが，T が連続なら $T(F_n)\xrightarrow{P}T(F)=\theta$ だから，通常の意味でも一致性をもつ．　■

例 6.7（分位点の一致性）　連続型確率分布 $F(x)$ の p 分位点 q は $p=F(q)$ という関係を満たす．F が単調に増加するときは逆関数を用いて $q=F^{-1}(p)$ と表すこともできる．ある程度大きな標本であれば，標本 p 分位点 q_n を $p=F_n(q_n)$ と定めることができる．F_n は階段関数だから，異なる値 $x_1<\cdots<x_n$ に対して，点 $(x_i,F_n(x_i))$ を直線で結んだ連続関数で近似し，その逆関数を用いて $q_n=F_n^{-1}(p)$ と定めることもある．q_n にはいくつかの提案があるが，大きな n に対しては大差はない．$F_n(x)\xrightarrow{P}F(x)$ だから，任意の $0<u<1$ に対して $F_n^{-1}(u)\xrightarrow{P}F^{-1}(u)$ がなりたち，特に $q_n=F_n^{-1}(p)\xrightarrow{P}F^{-1}(p)=q$ となる．すなわち，標本分位点は母集団分位点の一致推定量である．特別な場合として，標本中央値 $m_n=F_n^{-1}(1/2)$ は母集団中央値の一致推定量である．　■

---

8)　T は関数 F に実数を対応させるから，通常の関数と区別して汎関数とよぶことがある．

6.2.3 区間推定

点推定とは異なり，区間推定では母数を含む区間を構成する．具体的な例として，平均 μ に関する区間推定の考え方を紹介する．簡単のために，分散 σ^2 の値は既知として，正規分布 $N(\mu,\sigma^2)$ からの無作為標本を $x_1,\ldots,x_n$ とする．標本平均 $\overline{x}$ は $N(\mu,\sigma^2/n)$ にしたがうから，標準化すると $z=\sqrt{n}(\overline{x}-\mu)/\sigma \sim N(0,1)$ となり，

$$\mathrm{P}\left\{-1.96 \le \frac{\overline{x}-\mu}{\sigma/\sqrt{n}} \le 1.96\right\} = 0.95$$

が成立する．この $\{\,\}$ 内の不等式を μ について解いて，確率変数 $\overline{x}$ にその実現値を代入すると，次の区間が得られる．

$$\overline{x} - 1.96\frac{\sigma}{\sqrt{n}} < \mu < \overline{x} + 1.96\frac{\sigma}{\sqrt{n}}$$

$(\overline{x}-1.96\sigma/\sqrt{n},\, \overline{x}+1.96\sigma/\sqrt{n})$ を μ に関する**信頼係数** 95%の**信頼区間**とよぶ．単に **95%信頼区間**とよぶこともある[9)]．

信頼区間の解釈と注意点　図 6.4 は，正規分布 $N(20,5^2)$ から $n=25$ の標本をコンピュータで発生させて 95%信頼区間を計算する実験を 100 回行った結果である．この例では 100 回のうち 4 回が真の $\mu=20$ を含んでいない．

このように，信頼係数 95% とは，標本を何回も繰り返して抽出したときに信頼区間が真の母数を含む割合であり，相対度数による経験的確率の解釈といえる．しかし実際に標本を測定して，たとえば $\overline{x}=12.3$ という結果を得たとき，

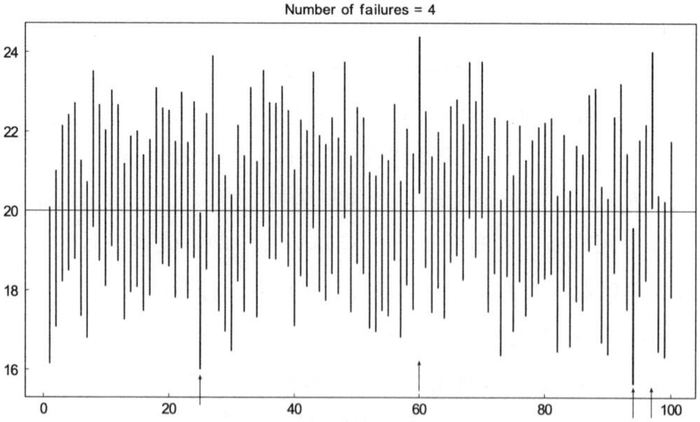

図 6.4　信頼区間のシミュレーション

9)　confidence interval と coefficient of confidence.

$$12.3 - 1.96\frac{\sigma}{\sqrt{n}} < \mu < 12.3 + 1.96\frac{\sigma}{\sqrt{n}} \tag{6.2.2}$$

という命題には確率変数が含まれないため，確率的な評価はできない．したがって，実際に得られた観測値から構成した (6.2.2) 式の信頼区間が真の μ を含む確率が 95% であるとはいえない．$\overline{x} = 12.3$ を固定したときには経験的確率の解釈は困難であり，信頼係数の意味をめぐって多くの論争がある．

ベイズ統計学の考え方　連続型を離散型で近似して単純化すると次のようになる．可能な値を $\mu = \mu_1, \ldots, \mu_m$ とする．たとえば，十分大きな区間を細かく分割して，各区間の中央の値を μ_j とする．また $\overline{x} \pm (h/2)$ となる事象を単に $\overline{x}$ と表し，μ が与えられたとき，$\overline{x}$ の条件つき確率を $p(\overline{x} \mid \mu)h$ と書く．今の問題ではこの確率は正規分布で近似され，$p(\overline{x} \mid \mu) = c\,e^{-n(\overline{x}-\mu)^2/2\sigma^2}$ である．ここで $c = 1/\sqrt{2\pi\,\sigma^2/n}$ は確率の和を 1 にするための定数である．μ_i の事前確率を $p(\mu_i)$ とすれば，ベイズの定理から事後確率は $p(\mu_i \mid \overline{x}) = p(\mu_i)p(\overline{x} \mid \mu_i)/p(\overline{x})$ で与えられる．ここで $p(\overline{x}) = \sum_j p(\mu_j)p(\overline{x} \mid \mu_j)$ は μ_i に依存しない定数である．

μ_i に関する情報がない場合を表すため，$p(\mu_i) = 1/m\ (i = 1, \ldots, m)$ とすると，次の式が得られる．

$$p(\mu_i \mid \overline{x}) = c' e^{-n(\mu_i - \overline{x})^2/2\sigma^2}$$

ここで，c' は確率の和を 1 にするための定数である．この式は，$\mu_1, \ldots, \mu_m$ の事後確率は近似的に $N(\overline{x}, \sigma^2/n)$ の密度関数で与えられることを示している[10)]．事後確率が最大となるのは $\mu_i = \overline{x}$ のときで，この値から離れるほど事後確率は小さくなる．したがって，(6.2.2) 式は事後確率が 95% となるように確率が大きい μ_i を集めて作成した区間であり，この不等式がなりたつ**主観確率**が 95% となる．なぜ $\overline{x}$ に近い μ の区間を選ぶのか，その理由も明確である．

このように信頼区間の原理には論争があるものの，以下で紹介する，母集団の平均および比率に関する伝統的な信頼区間の構成方法は，ベイズ統計学の結論と近似的に一致し，経験的にも有用な手法として広く受け入れられている．

6.2.4　平均に関する区間推定

すでに示したように，母集団分布が正規分布 $N(\mu, \sigma^2)$ で σ^2 が既知のときは，z_0 を正規分布の上側 0.25%点，すなわち $z_0 = 1.96$ とするとき，95%信頼区間は次の式で与えられる．

---

10)　離散型で近似せずに連続型で議論すれば正確な結論である．

$$\overline{x} - z_0 \frac{\sigma}{\sqrt{n}} < \mu < \overline{x} + z_0 \frac{\sigma}{\sqrt{n}}$$

正規分布表から，$z_0 = 1.64$ なら 90%信頼区間，$z_0 = 2.58$ なら 99%信頼区間が得られる．当然，信頼係数が大きいほど区間の幅が広くなる．よく用いられるのは 95%信頼区間である．

例 6.8 素材の加工に必要な作業工程などについて数値情報で指令をだす NC 工作機械を使ってある部品を製造するとき，原材料や機械の性能から，製造された部品の長さの標準偏差が $\sigma = 0.13$ (mm) とわかっている．この部品を $n = 11$ 個試作して標本平均が 10.08 (mm) のとき，母平均 μ の 95%信頼区間を求めると，$10.08 \pm 1.96(0.13)/\sqrt{11}$ から $(10.003, 10.157)$ となる． ∎

母集団分布が正規分布とは限らない場合 母集団分布の形がわからない場合には正確な議論はできないが，n が大きく，中心極限定理が適用できる場合には，標本平均 $\overline{x}$ は近似的に $N(\mu, \sigma^2/n)$ にしたがう．さらに，大数の法則から標本分散 s^2 は σ^2（真の値）に近似的に等しい[11]．したがって，z_0 を適当に選ぶことによって，次の近似的な信頼区間を得る．

$$\overline{x} - z_0 \frac{s}{\sqrt{n}} < \mu < \overline{x} + z_0 \frac{s}{\sqrt{n}}$$

例 6.9 総務省統計局では，全国の世帯を対象に支出状況を調査している．図 6.5 は，勤労者世帯 $n = 26{,}239$ のミクロデータから作成したヒストグラムである[12]．ミクロデータから計算した消費支出の平均は 317.3（千円），標準偏差は 175.5（千円）である．

母集団分布は歪みがあるが，この例では n が大きく，抽出率は十分小さいため，$\sigma = s$ を既知とする正規分布を想定してよい．母平均については，$317.3 \pm 1.96(175.5)/\sqrt{26239} = 317.3 \pm 2.12$ から $(315.2, 319.4)$ という信頼区間が得られる．公表されている平均に対して，誤差は ± 2.12（千円）程度と考えられる． ∎

n が小さいとき この場合には，n が大きい場合と同様の手順で信頼区間を作成しても，一般的には正確な議論はできない．ところが，母集団分布が**厳密**に正規分布の場合には，小さな n に対しても，5.6.6 項で紹介した t 分布を用いる

11) 不偏分散 s^2 が用いられることが多いが，$n > 100$ なら，n で割った分散との差は 1% 未満だから $\hat{\sigma}^2$ を用いても大差はない．

12) 独立行政法人統計センターの全国消費実態調査 2009 疑似ミクロデータ．全国消費実態調査については，8 章で解説しているとおり年間収入と 9 月〜11 月の支出が調査されている．消費支出は 9 月〜11 月の平均である．

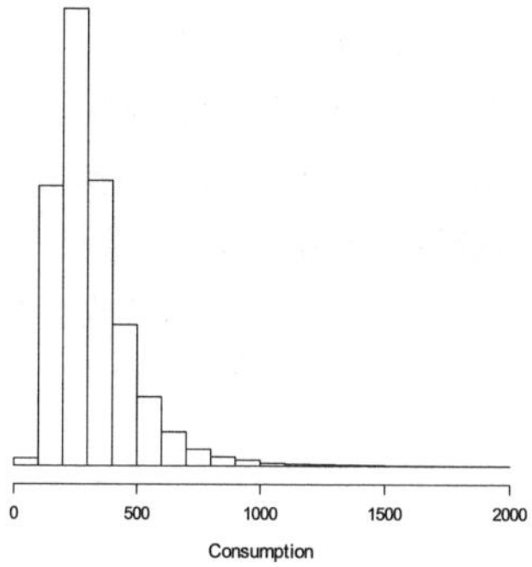

図 6.5　消費支出の母集団分布

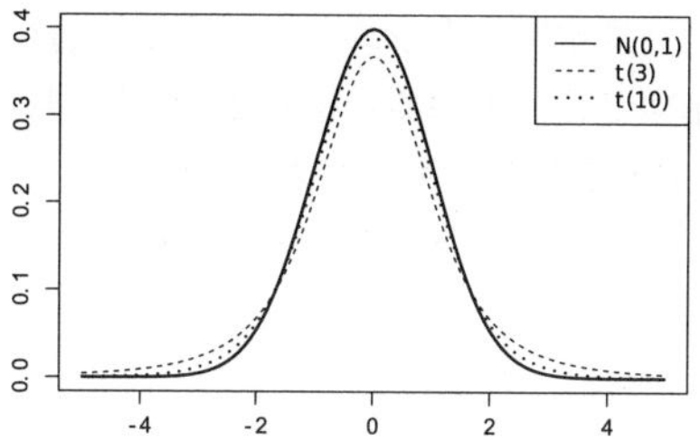

図 6.6　$N(0,1)$, $t(3)$, $t(10)$

ことによって正確な議論が可能となる．正規分布 $N(\mu, \sigma^2)$ からの無作為標本にもとづいて作成した $\overline{x}$ と s^2（不偏分散）を用いて $t = \sqrt{n}(\overline{x} - \mu)/s$ とすると，これは自由度 $(n-1)$ の t 分布にしたがうことが示される[13)]．t は標準化 $z = \sqrt{n}(\overline{x} - \mu)/\sigma$ の式で，σ を s で置き換えたものである．

図 6.6 は，自由度 3 と 10 の t 分布の密度関数を標準正規分布と比較している．自由度が小さいとき t 分布は裾が厚い形となる．自由度が大きくなると t 分布は標準正規分布に近づき，自由度が 30 程度ならグラフ上の違いはわからないが，外れ値が出現しやすい点で正規分布と異なる．

t を用いると，次のようにして母平均 μ の信頼区間が構成できる．巻末の t 分布表を用いて，t_0 を $t(n-1)$ の上側 2.5% 点とすると，$\mathrm{P}\left\{-t_0 < \sqrt{n}(\overline{x} - \mu)/s < t_0\right\} = 0.95$ がなりたつ．これを μ について解いた次の式が 95%信頼区間である．

$$\overline{x} - t_0 \frac{s}{\sqrt{n}} < \mu < \overline{x} + t_0 \frac{s}{\sqrt{n}}$$

例 6.10　例 6.8 で，原材料の入手先を変えたため σ は未知とする．$s = 0.13$ (mm), $\overline{x} = 10.08$ (mm) が得られれば，t 分布が利用できる．$t(10)$ の上側 2.5%点は 2.23 だから，$10.08 \pm 2.23(0.13)\sqrt{11}$ を計算すると，95%信頼区間は $(9.99, 10.17)$ となる． ∎

t 分布の上側 2.5%点は以下のとおりで，自由度が 60 なら 2.00 となり，自由度が 240 より大きければ正規分布とほとんど変わらない．

自由度	10	20	30	60	120	240	$N(0,1)$
2.5%点	2.23	2.09	2.04	2.00	1.98	1.96	1.9600

13)　ギネスビールの技師であった W.S. Gosset が Student というペンネームで発表し，R.A. Fisher が厳密に証明した．

例 6.11　経済データの例 6.9 について，26,239 世帯の標本を母集団とみなして，そこから大きさ $n=25$ および 200 の標本をそれぞれ 2,000 回抽出し，毎回，標本平均を求める手順を繰り返した．その結果のヒストグラムは図 6.7 に示すとおりである．$n=25$ では正規分布による近似は十分とはいえないため，t 分布を用いても正確な議論はできない．一方，$n=200$ であれば正規分布によって近似できるが，その場合，自由度 200 の t 分布を用いる理由はない．∎

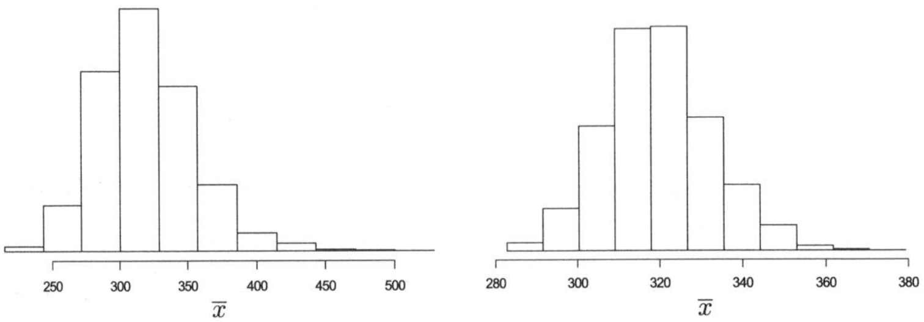

図 6.7　消費支出の標本平均のシミュレーション（左：$n=25$，右：$n=200$）

この例のように，経済データでは t 分布を利用する機会は少ない．一般に $\overline{x}\pm 2s/\sqrt{n}$ という近似的な 95%信頼区間を利用することが多いが，正規分布への近似や観測結果の誤差などを考慮すれば，これは常識的な基準といえる．

ただし，t 分布の上側 5% 点は，母集団分布が正規分布から多少異なってもあまり変わらないことが知られており，その意味では t 分布の使用は応用上の妥当性をもっている．

例 6.12　2013 年の家計調査によると，1 か月あたりのコーヒー・ココアへの支出は平均が 775 円，標準偏差は 441 円であった．これが $n=10$ 世帯の調査結果だとして，t 分布を用いた信頼係数 95%の信頼区間を形式的に求めると，$t(9)$ の上側 2.5%点 2.26 を用いて $775\pm 2.26(441)/\sqrt{10}$ より $(460, 1090)$ という 95%信頼区間を得る．誤差が大きすぎて役に立たない結果だが，t 分布を用いること自体が誤りである．この例は，実際には $n=7{,}784$ 世帯の調査だから，正規分布を使うと $775\pm 1.96(441)/\sqrt{7784}$ より $(765, 785)$ となる．1.96 の代わりに 2 を用いても $(765, 785)$ と同じ結果を得る．∎

6.2.5　比率に関する推定

ある政策に賛成する人の割合が p である母集団から n 人を抽出する世論調査における賛成者数や，失業者率が p である母集団からの n 人の標本における失業者数は，2 項分布 $B(n,p)$ にしたがう確率変数となり，n が大きい場合は中心極限定理によって近似的に正規分布とみなすことができる[14)].

母集団比率 p に対して，広く用いられる推定量は**標本比率** $\widehat{p}=x/n$ であり，近似的に $\widehat{p}\sim N(p,p(1-p)/n)$ となるから，標準化すれば，$z_0=1.96$ として次の式がなりたつ.

$$\mathrm{P}\left\{-z_0<\frac{\widehat{p}-p}{\sqrt{p(1-p)/n}}<z_0\right\}=0.95 \tag{6.2.3}$$

p の 95%信頼区間は，$\{\}$ 内の 2 次不等式を解くことによって得られるが，それは若干面倒である．しかし，n が大きいときは大数の法則から $\widehat{p}\fallingdotseq p$ となり，分散を $\widehat{p}(1-\widehat{p})/n$ で置き換えることができる．結論として，$\widehat{p}\pm z_0\sqrt{\widehat{p}(1-\widehat{p})/n}$ という信頼区間が得られる．z_0 を適当に変えれば，異なる信頼係数の信頼区間も求められる.

例 6.13　ある県で，知事の新しい政策を支持する有権者の割合を知るため，$n=2{,}400$(人)を無作為に抽出したところ，賛成者は 1,440 人であった．このとき，県の有権者全体における支持率 p の信頼区間を求めよう．$\widehat{p}=1400/2400=0.6$ だから $0.6\pm1.96\sqrt{0.6(1-0.6)/2400}$ を計算すると $0.58<p<0.61$ となり，ほぼ確実に過半数の支持者がいることがわかる．■

6.2.6　母集団の差に関する信頼区間

ある作業の効率に男性と女性で差があるか，2 種類の教育方法で学習達成度に差がでるかなど，2 つの母集団の平均を比較する問題は多い．$x_1,\ldots,x_m$ を $N(\mu_1,\sigma_1^2)$ からの標本，$y_1,\ldots,y_n$ を $N(\mu_2,\sigma_2^2)$ からの標本として，x と y は独立とするとき，母平均の差 $\delta=\mu_1-\mu_2$ に関する信頼区間を構成しよう.

最初に，母分散が既知の場合を考える．これは事前の知識が十分にあるか，分散を正確に推定できるほど標本が大きい場合が該当する．母集団分布が正規分布とは限らず中心極限定理が利用できる状況も，この場合に含まれる．$d=\overline{x}-\overline{y}$ とおくと，$\sigma_d^2=\sigma_1^2/m+\sigma_2^2/n$ として，$d\sim N(\delta,\sigma_d^2)$ である．σ_1^2, σ_2^2 が未知で m, n が大きい場合は σ_1^2, σ_2^2 を不偏分散 $s_1^2=\sum_{i=1}^m(x_i-\overline{x})^2/(m-1)$ と $s_2^2=\sum_{j=1}^n(y_j-\overline{y})^2/(n-1)$ で置き換えた $s_d^2=s_1^2/m+s_2^2/n$ を用いる．したがって，6.2.4 項の議論と同様にして，次の 95%信頼区間を得る.

$$\overline{d}-1.96\,s_d<\delta<\overline{d}+1.96\,s_d \tag{6.2.4}$$

14)　非復元抽出なら 5.6.2 項の超幾何分布だが，n が大きいときは 2 項分布とみなしてよい.

例 6.14 総務省の家計調査によれば 1 世帯当たり 1 か月間の支出（二人以上の世帯）は 2002 年が 305,953 円，2017 年が 283,027 円である．近似値として $m = n = 8{,}000$（人），$\sigma_1 = \sigma_2 = 180{,}000$（円）とするとき，母集団における支出の差に関する信頼区間を構成しよう．以下，単位を千円とする．$\sigma_d = \sqrt{(1/8000 + 1/8000)} \cdot 180 = 2.85$ となる．95%信頼区間は $(283.0 - 306.0) \pm (1.96)2.85$ から $(-28.5, -17.3)$（千円）となる．母集団における消費の減少は明らかといえる． ■

m, n が比較的小さいときは，$(\overline{d} - \delta)/s_d$ に自由度 ϕ の t 分布を利用する[15]．統計解析ソフトウェア R ではこの形の近似的な信頼区間が標準であり，これは **Welch の方法**とよばれる．

2 つの母分散が $\sigma_1^2 = \sigma_2^2 = \sigma^2$ と等しい場合には，未知でも厳密な議論が可能である．このとき，s_1^2 と s_2^2 を組み合わせた**プールした分散** $s^2 = \{(m-1)s_1^2 + (n-1)s_2^2\}/(m+n-2)$ は σ^2 の不偏推定量となる．$s_d^2 = (1/m + 1/n)\, s^2$ とすると $t = (\overline{d} - \delta)/s_d$ は自由度 $(m+n-2)$ の t 分布にしたがうことが確かめられる．このことから，t 分布の上側 2.5%点を t_0 とすると，母平均の差の 95%信頼区間は $\overline{d} \pm t_0 s_d$ となる．未知の σ_1^2, σ_2^2 が等しいことはありえないため，現在では Welch の方法が標準となっている．ただし，σ_1^2 と σ_2^2 が大きく異なるときには，μ_1, μ_2 を比較する意味は明確ではなくなる．たとえば，σ_1^2 が非常に小さい場合には μ_2 が μ_1 よりわずかに大きいとしても，x_i より小さい y_j がたくさん存在する．

6.2.7 母比率の差の区間推定

異なる母集団について，政策に関する意見や就業状況など，ある属性 A の比率を比較することがある．2 つの母集団における属性 A の割合を p_1, p_2，大きさ n_1, n_2 の標本における属性 A の数をそれぞれ x, y とすると，x, y は独立な 2 項分布にしたがう．p_1, p_2 の推定量 $\widehat{p}_1 = x/n_1$, $\widehat{p}_2 = y/n_2$ の期待値と分散は

$$E(\widehat{p}_i) = p_i, \quad \mathrm{var}(\widehat{p}_i) = n_i p_i(1-p_i) \qquad (i = 1, 2)$$

である．n_1 と n_2 が大きい場合は，$(\widehat{p}_1 - \widehat{p}_2)$ は正規分布とみなして，その分散を推定値 $\widehat{\sigma}^2 = \widehat{p}_1(1-\widehat{p}_1)/n_1 + \widehat{p}_2(1-\widehat{p}_2)/n_2$ で置き換える．すなわち $(\widehat{p}_1 - \widehat{p}_2)$ の標準誤差を $\mathrm{se}(\widehat{p}_1 - \widehat{p}_2) = \widehat{\sigma}$ とする．このとき，$(p_1 - p_2)$ の 95%信頼区間は

---

15) 自由度 ϕ は $(s_1^2/m + s_2^2/n)^2/\phi = (s_1^2/m)^2/(m-1) + (s_2^2/n)^2/(n-1)$ から定められるが詳細は省略する．分散が未知の場合の推定は **Behrens–Fisher 問題**とよばれる難問であり，未知の σ_1, σ_2 によらない合理的な信頼区間は構成できないことが証明されている．

$(\widehat{p}_1 - \widehat{p}_2) \pm 1.96\,\mathrm{se}(\widehat{p}_1 - \widehat{p}_2)$ となる．

例 6.15　ある政策について賛否を調べる調査を 2 つの地域で実施したところ，A 地域では 800 人のうち 392 人が賛成，B 地域では 1,200 人のうち 540 人が賛成で，支持率は $\widehat{p}_1 = 0.49$, $\widehat{p}_2 = 0.45$ となった．政策支持率の地域間の差の 95%信頼区間を求めると，

$$(0.49 - 0.45) \pm 1.96\sqrt{0.49(1-0.49)/800 + 0.45(1-0.45)/1200}$$

より $(-0.005, 0.085)$ となり，母集団における地域間の差はきわめて小さい．■

6.2.8　対応のある標本の比較

親子の身長に関する n 組のデータ $(x_1, y_1), \ldots, (x_n, y_n)$ から世代間の身長の違いに関する信頼区間を構成する問題を考えて $\overline{d} = \overline{x} - \overline{y}$ をつくっても，$\overline{x}$ と $\overline{y}$ は独立ではないから，(6.2.4) 式は使えない．この場合は，はじめから $d = x - y$ という変数を考える．x, y の共分散を σ_{12} とすると，d の期待値と分散はそれぞれ $E(d) = \delta = \mu_1 - \mu_2$, $\mathrm{var}(d) = \sigma_d^2 = \sigma_1^2 + \sigma_2^2 - 2\sigma_{12}$ となる．そこで σ_d^2 が既知なら正規分布，未知なら σ_d^2 の推定量 $s_d^2 = \sum_i (d_i - \overline{d})^2/(n-1)$ を使って t 分布を用いた信頼区間を適用すればよい．

例 6.16　$n = 18$（組）の観測値について，x を子，y を親の身長とすると，$\overline{x} = 171.0$, $\overline{y} = 167.9$ (cm) となった．$d = x - y$ について $\overline{d} = 3.06$．さらに $s_d = 3.796$ が得られ，自由度 17 の t 分布を用いた $\delta = \mu_1 - \mu_2$ の信頼区間は $3.06 \pm 2.11(3.796)/\sqrt{18}$ を計算して $(1.17, 4.94)$ となる．

この場合，親子の身長を 2 つの標本と考えて元のデータに Welch の方法を適用すると $(-0.77, 6.88)$ という信頼区間が得られるが，これは誤りである[16)]．対応のある分析と結果が異なるのは，親子の身長の相関係数が 0.776 と高いためである．■

6.2.9　複数の属性の割合に関する推定

世論調査においてある政策に賛成，反対，どちらでもないという意見があるとき，賛成と反対に差があるかどうかなど，複数の属性の比率の差に関心がある場合がある．以下，属性を A, B, C として，それらの母集団比率をそれぞれ p, q, r $(p + q + r = 1)$ と表して，$(p - q)$ の信頼区間を構成しよう．

大きさ n の標本において，属性 A, B, C の数をそれぞれ x, y, z とすると，(x, y, z) の同時分布は 5.6.4 項で紹介した多項分布の特別の場合である **3 項分**

16)　このときの自由度は $\phi = 33.838$ で，$m + n - 2 = 34$ とはわずかに異なるが，手法自体が誤りである．

布にしたがう．特に x, y の共分散は $\mathrm{cov}(x, y) = -npq$ となる．

x, y の周辺分布はいずれも 2 項分布だから，$\widehat{p} = x/n$, $\widehat{q} = y/n$ は p, q の不偏推定量であり，その差 $(\widehat{p} - \widehat{q})$ の分散は $\mathrm{var}(\widehat{p}) + \mathrm{var}(\widehat{q}) - 2\mathrm{cov}(\widehat{p}, \widehat{q}) = np(1-p) + nq(1-q) + 2npq$ となる．n が大きいときは近似的に正規分布であり，大数の法則によって分散に現れる p, q をそれぞれ $\widehat{p}$, $\widehat{q}$ で置き換える．そこで，$\mathrm{se}(\widehat{p} - \widehat{q}) = \sqrt{\{\widehat{p}(1-\widehat{p}) + \widehat{q}(1-\widehat{q}) + 2\widehat{p}\,\widehat{q}\}/n}$ を標準誤差とすると，$(p - q)$ の 95%信頼区間は $(\widehat{p} - \widehat{q}) \pm 1.96\,\mathrm{se}(\widehat{p} - \widehat{q})$ で与えられる．

例 6.17　ある地域にトンネル建設の計画がある．住民のうち無作為に抽出された 800 人の意識調査では，340 人が賛成，300 人が反対，160 人がどちらでもないという結果を得た．住民全体の賛成と反対の割合の差の 95%信頼区間を求めると，$\widehat{p} = 340/800 = 0.425$, $\widehat{q} = 300/800 = 0.375$, $n = 800$ だから，

$$0.425 - 0.375 \pm 1.96\sqrt{(0.425 \cdot 0.575 + 0.375 \cdot 0.625 + 2 \cdot 0.425 \cdot 0.375)\,/800}$$

より，$-0.019 < p - q < 0.112$ を得る．■

6.3 検　　定

6.3.1 統計的仮説検定の考え方

2010 FIFA ワールドカップの勝利チームについて，ドイツのある水族館で飼育されているタコの予言は高い的中率であった[17]．10 試合連続で予言が的中したら予言能力があるといえるかどうかを確かめるために，タコが無作為に勝利チームを選んでいると仮定すると，10 回すべて的中する確率は $(1/2)^{10} = 1/1024$ と小さいから，まったくの偶然とは考えにくい．

一方，$n = 10{,}000$ 回の予言のうち 5,010 回が当たった場合，2 項分布 $x \sim B(n, p)$ を用いて計算すると，その確率は 0.00782 と非常に小さいが，このときは「無作為に予言している」ことを否定するのは不適当である．なぜなら，0.00782 以下の確率となる結果は $4991, \ldots, 5009$ 以外の $(10000 - 19)$ 通りあり，それらの確率を合計すると $\mathrm{P}(x \leq 4990) + \mathrm{P}(x \geq 5010) \fallingdotseq 0.834$ となるから，珍しい事象が起きたとはいえない．通常の場合，確率が小さい観測値は分布の両端にあり，結果として裾の部分の確率を評価することになる．

このように，確率を基準として観測された事象の珍しさを評価するのが，統計的仮説検定の基本的な考え方である[18]．以下，仮説検定の手続きを紹介する．

17)　タコはパウル君とよばれた．Wikipedia 参照．
18)　正確に記せば R.A. Fisher の考え方である．

帰無仮説，有意水準，検定統計量，棄却域　標本 $x_1, \ldots, x_n$ を発生する母集団の分布に関する**帰無仮説** H_0 を想定し，この仮説の下で観測値がどの程度珍しいかを測定する．珍しさの基準とする確率を**有意水準**とよび，α という記号を用いる[19]．有意水準には 1% または 5% が用いられることが多い．

仮説の有意性を判断するために利用される基準が**検定統計量** $T = T(x_1, \ldots, x_n)$ であり，標本平均 $\overline{x}$ や標本比率 $\widehat{p} = x/n$ のように，H_0 の下での分布が特定できるものが選ばれる．検定統計量が，**棄却域**とよばれる範囲の値をとるときに H_0 を否定することを，仮説を**棄却**すると表現する．また，仮説が棄却されない領域を**受容域**とよぶ．

片側対立仮説と両側対立仮説　帰無仮説が否定された場合に，その代わりとなる**対立仮説** H_1 を明示的に考えることがある．予言が無作為ではないことを示したい場合は，予言が当たる確率 p について $H_1 : p \neq 1/2$ という**両側**対立仮説，予言が当たることを示したい場合は $H_1 : p < 1/2$ という**片側**対立仮説を採用する．裾の確率を評価する際，両側か片側かで違いがある．

ある部品の長さ μ が標準的な規格を満たす必要があれば，母集団平均に関して $H_1 : \mu \neq \mu_0$ を対立仮説とする両側検定の問題となる．一方，製品の寿命 θ を θ_0 以上と保証する場合には，寿命が長すぎても苦情はこないと考えれば，$H_1 : \theta < \theta_0$ を対立仮説とする片側検定となる．土壌中の有害物質の濃度 μ が基準値 μ_0 以下であることを確認したい場合は $H_1 : \mu > \mu_0$ とする．

両側か片側のいずれを対立仮説に選ぶか，厳密な基準があるわけではない．たとえば，体重を増加させる逆効果も含めて運動プログラムに何らかの効果があると考えれば，両側対立仮説が適切である．対立仮説に応じて，検定の手順を**片側検定**または**両側検定**とよぶ．

2 種類の誤り　帰無仮説が正しいときに誤って棄却する誤りを**第 1 種過誤**とよぶ．第 1 種過誤の確率が有意水準 α であるが，これは「帰無仮説が正しくない確率」ではない．検定によって仮説を棄却できないときは仮説を**受容する**と表現するが，受容は仮説を否定するには十分な証拠がないことを表す用語である．受容という表現は誤解を与えるので注意が必要である．

一方，対立仮説が正しいときに帰無仮説を受容する誤りを**第 2 種過誤**とよび，その確率を β と表記する．

---

19)　有意水準 level of significance は結果の重要性 significance を判断する基準という意味である．

H_0 は正しい	H_0 は誤り（H_1 が正しい）
棄却：第 1 種過誤 P(棄却 $\mid H_0) = \alpha$	棄却：正しい判断 P(棄却 $\mid H_1) =$ 検出力
受容：正しい判断	受容：第 2 種過誤 P(受容 $\mid H_1) = \beta$

母集団分布が 1 つに特定できるとき**単純仮説**，2 つ以上の分布に対応するとき**複合仮説**とよぶ．α や β を評価する際，単純仮説と複合仮説を区別する必要がある．正規分布 $N(\mu, \sigma^2)$ を母集団とするとき，分散 σ^2 が既知であれば，平均に関する仮説 $H_0 : \mu = \mu_0$ は分布を特定する．このような仮説を**単純仮説**とよぶ．この場合，棄却域を決めれば，第 1 種過誤の確率は $\alpha =$ P(棄却 $\mid \mu_0$) と特定される．

一方，片側対立仮説でも両側対立仮説でも，$H_1 : \mu \neq \mu_0$ という仮説の場合は，μ はさまざまな値をとり，対応する分布は複数存在する．複数の分布に対応する仮説を**複合仮説**とよぶ．

片側対立仮説の場合，正確には $H_1 : \mu = \mu_1$, $\mu_1 > \mu_0$ のように表現する．このとき第 2 種過誤の確率は $\beta(\mu_1) =$ P(受容 $\mid \mu_1$) と μ_1 に依存する．μ が真のときに帰無仮説を棄却する確率 $1 - \beta(\mu) =$ P(棄却 $\mid \mu$) を**検出力** (power) とよぶ．有意水準 α を一定としたとき，第 2 種過誤の確率 β を小さくするように棄却域を定める検定方式が望ましい．以下で紹介する方法は，いずれもこの意味で標準的な手順を用いている．

なお，σ^2 が未知のときは帰無仮説「$H_0 : \mu = \mu_0$, σ^2 は任意」も複合仮説となるため，α も σ^2 に依存する．対立仮説「$H_1 : \mu = \mu_1, \mu_1 \neq \mu_0$, σ^2 は任意」の場合は，β は μ_1, σ^2 の両方に依存する．

p 値　検定の結果を表示する際，最近のソフトウェアでは判断基準の一つとして **p 値**が記載されるようになった[20]．検定統計量 $T = T(x_1, \ldots, x_n)$ の確率密度（離散分布の場合は単なる確率）を $f(T)$ と表すとき，観測結果 T_{obs} に対して事象 $\{f(T) \leq f(T_{obs})\}$ の仮説 H_0 の下での確率を **p 値**とよぶ．いい換えれば「出現する確率が観測結果と同等以上に珍しい結果の確率」の合計が p 値である[21]．

片側検定で $\overline{x}$ が大きいときに仮説 H_0 を棄却するときは，実際に得られた観測値が $\overline{x}_{obs}$ のとき，$\mathrm{P}(\overline{x} \geq \overline{x}_{obs} \mid H_0)$ が p 値である．$p = 0.03$ とすると，有

20)　p 値は確率値，または観測された有意水準ともよばれ，英語では p-value が標準的な表記である．日本では P-値，P 値なども用いられる．

21)　統計解析ソフトウェア R ではこの定義が用いられている．両側検定の場合，片側検定の p 値の 2 倍とするソフトウェアもある．正規分布のように対称な場合にはどの定義でも同じ値となるが，非対称な場合や離散分布の場合には定義次第で異なる数値となる．

意水準が 5% なら帰無仮説は棄却されるが，1% であれば棄却されない．このように，固定した有意水準に対する結論だけより情報量が豊富である[22]．観測された有意水準という名称もこのことを意味している．

10 回連続で的中したタコの予言の例では，$x = 0$ は観測された $x = 10$ と同じ確率を与えるから，両側検定の p 値は $\mathrm{P}(x = 0) + \mathrm{P}(x = 10) = 2/1024 \doteqdot 0.0020$ となる．

6.3.2 平均に関する検定

正規分布 $N(\mu, \sigma^2)$ で分散 σ^2 が既知の場合，母集団の平均 μ に関する仮説 $H_0 : \mu = \mu_0$ の検定を考えよう．仮説 H_0 の下で $\overline{x}$ の標本分布は $N(\mu_0, \sigma^2)$ と定まり，検定統計量を $z = \sqrt{n}(\overline{x} - \mu_0)/\sigma \sim N(0, 1)$ と選ぶことができる．正規分布の上側確率の表から z_0 を適当に定めれば，有意水準 α の検定が得られる．

(1) 両側対立仮説 $H_1 : \mu \neq \mu_0$ のときは，z_0 を正規分布の上側 $\alpha/2$ 点として，棄却域を $|z| > z_0$ とすれば，$\mathrm{P}(|z| > z_0) = \alpha$ となる．

(2) 対立仮説が片側で，$H_1 : \mu > \mu_0$ または $H_1 : \mu < \mu_0$ のときは，z_0 を正規分布の上側 $\alpha/2$ 点として，$z > z_0$ または $z < z_0$ のときに棄却する．

片側対立仮説 $H_1 : \mu = \mu_1 > \mu_0$ について，有意水準 α と検出力 $1 - \beta(\mu_1)$ の関係を図 6.8 に示す．μ_1 が大きくなれば検出力 $1 - \beta(\mu_1)$ は大きくなることがわかる．また有意水準は $\alpha = 1 - \beta(\mu_0)$ であり，$H_1 : \mu = \mu_1 > \mu_0$ を満たすすべての μ_1 について，検出力は α より大きい．

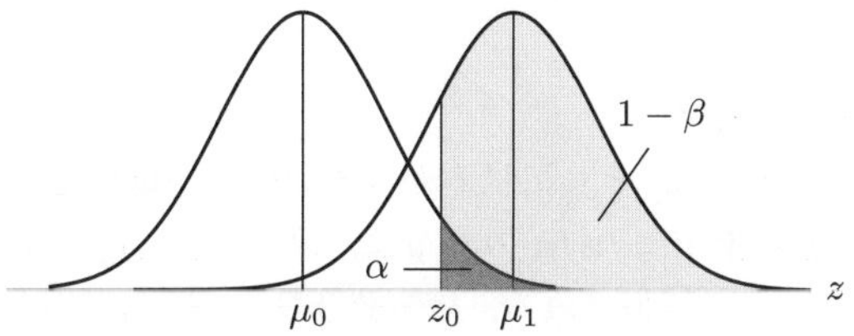

図 6.8　有意水準 α と検出力 $1 - \beta$

例 6.18　例 6.8 の作業工程について，帰無仮説を $H_0 : \mu = 10.0$，対立仮説を $H_1 : \mu \neq 10.0$ とすると，検定統計量は $z = \sqrt{11}(10.08 - 10.0)/0.13 = 2.04$，$p$ 値は 0.041 となるから，有意水準 5% で棄却される．なお例 6.8 では $\mu = 10.0$ は信頼区間に含まれていなかった．これは，以下で説明するように，偶然ではない．■

22) 観測結果の重要性 (significance) を明示できる．

統計的仮説検定と信頼区間との関係 統計的仮説検定と信頼区間のあいだには密接な関係がある．帰無仮説を $H_0 : \mu = \mu_0$，対立仮説を $H_1 : \mu \neq \mu_0$ とする両側検定で，有意水準 α の受容域 $|\sqrt{n}(\overline{x} - \mu_0)/\sigma| < z_0$ を変形すると，$\overline{x} - z_0\,\sigma/\sqrt{n} < \mu_0 < \overline{x} + z_0\,\sigma/\sqrt{n}$ となり μ_0 は信頼区間に含まれる．このように，有意水準 α の両側検定で仮説 $\mu = \mu_0$ が棄却されないことと，μ_0 が信頼係数 $(1-\alpha)$ の信頼区間に含まれることは一致する．区間推定と仮説検定の目的は異なるが，本質的には同等である．これは一般に成立する性質で，本書でのちに紹介する t 分布を用いる検定や，2 項分布の比率に関する検定でも同様である．

分散の値が未知の場合の t 検定 不偏分散 s^2 を用いると，仮説 $H_0 : \mu = \mu_0$ が正しいとき，$t = \sqrt{n}(\overline{x} - \mu_0)/\sigma$ は $t(n-1)$ にしたがう．したがって，t 分布表から t_0 を求めれば，有意水準 α の検定が得られる．これを **t 検定**とよぶ．

(1) 両側対立仮説 $H_1 : \mu \neq \mu_0$ のときは，t_0 を上側 $\alpha/2$ 点として $|t| > t_0$ のときに棄却する．

(2) 対立仮説が片側で，$H_1 : \mu > \mu_0$ または $H_1 : \mu < \mu_0$ のときは，t_0 を上側 α 点として，それぞれ，$|t| > t_0$ または $t < t_0$ のときに棄却する．

例 6.19 例 6.8 (p. 122) で σ^2 が未知で $s = 0.13$ とするとき，$H_0 : \mu = 10.0$，$H_1 : \mu \neq 10.0$ とすると検定統計量 $t = \sqrt{11}(10.08 - 10.0)/0.13 = 2.04$ の p 値は $\mathrm{P}(|t| > 2.04) = 0.0685$，$t(10)$ の上側 2.5%点は 2.23 であり，有意水準 5% で仮説は棄却されない．これは，例 6.8 の信頼区間に 10.0 が含まれることと整合的である． ∎

6.3.3 比率に関する検定

本項では，$x \sim B(n,p)$ として標本が大きい場合の**母集団比率** p に関する検定を扱う．**標本比率** $\widehat{p} = x/n$ の分布は，帰無仮説 $H_0 : p = p_0$ の下で $N(p_0, p_0(1-p_0)/n)$ で近似される．検定統計量 $z = \sqrt{n}(\widehat{p} - p_0)/p_0(1-p_0)$ は近似的に $N(0,1)$ にしたがうから，平均の場合と同様な検定の手順が得られる．たとえば，有意水準 α の両側検定の棄却域は z_0 を上側 $\alpha/2$ 点として $|z| = |\sqrt{n}(\widehat{p} - p_0)/p_0(1-p_0)| > z_0$ である[23]．

例 6.20 最近の有権者 1,200 名を対象とする世論調査では，ある国の内閣支持率は 38% であった．支持率が 1 年半前の内閣支持率 42% より下がったかどうかを知るために，帰無仮説 $p = 0.42$ を対立仮説 $p > 0.42$ に対して検定しよ

23) 受容域 $|z| < z_0$ を p_0 について解くことは (6.2.3) 式を解くことと同じであり，信頼区間との対応がわかる．なお，仮説検定では 2 次不等式を解く必要はない．

う．$z = (0.38 - 0.42)/\sqrt{0.38(1 - 0.38)/1200} \doteqdot -2.85$，片側検定の p 値は $\mathrm{P}(z < -2.85) = 0.002$ だから，有意水準 1% でも帰無仮説は棄却され，内閣支持率は下がっているといえる．∎

6.3.4 母集団の差に関する検定

2 つの母集団平均の差に関する検定は，薬効や処方など，処理の効果を検証する際に用いられる．x を処理群，y を対照群とすると，母平均の差 $\delta = \mu_1 - \mu_2$ に関する仮説 $H_0 : \delta = 0$ の検定には，6.2.6 項で紹介した $\overline{d} = \overline{x} - \overline{y}$ を利用する．m, n が大きいときは，不偏分散 s_1^2, s_2^2 を用いて $s_d^2 = s_1^2/m + s_2^2/n$ とする．帰無仮説 H_0 の下では，検定統計量 $z = \overline{d}/\sqrt{s_1^2/m + s_2^2/n}$ の分布は $N(0,1)$ で近似される．σ_1^2, σ_2^2 が既知の場合は σ_d^2 を用いる．

例 6.21　ある大学で一人暮らしの学生を対象にして生活実態調査を行い，男子学生 150 人と女子学生 120 人の仕送り金額を調べたところ，男子学生は平均 5.8 万円で標準偏差は 1.1 万円，女子学生は平均 6.3 万円で標準偏差は 1.2 万円であった．大学全体で，男子学生と女子学生では仕送り金額に差があるだろうか．検定統計量は $(5.8 - 6.3)/\sqrt{1.1^2/150 + 1.2^2/120} \doteqdot -3.53$ だから，両側対立仮説として，有意水準 1% でも仕送りの金額の差は有意である．∎

m, n が比較的小さい場合は，6.2.6 項で紹介したとおり，検定統計量を $t = (\overline{x} - \overline{y})/\sqrt{s_1^2/m + s_2^2/n}$ として，ある自由度 ϕ の近似的な t 分布を用いる．この方法を **Welch の検定**とよぶ[24)]．また，対応がある標本の場合は，6.2.8 項のようにはじめから $d = x - y$ という変数を考える．仮説を $H_0 : \delta = 0$ とすれば，検定統計量とその分布は，σ_d^2 が既知なら $z = \sqrt{n}\,\overline{d}/\sigma_d \sim N(0,1)$，未知なら σ_d^2 の不偏推定量 s_d^2 を用いて $t = \sqrt{n}\,\overline{d}/s_d \sim t(n-1)$ となる．

6.3.5 母比率の差の仮説検定

6.2.7 項のように，2 つの母集団における属性 A の割合を p_1, p_2，大きさ n_1, n_2 の標本における属性 A の数を x, y として，比率の推定量 $\widehat{p}_1$, $\widehat{p}_2$ が正規分布で近似できる場合に，仮説 $H_0 : p_1 = p_2$ に関する検定方法を構成しよう．ここで $p_1 = p_2 = p$ とおくと，p は未知である．そこで，未知の p を $\widehat{p} = (x+y)/(n_1+n_2) = (n_1\widehat{p}_1 + n_2\widehat{p}_2)/(n_1+n_2)$ で置き換えて，

$$z = \frac{\widehat{p}_1 - \widehat{p}_2}{\sqrt{\widehat{p}(1-\widehat{p})(1/n_1 + 1/n_2)}}$$

24)　s_1 と s_2 が大きく異なるときには期待値の差にはそれほどの意味はない．

とすると，z は H_0 の下で近似的に $N(0,1)$ にしたがう．z_0 を適当に定めれば，次のように有意水準 α の検定が得られる．

両側対立仮説 $H_1 : p_1 \neq p_2$ のときの棄却域は $|z| > z_0$，片側対立仮説 $H_1 : p_1 > p_2$（または $H_1 : p_1 < p_2$）のときの棄却域は $z > z_0$（または $z < z_0$）で与えられる．

例 6.22 ある政策について 2 つの地域で調査を実施したところ，A 地域では 1,600 名のうち 49% が賛成であり，B 地域では 1,200 名のうち 45% が賛成であった．政策の支持率の地域間の差があるかどうか，有意水準 5% で検定を行う．$\widehat{p_1} = 0.49$, $\widehat{p_2} = 0.45$, $\widehat{p} = (1600 \cdot 0.49 + 1200 \cdot 0.45)/(1600 + 1200) = 0.4728$ より，検定統計量は

$$(0.49 - 0.45)/\sqrt{0.4728(1-0.4728)/(1/1600 + 1/1200)} \fallingdotseq 2.10$$

となり，両側検定の p 値は $\mathrm{P}(|z| > 2.10) = 0.036$ だから，有意水準 5% なら 2 つの地域で政策の支持率の差はあるが，1% では差があるとはいえない． ∎

6.3.6 中央値に関する検定

所得の中央値（中位所得）は生活水準の尺度として広く利用されている．変数 x の中央値 m に関する仮説 $H_0 : m = m_0$ を検定する方法は以下のとおりである．母集団の分布関数を $F(x)$ とすると $F(m) = 1/2$ となるから，H_0 の下では $x \leq m_0$ となる確率は $1/2$ である．このとき標本 $x_1, \ldots, x_n$ のうちで $x_i \leq m_0$ となる観測値の数 $\#\{x_i \leq m_0\}$ は 2 項分布 $B(n, 1/2)$ にしたがい，その期待値は $n/2$，分散は $n/4$ となる．検定統計量を $z = (\#\{x_i \leq m_0\} - n/2)/\sqrt{n/4}$ とすると，H_0 の下で z は近似的に $N(0,1)$ にしたがう．

例 6.23 中位所得 m を 2 万ドルとする政策目標をもつ地域で年間所得について調査を実施したところ，4,500 世帯のうち 2,190 世帯が 2 万ドル以下となった．このとき仮説 $H_0 : m = 2.0$ について検定統計量は $z = (2190 - 4500/2)/\sqrt{4500/4} = -1.79$ であり，片側検定 $H_0 : m < 2.0$ に関する p 値は 0.037 となる．したがって有意水準 5% なら仮説は棄却され，有意水準 1% なら仮説は棄却されない． ∎

6.3.7 適合度検定

適合度検定とは，3.1 節で紹介した分割表の各セルの比率に関する検定を意味する．たとえば，

(1) ある集団の ABO 血液型 A，O，B，AB の分布は $4:3:2:1$ の割合か，

(2) ある地域で毎日発生する地震の件数はポアソン分布にしたがうか，

(3) 株価の変動は正規分布にしたがうか，

などについて確かめる場合に適合度検定が用いられる．

カテゴリ数 k については，これらの例のうち，(1) は自明に $k=4$ であるが，(2) の件数は $0,1,2,\ldots$ となるため適当な上限を設けて 5 件以上などのカテゴリにまとめる．(3) の場合は連続的だから適当な階級に分ける必要がある．いずれも各カテゴリの確率 π_i $(i=1,\ldots,k)$ は仮説によって与えられる．(1) の例では $(\pi_1,\pi_2,\pi_3,\pi_4)=(0.4,0.3,0.2,0.1)$ である．

一般に，ある変数（属性）が k 個のカテゴリに分類され，観測度数と仮説によって定められる期待度数を次のように表す．

カテゴリ	1	2	$\cdots$	k	合計
観測度数	O_1	O_2	$\cdots$	O_k	n
期待度数	E_1	E_2	$\cdots$	E_k	n

$(O_1,\ldots,O_k)$ は多項分布にしたがうから，期待度数は $E_i=n\pi_i$ $(i=1,\ldots,k)$ である．n が大きいとき，次の統計量は自由度 $(k-1)$ のカイ 2 乗分布 $\chi^2(k-1)$ で近似される[25]．

$$\chi^2=\sum_{i=1}^{k}\frac{(O_i-E_i)^2}{E_i}$$

仮説が正しいときは χ^2 は小さくなるから，棄却域は $\chi^2>c$ と片側検定となる．なお，以下に示す例のように，標本にもとづいて q 個の母数を推定してから期待度数を計算した場合は，カイ 2 乗分布の自由度は $(k-q-1)$ となる．

例 6.24　日本における毎日の地震発生回数にポアソン分布 $Po(\lambda)$ があてはまるだろうか．震度 2, 3, 4 以上の観測度数と期待度数は次のとおりである[26]．

		観測度数と期待度数										
震度＼回		0	1	2	3	4	5	6	7	8	計	χ^2
2 以上	O	91	122	78	48	12	9	3	0	2	365	
2 以上	E	81	122	92	46	17	5	1	0	0	365	69.75
3 以上	O	247	86	26	4	2					365	
3 以上	E	237	103	22	3	0					365	10.89
4 以上	O	329	32	4							365	
4 以上	E	327	36	2							365	2.31

25)　$k=2$ の場合について確かめよう．$(O_1-E_1)^2=(O_2-E_2)^2$ だから $\chi^2=\{(O_1-n\pi_1)/\sqrt{n\pi_1(1-\pi_1)}\}^2$ となる．近似的に $O_1\sim N(n\pi_1,n\pi_1(1-\pi_1))$ だから，χ^2 は自由度 1 のカイ 2 乗分布（5.6.6 項）となる．

26)　気象庁「震度データベース」(2019 年 1 月 1 日〜12 月 31 日)．

λ の推定値はそれぞれ $\widehat{\lambda} = 1.50, 0.43, 0.11$ である．カテゴリは各震度の最大値以上をまとめて，たとえば震度 4 以上なら $k = 3$ として期待度数は $x \geq 2$ について計算している．λ を推定しているため，χ^2 の自由度は $(k-2)$ となる．適合度検定の結果は χ^2 または p 値から判断できる．震度 2 以上では $p = 1.7 \times 10^{-12}$ と高度に有意，震度 3 以上では $p = 0.012$ と 5% で有意，震度 4 以上では $p = 0.13$ と 10% でも有意にならず，ポアソン分布は否定されない． ∎

例 6.25 2019 年のセイコー・エプソン株式会社の株価の前取引日からの変化率 x (%) は，$\overline{x} = 0.050$, $s_x^2 = 1.546$ であった ($n = 233$)．変化率の分布が正規分布 $N(0.050, 1.546)$ にしたがうという仮説を検定するため，$k = 6$ 階級に分けて，観測度数と，正規分布 $N(0.050, 1.546)$ による期待度数を求めると表のようになる．

カテゴリ	(1)	(2)	(3)	(4)	(5)	(6)	合計
観測度数	11	221	85	93	25	3	233
期待度数	5.3	31.7	79.5	79.5	31.7	5.3	233

検定統計量は $\chi^2 = 1143.0$ となり，μ, σ^2 を推定したから自由度は $6-2-1=3$ である．上側 5% 点は 7.81 だから，仮説は棄却され，変化率の分布は正規分布ではない． ∎

6.3.8 分割表における独立性の検定

2 次元分割表において，2 つの変数（属性）の関連を判断するのが**独立性検定**である．次は 2 変数 A と B に関する $r \times c$ 分割表である．

	B_1	B_2	$\cdots$	B_c	行和
A_1	f_{11}	f_{12}	$\cdots$	f_{1c}	$f_{1\cdot}$
A_2	f_{21}	f_{22}	$\cdots$	f_{2c}	$f_{2\cdot}$
$\vdots$	$\vdots$	$\vdots$		$\vdots$	$\vdots$
A_r	f_{r1}	f_{r2}	$\cdots$	f_{rc}	$f_{r\cdot}$
列和	$f_{\cdot 1}$	$f_{\cdot 2}$	$\cdots$	$f_{\cdot c}$	$f_{\cdot\cdot} = n$

ここで f_{ij} はセル (A_i, B_j) の度数，$f_{i\cdot} = \sum_{j=1}^{c} f_{ij}$ は行和，$f_{\cdot j} = \sum_{i=1}^{r} f_{ij}$ は列和，$f_{\cdot\cdot} = n$ は合計である．$f_{\cdot j}/n$ と $f_{\cdot j}/n$ は，A, B の各カテゴリの相対度数である．したがって，A と B が独立という帰無仮説の下では，セル (A_i, B_j) の期待度数は $\widehat{f_{ij}} = n(f_{i\cdot}/n)(f_{\cdot j}/n) = f_{i\cdot}f_{\cdot j}/n$ となる．適合度検定と同じように次の統計量をつくると，これは n が十分に大きいとき自由度 $(c-1)(r-1)$ のカイ 2 乗分布で近似される．なお自由度が $(c-1)(r-1)$ となるのは，行和と列和に制約があるためである．

$$\chi^2 = \sum_{i=1}^{r}\sum_{j=1}^{c}\frac{(f_{ij}-\widehat{f}_{ij})^2}{\widehat{f}_{ij}}$$

例 6.26 ある調査では，300 世帯に対して詳細な調査票（ロングフォーム），300 世帯に対して簡易な調査票（ショートフォーム）を配布した．その際，当初の標本において協力を得られない世帯があれば代替世帯を抽出した．2 種類の調査（詳細・簡易とよぶ）における当初標本と代替標本の観測度数および期待度数について，以下の表の結果が得られた[27]．調査への協力程度を代替標本の比率で測定し，2 種類の調査票に関して協力程度に差がないという帰無仮説を検定しよう．

観測度数

	当初	代替	計
詳細	261	39	300
簡易	276	24	300
計	547	63	600

期待度数

	当初	代替	計
詳細	273.5	31.5	300
簡易	273.5	31.5	300
計	547	63	600

検定統計量は $(261-273.5)^2/273.5+(276-273.5)^2/273.5+(39-31.5)^2/31.5+(24-31.5)^2/31.5 \fallingdotseq 4.17$ となる．自由度 $(2-1)\times(2-1)=1$ のカイ 2 乗分布の上側 5%点は 3.84 だから，仮説は棄却され，協力の程度に違いがあると判断される． ∎

演 習 問 題

1. $x \sim N(500, 100^2)$ のとき，以下の確率を求めよ．
   (1) $P(x > 800)$　(2) $P(|x-500| < 200)$
   (3) $P(|x-600| < 100)$　(4) $P(x = 800)$
2. 5 章の演習問題 1 で，母集団企業から無作為に 100 社を選んだとき，そのうち 76 社以上が海外拠点をもっている確率を求めよ（超幾何分布・2 項分布の正規近似）．
3. 全国の 2 人以上世帯について，母集団の 1 か月の消費支出 x は平均 $\mu = 30$（万円），標準偏差 $\sigma_x = 25$（万円）とする．無作為に抽出した 6,400 世帯の平均消費支出が $20 < \overline{x} < 40$ となる確率を求めよ．
4. ある型の電球 $n = 25$ 球を取り出して寿命 x（時間）を測定したところ，$\overline{x} = 1410$ であった．寿命が正規分布にしたがうとき，平均寿命 μ の 95%信頼区間を求めよ．ただし，$\sigma = 200$（時間）とする．また，$\mu_0 = 1480$ および $\mu_0 = 1500$ に対して，仮説 $H_0 : \mu = \mu_0$ を両側対立仮説に対して有意水準 5%で検定し，両側

27) この例は全国消費実態調査（総務省）の試験調査を参考にしている．ロングフォーム・ショートフォームについては 1.5.4 項で解説している．

検定で受容されることと μ_0 が信頼区間に含まれることが同等であることを確かめよ．

5. 問 4 で σ は未知とする．$n = 11, \overline{x} = 1410, s^2 = 200^2$ として，この電球の平均寿命 μ の 95%信頼区間を求めよ．
6. ある殺虫剤の効果を調べるために，果樹園の木を無作為に選んで収穫した果実の収穫量 x (kg) を測定した．殺虫剤を散布した木 $n_1 = 30$（本）では $\overline{x}_1 = 9.95$，散布しなかった木 $n_2 = 20$（本）では $\overline{x}_2 = 9.45$ となった．いずれの収穫量も標準偏差 $\sigma = 0.95$ の正規分布にしたがうと仮定して，$\delta = \mu_1 - \mu_2$ の 95%信頼区間を構成せよ．また，同じデータで，仮説 $H_0 : \mu_1 = \mu_2$ を両側対立仮説に対して有意水準 5% で検定せよ．
7. ある大都市で $n = 2{,}500$（人）の有権者を調査したところ，ある政策に賛成すると回答した人は $x = 1{,}225$ であった．都市の有権者全体における賛成の比率 θ の信頼係数 95% の信頼区間を求めよ．また，仮説 $H_0 : \theta = 0.5$ を対立仮説 $H_1 : \theta < 0.5$ に対して有意水準 5% で検定せよ．
8. テレビを保有している世帯のなかから 500 世帯を選んで調べたところ，90 世帯があるドラマを観ていた．このドラマの視聴率の信頼係数 95% の信頼区間を導け．
9. 次の表は，オリンピック・パラリンピック競技大会やサッカー，テニスなどのスポーツ国際大会での日本選手の活躍に，どのくらい関心をもっているか調査をした結果である（回答総数 1,897 人）．ただし，小数点以下 2 位を四捨五入しているため，合計は 100 とはならない．なお，(1)～(5) は次の選択肢に対応する．

   (1) 非常に関心がある，　(2) やや関心がある，　(3) わからない，
   (4) あまり関心がない，　(5) ほとんど関心がない．

   データは単純無作為抽出されたものとして，「(1) 非常に関心がある」の母比率の 95%信頼区間を求めよ．

	(1)	(2)	(3)	(4)	(5)
比率 (%)	48.3	40.5	0.1	8.2	2.8

（資料：文部科学省「体力・スポーツに関する世論調査（平成 25 年 1 月調査）」）
（「統計検定 2 級」2017 年 11 月，改題）

10. 「一等がでる確率 20%，二等がでる確率 30%」といわれているくじを引いたところ 50 人中一等が 5 人，二等が 12 人で，あとはハズレであった．一等，二等，ハズレの確率を 20%，30%，50% とする帰無仮説に対して，有意水準 5% の適合度検定を行え．（「統計検定 2 級」2017 年 11 月，改題）
11. ある製板工場で生産している金属板の厚さは，工程が正常なとき，平均 $\mu = 0.050$ (cm) の正規分布にしたがっている．10 枚の金属板の標本を測定したところ，$\overline{x} = 0.53, s = 0.03$ であった．帰無仮説を $\mu = 0.5$，対立仮説を $\mu \neq 0.5$ として，有意水準 5% で検定せよ．

7章

回帰モデルによる推測

本章では，3 章で学んだ回帰分析にもとづいて，母集団に関する確率的な構造をもつモデルを導入し，回帰係数に対する信頼区間の構成と仮説検定の手法を解説する．さらに，経済データ分析で広く使われるダミー変数とその応用を学ぶ．

7.1 単回帰モデル

統計的推測では，通常，複数の説明変数をもつ重回帰モデルが用いられる．本節では，特別な場合として単回帰モデルの基本的な考え方を紹介し，重回帰モデルの主要な結果は 7.2 節で改めて記述する．

理論的なモデルでは回帰式を

$$y = f(x) + \varepsilon$$

と想定する．ここで $f(x)$ は説明変数 x が与えられたときに従属変数 y のとる平均的な値であり，ε は x 以外の要因が y に与える影響を表している．物理学などの理論的な背景があれば，ある物体の時刻 x における位置を y とすると関数形 $f(x)$ が与えられることもある．このとき ε は測定にかかわる誤差を表す．

一方，経済データに関しては，関数形には通常は強い根拠がないため，近似として**線形回帰モデル**

$$y = \alpha + \beta x + \varepsilon$$

を想定する．ここで ε は**誤差項**（または**撹乱項**）とよばれる，x 以外の要因による y の変動を表す確率変数である．定数項と回帰係数を α, β と書くのは未知の母数であることを表している．経済分析では，通常は説明変数 x が従属変数に与える効果である β の推定に関心がある．

n 個の観測値 (x_i, y_i) $(i = 1, \ldots, n)$ に対して $y_i = \alpha + \beta x_i + \varepsilon_i$ と想定するとき，誤差項 ε_i に関する以下の条件を**標準的な仮定**とよぶ．

$$(1)\ E(\varepsilon_i) = 0, \qquad (2)\ \mathrm{cov}(\varepsilon_i, \varepsilon_j) = 0 \quad (i \neq j), \qquad (3)\ \mathrm{var}(\varepsilon_i) = \sigma^2.$$

(1) は誤差の本質的な条件で $E(y_i)=\alpha+\beta x_i$ を保証する．これに対して (2), (3) の条件は経済データでは必ずしも満たされるとは限らない．(2) は誤差が独立な場合に期待できる無相関性であり, $E(\varepsilon_i\varepsilon_j)=0$ と書いてもよい．また, (3) は誤差項の分散は x によらず一定であることを表している．$\mathrm{var}(y_i)=\mathrm{var}(\varepsilon_i)=\sigma^2$ だから，σ を方程式の標準偏差とよぶことがある．

x の値を事前に指定する実験データの場合には，説明変数 x は確率変数ではない．回帰モデルでは，通常，この条件も要求される．しかし，経済データの場合のように，標本を無作為に抽出すると (x_i, y_i) は 2 変数の確率変数となることもある．この場合，ε_i の分布は x とは独立であるという仮定をおく．いずれにせよ，以下の議論では $x_1,\ldots,x_n$ は固定したものと考える．

回帰係数の推定　3.3 節で解説した最小 2 乗法によって，回帰係数の推定量が求められる．

$$\widehat{\beta}=\sum_i(x_i-\overline{x})(y_i-\overline{y})\Big/\sum_i(x_i-\overline{x})^2,\quad \widehat{\alpha}=\overline{y}-\widehat{\beta}\,\overline{x}$$

$\widehat{\beta}$ を ε_i の関数として表現するために $S_x^2=\sum_i(x_i-\overline{x})^2$ として, $w_i=(x_i-\overline{x})/S_x^2$ とおく．すると w_i について次の性質が確かめられる．

$$\sum_i w_i=0,\quad \sum_i w_i\,x_i=\sum_i w_i\,(x_i-\overline{x})=1,\quad \sum_i w_i^2=1/S_x^2 \quad (7.1.1)$$

このとき $\widehat{\beta}=\sum_i(x_i-\overline{x})(y_i-\overline{y})/S_x^2=\sum_i w_i y_i$ から次の表現が得られる．

$$\widehat{\beta}=\sum_i w_i\,(\alpha+\beta x_i+\varepsilon_i)=\beta+\sum_i w_i\,\varepsilon_i \quad (7.1.2)$$

このように，$\widehat{\beta}$ は誤差項 ε_i の 1 次式である．したがって，期待値と分散は次の式で与えられる．

$$E(\widehat{\beta})=\beta+\sum_i w_i\,E(\varepsilon_i)=\beta, \quad (7.1.3)$$

$$\mathrm{var}(\widehat{\beta})=\sum_i w_i^2\,\mathrm{var}(\varepsilon_i)=\frac{\sigma^2}{S_x^2} \quad (7.1.4)$$

(7.1.3) 式は $\widehat{\beta}$ が β の**不偏推定量**であることを示している．また，β の分散は n が大きくなると 0 に近づくことが，次のようにして確かめられる．経済データのように無作為抽出を想定すると，x の標本分散 $s_x^2=S_x^2/(n-1)$ は母分散 σ_x^2 に近づく．(7.1.4) 式の分母は $S_x^2=(n-1)s_x^2$ だから無限に大きくなる．実験で x が固定されている場合は s_x^2 は定数だから S_x^2 は大きくなる．この結果とチェビシェフの不等式から $\widehat{\beta}$ は β の**一致推定量**である[1].

さらに, 特定の x_0 が与えられたとき, $y_0 = \alpha + \beta x_0 + \varepsilon_0$ の予測値 $\widehat{y}_0 = \widehat{\alpha} + \widehat{\beta} x_0$ は, $E(y_0 - \widehat{y}_0) = E(y_0) - E(\widehat{\alpha} + \widehat{\beta} x_0) = 0$ という関係を満たすことがわかる. このとき $\widehat{y}_0$ を**不偏な予測値**とよぶ[2].

残差と誤差 観測値と予測値の差

$$e_i = y_i - \widehat{y}_i = y_i - (\widehat{\alpha} + \widehat{\beta} x_i)$$

が**残差**であり, 確率変数であるが, その実現値はデータから計算できる. 残差は観測できない誤差 ε_i の推定量と考えることができる. なお, 残差の期待値は $E(e_i) = E(y_i) - E(\widehat{y}_i) = 0$ となるから, $\widehat{y}_i$ は y_i の不偏な予測値である.

誤差の分散 σ^2 を推定するために $\widehat{\sigma}^2 = \sum_i e_i^2/n$ を用いることができるが, これは不偏ではないため, 通常は, 分散の**不偏推定量** $s^2 = \sum_i e_i^2/(n-2)$ が用いられる.

○回帰係数に関する推測

$\widehat{\alpha}$, $\widehat{\beta}$ に関する推論のためには, 誤差項の分布に関する仮定が必要となる. n が大きい場合には, **中心極限定理**によって $\widehat{\beta}$ に正規分布を想定できる. 一方, n が小さい場合には, ε_i が正規分布にしたがうことを仮定する[3].

いずれの場合でも $\widehat{\beta}$ は正規分布にしたがい, (7.1.3) 式と (7.1.4) 式から $z = (\widehat{\beta} - \beta)/(\sigma/S_x) \sim N(0,1)$ となる.

一方, $U = (n-2)s^2/\sigma^2$ は $\widehat{\beta}$ と独立に自由度 $(n-2)$ のカイ 2 乗分布にしたがうことが示される. 5.6.6 項の t 分布の定義を参照すると, $t = z/\sqrt{U/(n-2)} = (\widehat{\beta} - \beta)/\mathrm{se}(\widehat{\beta})$ は自由度 $(n-2)$ の t 分布にしたがう[4]. ここで $\mathrm{se}(\widehat{\beta}) = s/S_x$ は $\widehat{\beta}$ の標準誤差である.

この結果を用いると, 回帰係数 β や定数項 α に関する推測を行うことができる. 具体的には t_0 を $t(n-2)$ の上側 $\alpha/2$ 点とするとき, 信頼係数 $(1-\alpha)$ の**信頼区間**は

$$\widehat{\beta} - t_0\,\mathrm{se}(\widehat{\beta}) < \beta < \widehat{\beta} + t_0\,\mathrm{se}(\widehat{\beta})$$

で与えられる. また帰無仮説を $H_0 : \beta = \beta_0$ とするとき, 有意水準 α の両側検定の**棄却域**は $|t| = |\widehat{\beta} - \beta_0|/\mathrm{se}(\widehat{\beta}) > t_0$ で与えられる.

---

1) 同様に, α の推定量 $\widehat{\alpha}$ は不偏性と一致性をもつ.
2) y_0 は確率変数だから $E(\widehat{y}_0) = y_0$ とはならない.
3) 中心極限定理は ε_i の加重平均に対しても成立する. 一方, 厳密な正規分布は経済分析ではほとんど正当化できない仮定である.
4) 証明は付録 A.2 参照. これから $E(s^2) = \sigma^2$ が導かれる.

x が Δx だけ大きいとき，対応する y は $\Delta y = \beta\Delta x$ だけ変化する．$\beta = 0$ のときは x は y に影響を与えないから，仮説 $H_0 : \beta = 0$ には特別な意味がある．この仮説が棄却されるとき，β は有意に 0 と異なる，または単に**有意**という．そのため，通常のソフトウェアでは，H_0 の検定に適用される $t = \widehat{\beta}/\mathrm{se}(\widehat{\beta})$ が t 値として表示される．

例 7.1 消費支出を所得に回帰した例が図 7.1 である[5]．

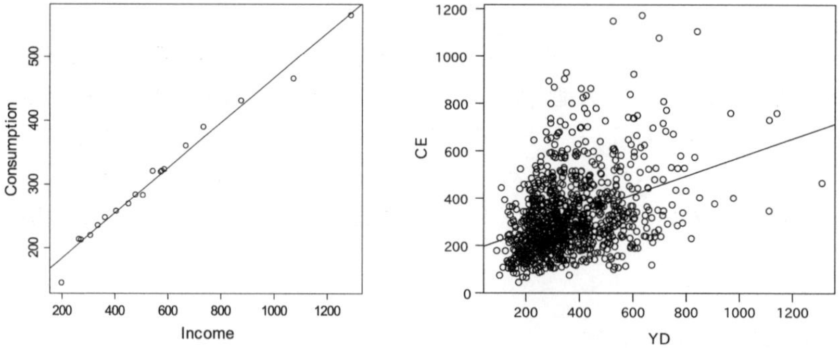

図 7.1 所得と消費支出（左：集計データ，右：ミクロデータ）

右のミクロデータは横軸に可処分所得 (YD)，縦軸に消費支出 (CE) をとった散布図であり，回帰分析の誤差に関する標準的な仮定の成立は疑わしくても 1 次式は許容される．ただし，係数に関する仮説検定では自由度が十分大きいため t 分布の出番はない．一方，左の図は，公表されている 19 階級の所得 x と消費支出 y の散布図である．強い線形関係がみえるが，このデータでは，各階級の平均が与えられているため，もともと中心極限定理の効果によって各階級のなかの所得の平均 y は正規分布に近い．したがって，誤差に関する正規分布の仮定は妥当と考えられる．回帰分析の結果は次のとおりである．

$$y = 113.1 + 0.355\,x \qquad (R^2 = 0.983)$$

x の t 値は 31.4，p 値は 2×10^{-16} と非常に小さいが，所得が消費の主要な要因であることは周知の事実なので，新しい発見はない．もう少し意味のある問題として，x の係数である限界消費性向が 2000 年と同じ $\beta = 0.342$ になるという仮説を検定すると，$t = (\widehat{\beta} - 0.342)/\mathrm{se}(\widehat{\beta}) = (0.355 - 0.342)/0.01131 = 1.11$，$t(17)$ から $p = 0.282$ となり，違いがあるとはいえない[6]． ∎

5) 総務省「家計調査」2019 年，所得階級別 1 か月あたり，単位千円，および擬似ミクロデータ．
6) $\mathrm{se}(\widehat{\beta})$ は結果に記載されていないことがあるが，その場合でも $t = \widehat{\beta}/\mathrm{se}(\widehat{\beta})$ という関係から求められる．

例 7.2 次の図は，アメリカの大規模小売チェーン店でのツナ缶の販売価格 x と販売数量 y の散布図と回帰直線（原単位および対数，$n = 338$）である[7]．

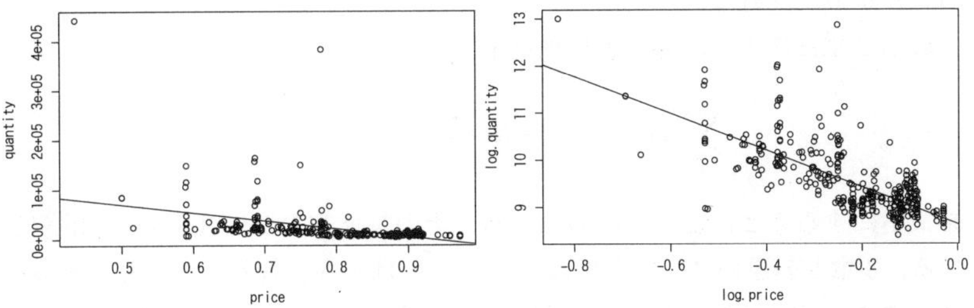

回帰分析の結果は，左図の原単位は $y = 150.5 - 161.3x$ $(R^2 = 0.1902)$，右図の対数変換は $\log y = 8.63 - 3.92 \log x$ $(R^2 = 0.4994)$ でこの方が適切である．

```
Call: lm(formula = log.y ~ log.x
              Estimate Std.Error t value Pr(>|t|)
(Intercept)   8.63325   0.05638  153.13   <2e-16 ***
log.x        -3.92056   0.21415  -18.31   <2e-16 ***
---
Residual standard error: 0.5288 on 336 degrees of freedom
Multiple R-squared:  0.4994,    Adjusted R-squared:  0.4979
```

標本は $n = 338$ と大きく，t 統計量は正規分布とみなせる．$|t| > 1.96$ だから，有意水準 5% で $\beta = 0$ という帰無仮説が棄却されるが，この結果は当然で特段の発見はない．一方，経済分析では x の係数（需要の価格弾力性）に関心がある[8]．そこで帰無仮説を $\beta = -1$ とすると $t = (-3.92 - (-1))/0.214 \fallingdotseq -13.6$ となり，両側対立仮説に対して有意水準 5% で棄却される．このことから価格を 1% 下げれば需要は 1% 以上増加し，売上は増加すると予想できる．

（「統計検定 2 級」2017 年 11 月，改題） ■

7.2 重回帰モデル

現実には説明変数には複数の要因が存在する．3 章で取り上げた Cobb-Douglas 生産関数では資本と労働の投入量が影響を与えるし，家計消費には所得以外に世帯人員数や貯蓄額などの要因が影響する．

k 個の説明変数を $x_1, \ldots, x_k$ とし，観測値を $(x_{1i}, \ldots, x_{ki},\ y_i)$ $(i = 1, \ldots, n)$ とするとき，**重回帰モデル**は次のように表現される．

---

7) James, M. Kilts Center, University of Chicago Booth School of Business, Dominick's Finer Foods database から Brand#1. R の library(bayesm) から入手可能.

8) 支出弾力性については 8.4.2 項に解説がある.

$$y_i = \beta_0 + \beta_1 x_{1i} + \cdots + \beta_k x_{ki} + \varepsilon_i$$

ここでも，誤差項に関する標準的な仮定，および説明変数と誤差項は独立であることが仮定される．

最小 2 乗法による回帰係数の推定量 $\widehat{\beta}_0, \ldots, \widehat{\beta}_k$ は

$$\sum_{i=1}^{n} \left\{ y_i - (\beta_0 + \beta_1 x_{1i} + \cdots + \beta_k x_{ki}) \right\}^2$$

を最小にすることによって求められる．その具体的な形は 3.3.3 項で解説している．3 章との違いは，ここでは $\widehat{\beta}_0, \ldots, \widehat{\beta}_k$ は確率変数となることである．付録 A.7 を拡張する形で残差平方和について $\sum e_i^2/\sigma^2 \sim \chi^2(n-k-1)$ となること，および $\widehat{\beta}_0, \ldots, \widehat{\beta}_k$ はいずれも ε_i の 1 次式となることが確かめられる．特に $\widehat{\beta}_j$ $(j = 0, 1, \ldots, k)$ は β_j の不偏推定量であり，その分散は σ^2 の定数倍 $(x_{1i}, \ldots, x_{ki}$ の関数）となることが示される．

正規分布の仮定がなりたつとき，$t = (\widehat{\beta}_j - \beta_j)/\mathrm{se}(\widehat{\beta}_j)$ は自由度 $(n-k-1)$ の t 分布にしたがう．この t 統計量を用いることで，個々の回帰係数の信頼区間を構成したり，仮説を検定することができる．

自由度調整済み決定係数　説明変数に $x_1, \ldots, x_k$ を用いた回帰モデルを $y = f(x_1, \ldots, x_k) + \varepsilon$ と書くと，説明変数と ε は独立と仮定しているから，従属変数 y の分散は $\mathrm{var}(y) = \mathrm{var}(f(x_1, \ldots, x_k)) + \mathrm{var}(\varepsilon)$ と分解される．したがって $\mathrm{var}(f(x_1, \ldots, x_k))/\mathrm{var}(y) = 1 - \mathrm{var}(\varepsilon)/\mathrm{var}(y)$ は $x_1, \ldots, x_k$ によって説明される y の変動を表す．決定係数は，標本を用いてこの割合を表現するものである．

$\widehat{y}_i = \widehat{\beta}_0 + \widehat{\beta}_1 x_{1i} + \cdots + \widehat{\beta}_k x_{ki}$ を y_i の予測値，$e_i = y_i - \widehat{y}_i$ を残差とすると，従属変数の平方和は，(3.3.6) 式と同様の手順で，次のように分解される．

$$\sum_{i=1}^{n} (y_i - \overline{y})^2 = \sum_{i=1}^{n} (\widehat{y}_i - \overline{y})^2 + \sum_{i=1}^{n} e_i^2$$

決定係数 R^2 は，記述統計の (3.3.7) 式と同じく，

$$R^2 = \frac{\sum_{i=1}^{n} (\widehat{y}_i - \overline{y})^2}{\sum_{i=1}^{n} (y_i - \overline{y})^2} = 1 - \frac{\sum_{i=1}^{n} e_i^2}{\sum_{i=1}^{n} (y_i - \overline{y})^2} = 1 - \frac{\widehat{\sigma}^2}{\widehat{\sigma}_y^2} \qquad (7.2.1)$$

と定義される．ここで $\widehat{\sigma}^2 = \sum_{i=1}^{n} e_i^2/n$, $\widehat{\sigma}_y^2 = \sum_{i=1}^{n} (y_i - \overline{y})^2/n$ は，それぞれ $\mathrm{var}(\varepsilon)$ と $\mathrm{var}(y)$ の推定値である．

ところで，決定係数は説明変数の数を増やせば増加するため，説明変数の数が異なる回帰式を比較する際には適切な指標とはいえない．そのような比較には，$\widehat{\sigma}^2$

と $\widehat{\sigma}_y^2$ をそれぞれの不偏推定量 $s^2 = \sum e_i^2/(n-k-1)$, $s_y^2 = \sum(y_i - \overline{y})^2/(n-1)$ で置き換えた**自由度調整済み決定係数** $\overline{R}^2 = 1 - s^2/s_y^2$ が用いられる[9]．$1 - \overline{R}^2 = (1-R^2)(n-1)/(n-k-1) > 1 - R^2$ だから $\overline{R}^2 < R^2$ がなりたつ．また，R^2 が小さいときは $\overline{R}^2$ は負になりうる．

例 7.3（住宅価格） 商品の価格は性能や性質によって決まる．住宅価格では，駅からの距離，築年数，構造（木造・鉄筋），騒音の有無などの要因が反映される．住宅用中古マンション 20 件の取引価格（万円）を面積 floor（m^2）と築年数 age（年）に回帰した R の出力の一部は次のとおりである[10]．

```
Coefficients:
             Estimate Std. Error t value Pr(>|t|)
(Intercept) 1651.894    561.802   2.940  0.00875 **
floor        113.176      9.202  12.300 3.39e-10 ***
age          -72.416     14.473  -5.003 9.22e-05 ***
---
Residual standard error: 852 on 18 degrees of freedom
Multiple R-squared:  0.919,     Adjusted R-squared:   0.91
F-statistic: 102.1 on 2 and 18 DF,  p-value: 1.505e-10
```

この出力で，`(Intercept)` は定数項，`Estimate` が推定値であり，推定された回帰式は 取引価格 $= 1652 + 113$ floor $- 72$ age となる．取引価格は，面積が $1\,\mathrm{m}^2$ 大きいと 113 万円高く，築年数が 1 年古いと 72 万円安い．`Std.Error` が推定量の標準誤差，`Estimate` を `Std.Error` で割った値が `t value` となっている．これは，回帰係数が 0 という帰無仮説に対する t 値である．`Pr(>|t|)` は p 値である．有意水準を示す記号として，`***`, `**`, `*`, `.` は，それぞれ 0.1%，1%，5%，10% で有意であることを表している．`Residual standard error` は，残差の標準誤差 s と自由度，決定係数 `Multiple R-squared` はかなり高く，よいあてはまりといえる．`Adjusted R-squared` は自由度調整済み決定係数である．`F-statistic` の行には，すべての回帰係数が 0 という帰無仮説の検定に用いられる F 統計量の値と 2 つの自由度および p 値が示されている．F 検定については次にふれる． ∎

○複数の回帰係数に関する検定

t 検定は各説明変数の係数に関する仮説の検定方法であった．ここでは，複数の係数に対する仮説検定を考える．簡単のため，複数の係数が 0 という帰無仮説に対する検定のみを取り扱う．

いま，$(k+g)$ 個の説明変数 $x_1, \ldots, x_k, z_1, \ldots, z_g$ をもつ回帰モデル

$$y = \beta_0 + \beta_1 x_1 + \cdots + \beta_k x_k + \gamma_1 z_1 + \cdots + \gamma_g z_g + \varepsilon$$

---

9) 自由度修正済み決定係数ともよぶ．

10) 国土交通省「土地総合情報システム」から 2018 年 1–3 月期の渋谷区．

において，帰無仮説 $H_0 : \gamma_1 = \cdots = \gamma_g = 0$ の検定を考えよう．対立仮説は，$\gamma_1, \ldots, \gamma_g$ のうち少なくとも 1 つは 0 ではないとする．

観測値を $(x_{1i}, \ldots, x_{ki}, z_{1i}, \ldots, z_{gi}, y_i)$ $(i = 1, \ldots, n)$ とすると，検定の手順は以下のようになる．最初にすべての説明変数を含んだモデル

$$y_i = \beta_0 + \beta_1 x_{1i} + \cdots + \beta_k x_{ki} + \gamma_1 z_{1i} + \cdots + \gamma_g z_{gi} + \varepsilon_i$$

を推定して，残差を e_i とする．次に，H_0 が正しいときのモデル

$$y_i = \beta_0 + \beta_1 x_{1i} + \beta_2 x_{2i} + \cdots + \beta_k x_{ki} + \varepsilon_i$$

を推定して，残差を $\widetilde{e}_i$ とする．このとき，H_0 の方が説明変数が少ないので，$\sum_1^n e_i^2 \leq \sum_1^n \widetilde{e}_i^2$ が成立するが，H_0 が正しければそれらの差 $(\sum_1^n \widetilde{e}_i^2 - \sum_1^n e_i^2)$ は小さいことが期待される．一方，H_0 が正しくなければ，説明変数が不足しているので差は大きくなる．$F = \dfrac{(\sum \widetilde{e}_i^2 - \sum e_i^2)/g}{\sum e_i^2/(n-(k+g)-1)}$ は，帰無仮説 H_0 の下で自由度 $(g, n-(k+g)-1)$ の F 分布にしたがう[11]．

観測された F の値を **F 値**とよぶ[12]．有意水準 α の仮説検定は，F 値が与えられた自由度の F 分布の上側 α 点よりも大きいときに H_0 を棄却することで得られる．これを **F 検定**とよぶ．帰無仮説が棄却されると，少なくとも 1 つの説明変数は従属変数に対する説明力をもっていることが示される．

共 線 性　3 章で紹介したように，説明変数間の相関が高いと，推定された回帰係数の分散が非常に大きくなり，また不自然な結果が得られることがある．このような現象を（多重）**共線性**とよぶ．説明変数の 1 つが他の説明変数の定数倍や和で表現されるときは**完全な**共線性があり，最小 2 乗法の正規方程式が不定となる．共線性の症状として，以下のものがあげられる．

(a) 推定結果の符号が経済理論や常識と一致しない．

(b) 決定係数が大きい一方で，個々の t 値が小さい．

(c) データのわずかな変化に対して推定結果が大きく変化する．

多重共線性の解決策として，説明変数を減らす，説明変数を加工して新しい変数を合成するなどの方法が提案されている．多重共線性については，標本 n が大きいときはそれほどの問題は生じないことも知られている．

例 7.4 （Cobb-Douglas 生産関数）　3.3.6 項で紹介した Cobb-Douglas 生産関数は，生産量 (Y)，資本 (K)，労働投入量 (L) の対数に関する重回帰

---

11) F 分布の定義は 5.6.6 項参照．なお，誤差 ε が正規分布にしたがうことを仮定する．

12) 多くの統計解析ソフトウェアで出力される F 値は，すべての説明変数の係数が 0 という帰無仮説に対する検定の F 値である．

式 $\log Y = \log A + \alpha \log K + \beta \log L$ で表現される．$\log K$ と $\log L$ は非常に高い相関をもつため，強い共線性が発生し，推定は困難とされる．この例では，生産関数の 1 次同次性の仮定である $\alpha + \beta = 1$ を利用して，単回帰式 $\log(Y/L) = \log A + \alpha \log(K/L)$ と変形することによって安定的な推定を可能にするのが，一つの解決方法である． ∎

ダミー変数 ダミー変数[13]とは，性別や学歴などの質的変数を 0 または 1 の数値で表したものであり，以下のような例がある．

(a) 性別の違い 男性のとき $d = 1$，女性のとき $d = 0$ とする．

(b) 期間の違い リーマンショック以降を $d = 1$，リーマンショック以前を $d = 0$ とする．

(c) 地域の違い 3 大都市圏を $d = 1$，それ以外の地域を $d = 0$ とする．

(d) 四半期データ 3 つのダミー変数を d_1, d_2, d_3 として，それぞれ第 1，第 2，第 3 四半期のときに 1，他の四半期のとき 0 とする．定数項は基準となる第 4 四半期の値を表現する．もし第 4 四半期のときに 1 とするダミー変数 d_4 を追加すると，完全な共線性が発生する．正確に記すと次のようになる．(d_1, d_2, d_3, d_4) の値は，第 1 四半期のとき $(1,0,0,0)$，第 2 四半期のとき $(0,1,0,0)$，第 3 四半期のとき $(0,0,1,0)$，第 4 四半期のとき $(0,0,0,1)$ となり $d_1 + d_2 + d_3 + d_4 = 1$ が常になりたつ．これは定数項と同じ意味になるため，定数項を含める限り，ダミー変数の数は 3 としなければならない．

これらの例でわかるように，一般に k 個のカテゴリがある質的変数に対しては $(k-1)$ 個のダミー変数を用いる．

例 7.5（定数項ダミー） 年齢を経るにつれて変化する賃金の関係は，年齢–賃金プロファイル，または賃金カーブとよばれ，労働経済学において主要なテーマの一つである．図 7.2 に散布図と回帰曲線を示す[14]．

そこでは賃金 y を年齢 age の 2 次式で説明する回帰式に，男女の違いを表現するダミー変数（男性のとき $d = 1$，女性のとき $d = 0$）を追加している．なお $x_1 = \text{age}$, $x_2 = \text{age}^2$ とする．

$$y = \beta_0 + \beta_1 x_1 + \beta_2 x_2 + \delta d + \varepsilon$$

定数項は，男性のとき $(\beta_0 + \beta_1)$，女性とき β_0 となり，男女の賃金プロファイルの差を表現できる．この方法を**定数項**ダミーとよぶ．最小 2 乗法で推定した

13) dummy variable, 記号として d がよく用いられる．
14) データは厚生労働省「平成 26 年賃金構造基本調査」．

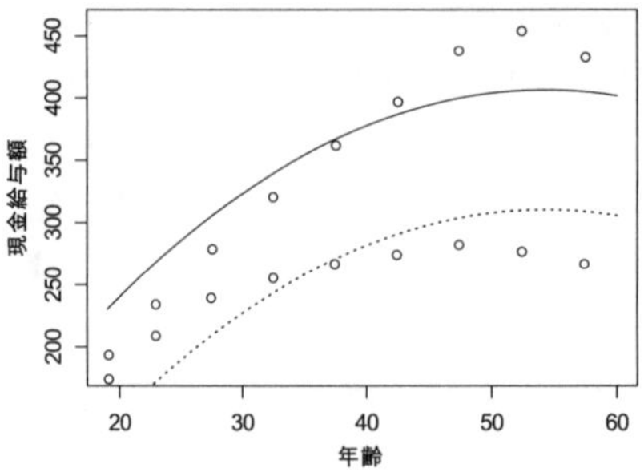

図 7.2　定数項ダミー

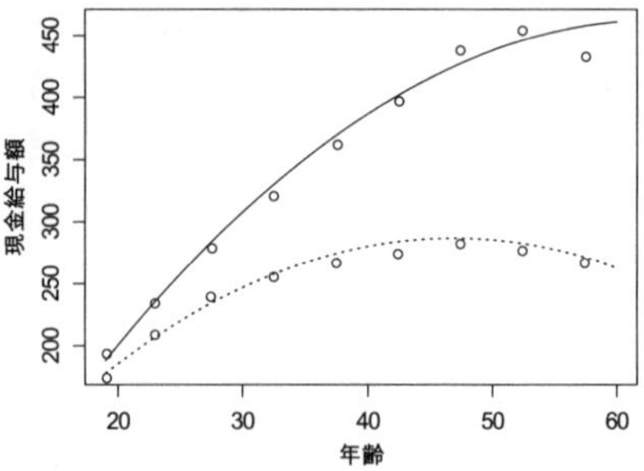

図 7.3　定数項と係数ダミー

結果は次のとおりである．

$$y = -106.7 + 15.38\,x_1 - 0.14\,x_2 + 96.1d \qquad (R^2 = 0.871)$$

δ の t 値は約 6.05 であり，女性の賃金と比較して男性の方が平均的に 96（千円）程度高いという結果が得られた．この推定結果を散布図に描いたのが図 7.2 で，実線は男性，破線は女性の年齢–賃金プロファイルである． ∎

例 7.6（係数ダミー）　図 7.2 をみると，男女の賃金プロファイル定数項以外の違いもみられる．そこで，性別ダミー変数 d と x_1, x_2 の積を新たな変数 $z_1 = d \cdot x_1$, $z_2 = d \cdot x_2$ として，これらを説明変数に追加する．

年齢，年齢の 2 乗とこれらの変数を説明変数としたモデル $y = \beta_0 + \beta_1\,x_1 + \beta_2\,x_2 + \delta_1\,z_1 + \delta_2\,z_2 + \varepsilon$ は，男性のとき $y = \beta_0 + (\beta_1 + \delta_1)\,x_1 + (\beta_2 + \delta_2)\,x_2$，女性のとき $y = \beta_0 + \beta_1\,x_1 + \beta_2\,x_2$ となり，定数項は等しく，係数の値が異なるモデルを表現している．このようなダミー変数の使い方を**係数ダミー**とよぶ．

定数項と係数が両方異なっている場合は，定数項ダミーと係数ダミーの両方を入れたモデル $y = \beta_0 + \beta_1\,x_1 + \beta_2\,x_2 + \delta_0\,d + \delta_1\,z_1 + \delta_2\,z_2 + \varepsilon$ を推定すればよい．このモデルを最小 2 乗法で推定した結果は次のとおりである．

$$y = -10.85 + 12.53\,x_1 - 0.13\,x_2 - 97.05\,d + 5.78\,z_1 - 0.02\,z_2$$
$$(R^2 = 0.991,\ \ \overline{R}^2 = 0.988)$$

ここで δ_2 の t 値は -0.49 と小さいので，z_2 を削除したモデルを推定し，次の結果を得た．

$$y = -21.0 + 13.1\,x_1 - 0.14\,x_2 - 76.89\,d + 4.58\,z_1$$
$$(R^2 = 0.991,\ \ \overline{R}^2 = 0.989)$$

説明変数の係数はすべて有意水準 1% で有意であり，$\overline{R}^2$ もわずかに大きくなっている．この推定結果を散布図に加えたのが図 7.3 であり，男女の年齢–賃金プ

ロファイルの違いが説明されている． ∎

7.3 回帰モデルの応用

差の差 (DID) 推定　保育所の定員数増大が母親の就業率に与える影響や，上水道整備が病気の罹患率に与える影響など，経済・社会政策の効果を測定するために用いられている DID 推定を紹介する[15]．これは，政策が適用された集団（処理群）と適用されなかった集団（対照群）の両方について，政策実施前後のデータが観測されている場合に政策の効果を評価する手法である．処理群については政策実施前は政策の介入を受けない結果 (A)，政策実施後は政策の介入を受けた結果 (B) が観測される．一方，対照群については政策実施前は政策の介入を受けない結果 (C)，政策実施後も政策の介入を受けない結果 (D) が観測される．

図 7.4 のように，$(B-A)$ は，政策の効果と政策実施前後の期間の経済社会の変化を含む．しかし，処理群も対照群も，政策を適用されなかったときの変化が共通であるという仮定がなりたてば，$(D-C) = (E-A) =$ 経済社会情勢の変化という関係が想定され，このとき 政策の効果 $= (B-E) = (B-A)-(D-C)$ となる．これが DID 推定の基本的な考え方である．

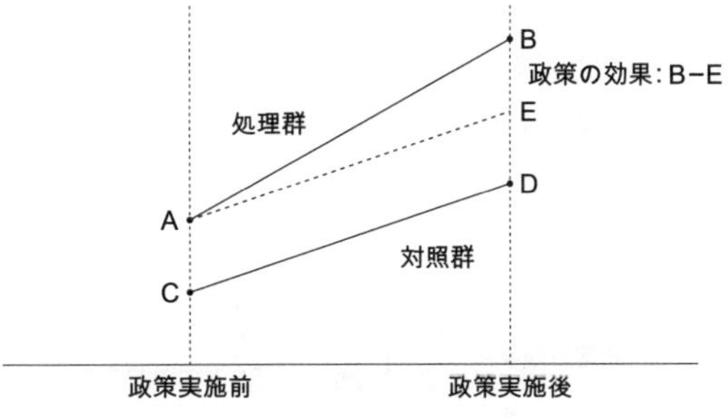

図 7.4　差の差による政策効果の評価

推定には 2 つのダミー変数を用いる．処理ダミーは処理群のとき $z=1$，対照群のとき $z=0$，時点ダミーは政策実施後のとき $d=1$，実施前のとき $d=0$ とする．政策の目的である変数 y_{it} のパネルデータでは i は個体，t は時点を表す．推定する回帰式は次のとおりである．

15)　差の差 (Difference in Differences, DID) 推定は 1 章で解説したパネルデータを利用した処理群 (treatment group) と対照群 (control group) の分析である．

$$y_{it} = \alpha + \beta\, z_{it} + \gamma\, d_{it} + \delta\,(z_{it} d_{it})$$

これから, 処理群については政策実施前は $y_{it} = \alpha+\beta$, 実施後は $y_{it} = \alpha+\beta+\gamma+\delta$ が得られる．同様に，対照群については政策実施前は $y_{it} = \alpha$，実施後は $y_{it} = \alpha+\gamma$ となる．政策の効果は

$$(B-A)-(D-C) = \{(\alpha+\beta+\gamma+\delta)-(\alpha+\beta)\} - \{(\alpha+\gamma)-\alpha\} = \delta$$

であり，$(z_{it} d_{it})$ の係数 δ を政策の効果とみなすことができる．

不連続回帰　ダミー変数の応用に，**不連続回帰**がある[16]．結果の変数がある観測可能な変数によって説明され，また，各個体が処理群に属するか，対照群に属するかが，その観測可能な変数が閾値（カットオフ値）を上回るか否かによって決まるという状況を考える．このような状況は，現実の経済・社会政策ではしばしば生じる．たとえば，通年で開講されている講義で，前期試験である点数未満の学生は補講授業を受け（処理群），ある点数以上なら補講授業を受けない（対照群）や，家庭の収入がある値より低ければ奨学金の給付を受け（処理群），高ければ給付を受けない（対照群）などがこの状況である．政策の適用を決める観測可能な変数を**強制変数**という．補講の例では，前期の試験の点数，奨学金の給付の例では家庭の収入が，強制変数である．

図 7.5 のように，政策が実施されなければ回帰式は変化せず，説明変数である強制変数の閾値における回帰直線の変化が政策の効果となる[17]．

政策の効果の評価にはダミー変数を用いる．閾値を c とすると，強制変数 z が $z > c$ という条件を満たすときに政策が適用され，従属変数 y_i が影響を受け

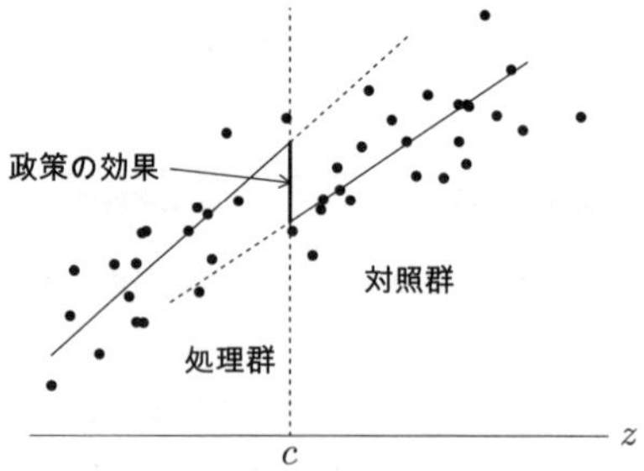

図 7.5　不連続回帰

16) Regression Discontinuity，回帰分断ともいう．
17) 前提として，強制変数の閾値において他の因子が大きく変化しないこと，強制変数は閾値の周辺で連続的に変化すること，政策のルールおよび閾値は明確にわかっている，などの条件が要求される．

る．そこで $z_i - c$ を説明変数とする回帰モデルを，次のように想定する．

$$\text{処理群}：y = \alpha_1 + \beta_1(z - c) + \varepsilon_1, \quad \text{対照群}：y = \alpha_0 + \beta_0(z - c) + \varepsilon_0$$

α_1 と α_0 は，$z = c$ のときの y_1, y_0 の平均的水準を表しており，これらの差 $(\alpha_1 - \alpha_0)$ を政策の効果と解釈できる．

処理群のとき $T = 1$，対照群のとき $T = 0$ とするダミー変数 T を使えば，回帰式を 1 つにまとめることができる．

$$\begin{aligned} y_i &= \alpha_0(1 - T_i) + \alpha_1 T_i + \beta_0(1 - T_i)(z_i - c) + \beta_1 T_i(z_i - c) + \varepsilon_i \\ &= \alpha_0 + (\alpha_1 - \alpha_0)T_i + \beta_0(z_i - c) + (\beta_1 - \beta_0)T_i(z_i - c) + \varepsilon_i \end{aligned}$$

ここで T_i の係数 $\alpha_1 - \alpha_0$ が政策の効果と解釈される．

構造変化　F 検定の応用の一つに，石油危機やバブル崩壊など，ある時期を境に経済構造が変わる**構造変化**の検定がある．観測値は時間に沿って観測される時系列データ（8.1 節参照）として，ここでは説明変数 $(x_1, \ldots, x_k)$ と従属変数 y_t の観測値 $(x_{1t}, \ldots, x_{kt}, y_t)$ の添え字は時点 $t = 1, \ldots, T$ を表す．時点 t_0 と $t_0 + 1$ の間に構造変化が起きたと考え，ダミー変数を構造変化以前は $d = 0$，以降は $d = 1$ と定義する．このダミー変数を用いて

$$y_t = \beta_0 + \beta_1 x_{1t} + \cdots + \beta_k x_{kt} + \delta_0 d_t + \delta_1 (d_t x_{1t}) + \cdots + \delta_k (d_t x_{kt}) + \varepsilon_t$$

とすると，構造変化がないという帰無仮説は $H_0 : \delta_0 = \delta_1 = \cdots = \delta_k = 0$ であり，F 統計量を利用することで，構造変化の有無を判断できる．

演 習 問 題

1. 本文の (7.1.3) 式と (7.1.4) 式を確かめよ．
2. 大きさ $n = 40$ の無作為標本から，次の統計量が算出された．$\overline{x} = 3.0$, $\overline{y} = 8.2$, $s_x^2 = 1.0^2$, $s_y^2 = 2.5^2$, $s_{xy} = 2.0$．単回帰モデル $y = \alpha + \beta x + \varepsilon$ を考える．
   (1) 最小 2 乗法によって推定量 $\widehat{\alpha}, \widehat{\beta}$ を求めよ．
   (2) 決定係数 R^2 を求めよ．
   (3) 残差平方和 $\sum e_i^2$ はいくらか．
3. 重回帰分析モデル $y = \beta_0 + \beta_1 x_1 + \cdots + \beta_k x_k + \varepsilon$ について，
   (1) β_0 および $\beta_1, \ldots, \beta_k$ の意味を説明せよ．
   (2) 最小 2 乗法による予測値を $\widehat{y}_i$，残差を $e_i = y_i - \widehat{y}_i$ とするとき，$y_i, \widehat{y}_i$ および e_i を用いて，R^2 の式を表せ．

4. 変数 x_1 だけを用いた単回帰モデル $y = \alpha_0 + \alpha_1 x_1 + \varepsilon$ から得られる推定値 $\widehat{\alpha}_1$ と，もう一つの変数 x_2 を追加した重回帰モデル $y = \beta_0 + \beta_1 x_1 + \beta_2 x_2 + \varepsilon$ から得られる $\widehat{\beta}_1$ を考える．
   (1) $\widehat{\alpha}_1$ と $\widehat{\beta}_1$ との違いを述べよ．
   (2) x_1 と x_2 の相関係数が 0 のとき，$\widehat{\alpha}_1$ と $\widehat{\beta}_1$ とは一致することを示せ．
5. 次の回帰分析の結果から，価格 Price が売上 Sales に影響を与えないという仮説 H_0 を有意水準 5%で検定せよ．

```
Coefficients:
            Estimate Std. Error t value Pr(>|t|)
(Intercept) 210.7736    79.9837   2.635   0.0299 *
Price        -0.3640     0.7571  -0.481   0.6435
---
Signif. codes:  0 '***' 0.001 '**' 0.01 '*' 0.05 '.' 0.1 ' ' 1
Residual standard error: 35.5 on 8 degrees of freedom
Multiple R-Squared: 0.02808,    Adjusted R-squared: -0.09341
F-statistic: 0.2311 on 1 and 8 DF,  p-value: 0.6435
```

6. ノーベル賞受賞者について，最盛期年齢 Age を最高学位取得年齢 PhDAge とダミー変数 Theoretical（理論研究の場合に 1）で説明するモデルを推定した[18]．

```
%Call:
%lm(formula = Age ~ PhDAge + Theoretical)
%
Coefficients:
             Estimate Std. Error t value Pr(>|t|)
(Intercept)   31.9271     2.8117  11.355  < 2e-16
PhDAge         0.3038     0.1064   2.856  0.00446
Theoretical   -4.4339     0.9355  -4.740 2.77e-06
```

   (1) 推定された回帰式を表せ．
   (2) 各回帰係数の有意性について 5%有意水準で検定を行え．

（「統計検定 2 級」2017 年 6 月，改題）

18) Jones and Weinberg によるノーベル賞受賞者データ．

8章

経済データの活用と表現

本章は，これまでの各章で紹介した統計分析手法を適用した例を読み解くとともに，基本的な問題に対しては，読者が自ら分析手法を適用することを目標としている．そのために，まず，経済統計の主要な形式である時系列データの特徴と，さまざまな経済データで利用される指数について学習する．続いて，経済分野の主要な話題として人口と労働力，家計の収支，事業所と企業の活動をとらえる統計とその分析手法を紹介し，最後に，総合的なマクロ経済にかかわる統計について解説する．

さまざまな経済データに関する知識を習得し，内容を理解したうえでデータを加工すれば，時空間的に複合的な視点から経済の現状を要約できる．公表されている統計の所在とその作成方法，利用方法に関する知識は，的確な経済分析の前提である．昨今では，公的統計の二次的な利用が拡大しつつあるため，データ活用の能力は広く求められている．なお，経済統計に関するより詳しい解説は，参考文献 [4] を参照してほしい．

8.1 時系列データの見方

8.1.1 時系列プロット

時系列データの分析で最も基本的な方法である**時系列**グラフ（時系列プロット）は，横軸を時間，縦軸をデータの値として，それらの点を直線でつないだ折れ線グラフである．

図 8.1 は，2011 年 1 月 1 日～12 月 31 日の毎日の電力需要量を表したものである．なお破線は 8.1.5 項で説明する移動平均である．グラフを見ることで，時系列データの経時的変化をとらえることが可能となる．この年は，3 月 11 日の東日本大震災以降，地震と津波による電力設備の被害と福島第一原子力発電所の事故などの影響による電力供給量の低下の影響で水準が急激に低下し，その影響が継続したことを示している．

図 8.2 の実線は，2011 年 8 月 1 日 0 時～8 月 7 日 23 時の電力需要量を 1 時

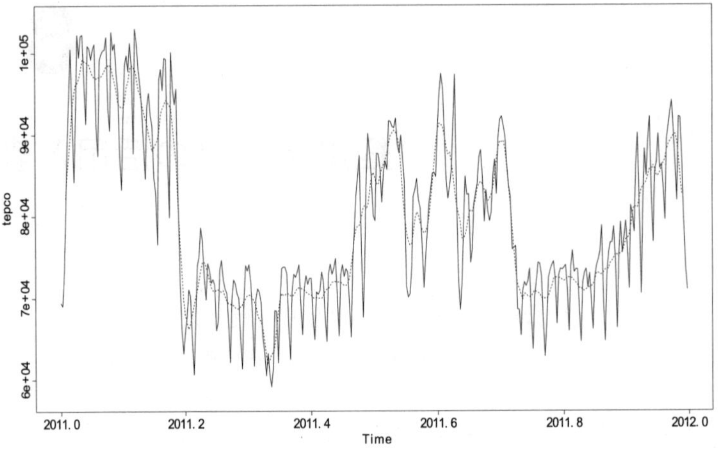

図 8.1　電力需要量（東京電力：万 kW）日次データ

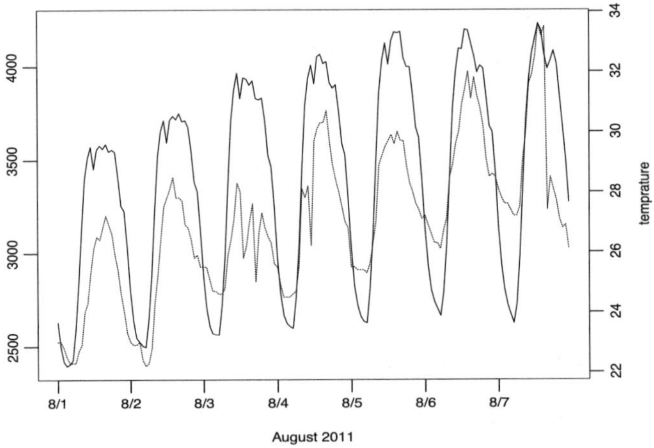

図 8.2　電力需要量（万 kW）と気温（°C）1 時間ごと

間ごとに表したものである[1)]．一日の中でも昼間は製造業や小売業の事業所の電力使用による電力需要量が多く夜間は少ないなどの変動がある．なお，昼間の需要量のピークにおける小さな減少は，昼休みに工場等の生産ラインが止まることが影響している．

この季節の電力需要量については冷房機器の使用も影響している．図 8.2 の破線は気温を表している．8 月 3 日と 8 月 7 日の気温の変動は降雨の影響と考

1)　電力需要量は東京電力，気温は気象庁．

えられる．気温と電力需要量の関係をみるためには散布図が適切であるが，図8.2 でもある程度は明らかになる．

8.1.2 季節変動（季節性）

経済時系列を分析するうえで注意が必要な問題に，**季節変動**（季節性）がある．これは 1 年を周期として循環する変動で，周期は月次データであれば 12，四半期データであれば 4 となる．季節変動をもたらす要因にはさまざまなものがある．

多くの地域では，気温や降水量などの自然現象に明確な季節性がある．米，スイカやサンマなどの農作物・水産物の出荷は季節によって大きく変動する．世帯の支出金額についても，夏には冷房のための電力消費やビールの消費量が増加する一方，冬には暖房のためのガスや電力の消費の増加が観測される．

社会的慣習による要因も大きい．多くの企業では 4 月に従業者を採用するし，8 月のお盆の時期には工場の稼働時間の低下と交通量の増加がみられる．年末年始やお中元・お歳暮の時期に消費支出額が増え，6〜7 月や 12 月のボーナスの支給期には車や大型家電製品の購入が多い[2)]．各月の日数による影響もある．1 月は 31 日，2 月は 28 日（閏年は 29 日）のように月ごとに営業日数，休日日数が異なるため，生産額や販売額などには月ごとに異なる変化をもたらす．

図 8.3 は，百貨店販売額である[3)]．1990 年代前半のバブル崩壊以降一貫して販売額が減少し，2008 年 9 月のリーマンショックによりさらに販売額の水準が低下している．大局的な趨勢の変化以外にも，毎年，12 月の販売額が他の月と比べ高いが，これは年末のセールや新年の準備などが原因である．

経済状況や政策等の効果は，8.1.4 項で説明する長期の傾向的変動や景気の循環局面によって判断される．季節変動は，このような時系列データの動きをわかりにくくするため，8.1.6 項で説明する**季節調整**によって季節変動を除去することが多い．

8.1.3 変 化 率

時系列データ $x_1, \ldots, x_t, \ldots, x_T$ の変化をとらえるために用いられるのが**変化率**（成長率）である．前期からの変化を $\Delta x_t = x_t - x_{t-1}$ と表記すると，次のように表される．

---

2) 総務省の家計調査では，他にも 2 月はチョコレート（バレンタインデー），5 月はカーネーション（母の日），3 月（春の彼岸），8 月（旧盆），9 月（秋の彼岸），12 月（大晦日）には菊の消費が増える．

3) 商業動態統計（経済産業省），1980 年 1 月から 2019 年 11 月．

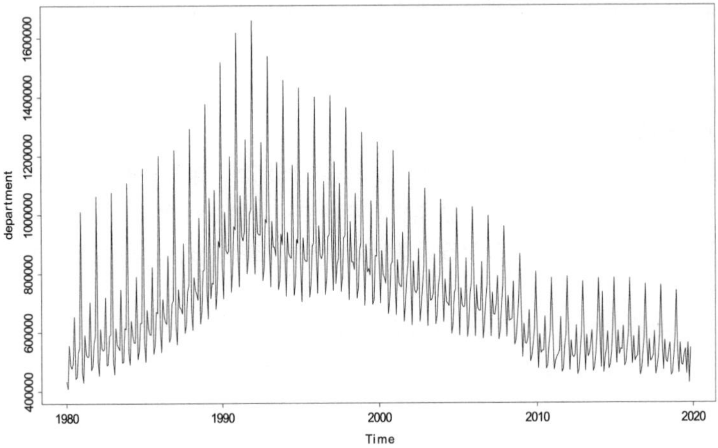

図 8.3　百貨店販売額（単位：百万円）

$$\frac{\Delta x_t}{x_{t-1}} = \frac{x_t - x_{t-1}}{x_{t-1}} = \frac{x_t}{x_{t-1}} - 1$$

変化率が計算できる変数は正の値をとる比例尺度である[4]．四半期や月次の経済分析では，**前期比**と並んで**前年同期比**（前年同月比）が用いられる．前年同期比は，四半期データについては $(x_t - x_{t-4})/x_{t-4}$，月次データについては $(x_t - x_{t-12})/x_{t-12}$ である．

百貨店販売額の**前月**比を表す図 8.4 は，季節性の影響を受けて激しく変動しているが，同じ時期の**前年同月**比の図 8.5 はそれほど激しく変動しない．それは 1 年前とは似た季節性をもつため，季節性の影響が除去されるためである．これらの図から，1990 年代前半のバブル崩壊や 2008 年 9 月のリーマンショックの影響を再確認できる．1989 年 4 月の消費税導入と，その後の消費税増税（1997 年 4 月，2014 年 4 月，2019 年 10 月）については，増税直前の駆け込み需要とその翌月の反動減があり，その効果が 1 年後の変動に現れている．1 年後には大きな変化はなかったが，1 年前の変動を反映して 1 年前の増加・減少が逆に減少・増加となる．このような現象を**ベース効果**とよぶことがあり，注意が必要である．東日本大震災のあった 2011 年 3 月とその 1 年後にも急下落と，その反動の急上昇がみられる．

4)　自然対数をとった値の差（差分，階差）である**対数変化率** $\log x_t - \log x_{t-1}$ は，変化率の近似であることが，$\log x_t - \log x_{t-1} = \log(x_t/x_{t-1}) = \log\{1 + \Delta x_t/x_{t-1}\} \doteqdot \Delta x_t/x_{t-1}$ からわかる．このことは，h が小さいとき $\log(1+h) \doteqdot h$ から確かめられる（(A.3.8) 式参照）．

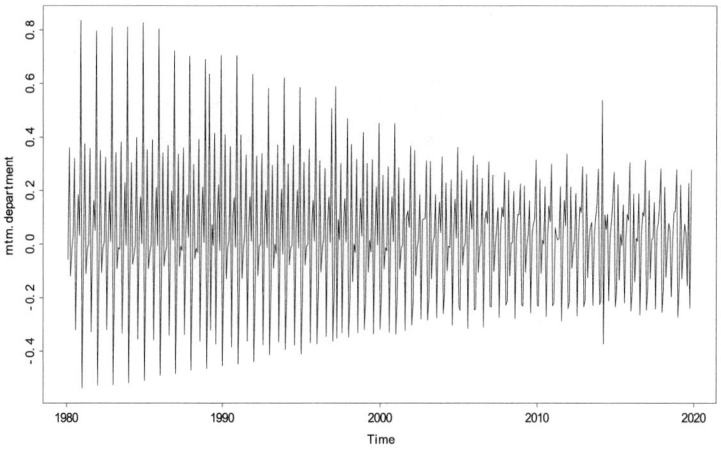

図 8.4 百貨店販売額の前月比

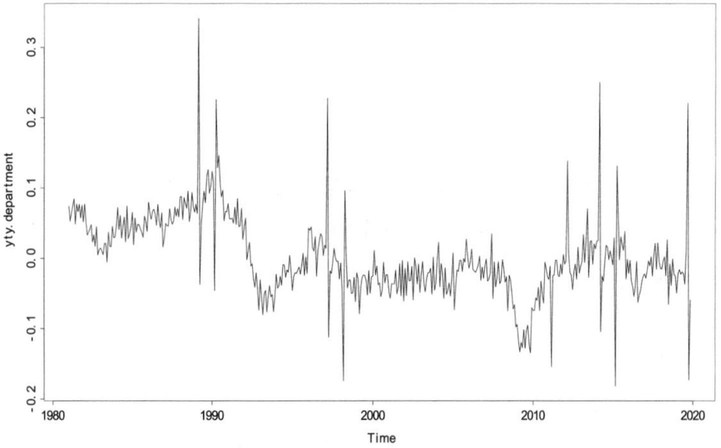

図 8.5 百貨店販売額の前年同月比

変化の要因を判断する手法に**要因分解**がある．C を消費，I を投資，X を輸出，M を輸入としたとき，GDP (Y) は，

$$Y = C + I + X - M$$

と構成要因に分解される．ここで 2017 年度と 2018 年度を，それぞれ 0 期，1 期として，変化を $\Delta Y = Y_1 - Y_0$ などと表すと，ΔY の内訳は

$$\Delta Y = \Delta C + \Delta I + \Delta X - \Delta M$$

表 8.1 GDP 支出の例（2017 年度，2018 年度）

項 目	2018	2017	変化	変化率	構成比	寄与度
消費 (C)	410	407	3	0.74	0.76	0.56
投資 (I)	136	123	13	10.57	0.23	2.42
輸出 (X)	97	87	10	11.49	1.16	1.87
輸入 (M)	92	82	10	12.20	−0.15	−1.87
GDP (Y)	551	535	16	2.99	1.00	2.99

（単位：支出項目は兆円，変化率と寄与率は %，構成比は 2017 年度）

となる．変化率 $\Delta Y/Y_0$ は

$$\begin{aligned}\frac{\Delta Y}{Y_0} &= \frac{\Delta C}{Y_0} + \frac{\Delta I}{Y_0} + \frac{\Delta X}{Y_0} - \frac{\Delta M}{Y_0} \\ &= \frac{C_0}{Y_0}\frac{\Delta C}{C_0} + \frac{I_0}{Y_0}\frac{\Delta I}{I_0} + \frac{X_0}{Y_0}\frac{\Delta X}{X_0} - \frac{M_0}{Y_0}\frac{\Delta M}{M_0}\end{aligned}$$

と分解できる．右辺の各項目は，GDP の構成比 C/Y, I/Y などを重みとして各項目の変化率 $\Delta C/C$, $\Delta I/I$ などを加重平均したものである．表 8.1 の数値を用いると

$$\begin{aligned}100\,\frac{\Delta Y}{Y_0} &= 2.99 \\ &= 0.76 \times 0.74 + 0.23 \times 10.57 + 1.16 \times 11.49 - 0.15 \times 12.2 \\ &= 0.56 + 2.43 + 1.87 - 1.87\ (\%)\end{aligned}$$

と分解できる．

なお，純輸出を $B = X - M$ と書くと，B は間隔尺度で正負の符号をとる可能性があるから，分母としては適当ではない．そのため，$Y = C + I + B$ の要因分解には注意が必要である．このときには

$$\frac{\Delta Y}{Y_0} = \frac{\Delta C}{Y_0} + \frac{\Delta I}{Y_0} + \frac{\Delta B}{Y_0}$$

という表現を用いて，$2.99 = 0.56 + 2.43 + 0.00$ (%) のように分解する．これを**寄与度**の分解とよぶ．

寄与度を GDP の変化で割った値を**寄与率**とよび，これもよく用いられる．ここで $\Delta C/\Delta Y = (\Delta C/Y_0)\big/(\Delta Y/Y_0)$ だから，寄与率は次の式から直接計算してもよい．

$$1 = \frac{\Delta C}{\Delta Y} + \frac{\Delta I}{\Delta Y} + \frac{\Delta B}{\Delta Y}, \quad \text{すなわち} \quad 100 = 18.7 + 81.3 + 0.0\ (\%)$$

ただし，変化 ΔY は正と負の値をとりうるため，寄与率は参考程度にみること

が望ましい．

8.1.4 原系列の TCSI への分解

時系列データを解釈するために，構成要素に分解することがある．対象となる時系列データを**原系列** (original) O と表し，これが傾向変動 (T)，循環変動 (C)，季節変動 (S)，不規則変動 (I) によって構成されると考える[5)]．

傾向変動（トレンド）は安定的な変動の方向を表すものであり，時間の 1 次式や指数関数などで表される．傾向変動をもたらす要因は，人口，年齢構成，技術進歩などによる変化が考えられる．**循環変動**（サイクル）はトレンドのまわりで循環的に変動する動きで，在庫や設備投資の循環など，周期的な経済活動によるものと考えられる．長期データの場合はトレンドと循環変動を分離することが適切な場合もあるが，10 年程度のデータではこれらを区別せずトレンド・サイクル (TC) とすることが多い．なお，季節変動も循環変動の一種であるが，通常は循環変動は周期が 1 年以上の変動として区別する．**不規則変動**は上の要因に分類されない天候・政治・その他の要因による不規則な動きで，確率的な誤差項とみなされるものもあるが，大規模な災害なども含まれる．

時系列データをこれらの要素へ分解する方法には，**加法モデル** $O = TC+S+I$ と**乗法モデル** $O = TC \times S \times I$ がある．乗法モデルは対数をとると $\log O = \log TC + \log S + \log I$ と加法モデルの形になる．

8.1.5 トレンドと移動平均

時系列データを y_t と表すとき，時間 t は実際の年月を用いるより，$t = 1, \ldots, T$ とする方が簡単である．直線的なトレンドを求めるためには，従属変数を y，説明変数を時間 t として，回帰式 $y_t = a + bt$ $(t = 1, \ldots, T)$ をあてはめる．最小 2 乗法を使えば，直線的なトレンドは次のように求められる．

$$b = \frac{\sum_{t=1}^{T}(t-\bar{t})(y_t-\bar{y})}{\sum_{t=1}^{T}(t-\bar{t})^2}, \quad a = \bar{y} - b\bar{t}$$

指数関数的な成長期にある経済データ $y = Ae^{bt}$ には，$\log y = a + bt$ をあてはめて，$A = e^a$ とすれば元の指数曲線が求められる．このとき回帰係数 b は，成長率と解釈できる[6)]．

図 8.6 は，実質 GDP 原系列およびその対数に対して，直線トレンドを最小

5) T, C, S, I はそれぞれ trend，cyclical，seasonal，irregular の頭文字である．

6) 3.3.6 項参照，なお指数関数と対数については付録 A.3 で解説している．

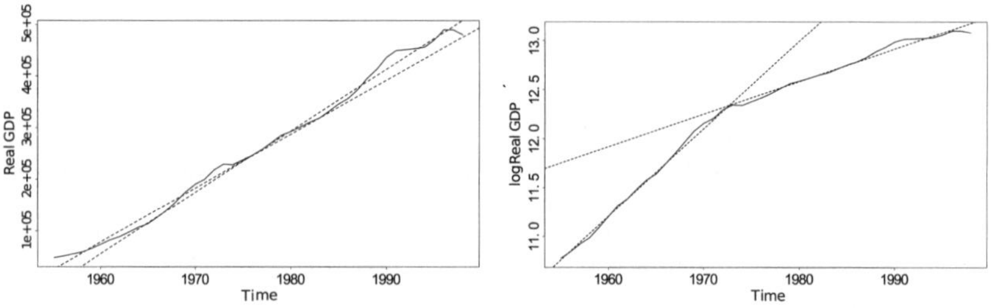

図 8.6 実質 GDP（左：元数値，右：対数）

2 乗法であてはめたものである[7]．ただし，1973 年の第一次石油危機を考慮して，1975 年より前では $\log y = -164 + 0.089t$ ($R^2 = 0.9945$)，1975 年以降では $\log y = -53.1 + 0.033t$ ($R^2 = 0.9756$) と，別の回帰式を用いている．これらの回帰式から石油危機の前後で成長率は年率 8.9% から 3.3% へ低下したことが読み取れる．図 8.6 右から，それぞれの期間においては，ほぼ指数的に成長していたことがわかる．このような例では対数グラフが有効である．

関数形を定めず，単になめらかに変化するトレンドを求める方法に**移動平均**がある．これは，時点を変えながら平均を計算することで短期的な変動を除去する手法である．季節性のないデータについて考え方を説明しよう．時系列データを $y_1, \ldots, y_t, \ldots, y_T$ とし，その分解を $y_t = f(t) + \varepsilon_t$ とする．ここで $f(t)$ は時間に関してなめらかに変化するトレンドサイクル，ε_t は誤差の性質をもった不規則変動を表す．各時点 t について，その前後からそれぞれ k 期の観測値をとった平均を計算するのが $(2k+1)$ 項移動平均であり，次の式で定められる．

$$\widehat{y_t} = \frac{1}{2k+1}(y_{t-k} + \cdots + y_t + \cdots + y_{t+k}) = \frac{1}{2k+1}\sum_{s=-k}^{k} y_{t+s}$$

3 項移動平均は $\widehat{y_t} = (y_{t-1} + y_t + y_{t+1})/3$，5 項移動平均は $\widehat{y_t} = (y_{t-2} + y_{t-1} + y_t + y_{t+1} + y_{t+2})/5$ である．

図 8.1 に示した破線は，日次の電力需要量に 7 項移動平均を適用した結果であり，比較的なめらかな動きが表現できている．なお，曜日による周期的な変動も緩和されているが，これは次節で説明する季節調整と同様な効果である．

$y_t = f(t) + \varepsilon_t$ に $(2k+1)$ 項移動平均を適用すると $\widehat{y_t} = \widehat{f}(t) + \widehat{\varepsilon}_t$ となる．ただし $\widehat{f}(t) = \sum_{s=-k}^{k} f(t+s)/(2k+1)$, $\widehat{\varepsilon}_t = \sum_{s=-k}^{k} \varepsilon_{t+s}$ である．不規則変動が誤差の性質をもてば，その平均は 0 に近くなるから $\widehat{y_t} \fallingdotseq \widehat{f}(t)$ となり，な

7) 「国民経済計算」内閣府（単位 10 億円，1955–1998 年度）．

めらかな部分が取り出される．特に，$f(t)$ が 1 次式に近ければ $\widehat{f}(t) \doteqdot f(t)$ となる．

8.1.6 季節調整

経済データに含まれる季節変動は傾向変動や景気の循環をわかりにくくするため，政府が公表する統計も季節調整済みのデータが多い．季節性を取り除くことを**季節調整**とよび，さまざまな提案がある．

季節変動が毎年同じなら，1 年分の**移動平均**をとれば季節性を除くことができる．四半期データの場合，季節成分 s_1, s_2, s_3, s_4 は，毎年の同じ季節について $s_t = s_{t+4}$ という関係を満たすから，どの時点でも $s_t + s_{t+1} + s_{t+2} + s_{t+3}$ は一定である（通常，季節成分は 1 年間の合計を 0 となるように定める）．

$y_t = f(t) + s_t + \varepsilon_t$ に 4 項移動平均を適用して $\widetilde{y_t} = (y_t + y_{t-1} + y_{t-2} + y_{t-3})/4$ とする．このように過去にさかのぼる形の移動平均を**後方移動平均**とよび，株価の平滑化などでしばしば用いられる．このとき $\widetilde{y_t} = \widetilde{f}(t) + \widetilde{\varepsilon_t}$ となって，季節変動が消える．不規則変動が誤差の性質をもてば，その平均も 0 に近くなり，結局，$\widetilde{y_t}$ は TC 成分を表すと考えられる．同様に，月次データなら 12 項移動平均をとれば季節変動は除去できる．

ところが，月次，四半期のいずれも移動平均の項数が偶数となるため，各時点の平均を表す時点が半分ずれてしまう．この点を修正する工夫として，四半期であれば

$$\widehat{y_t} = \frac{1}{4}\left\{\frac{1}{2}y_{t-2} + y_{t-1} + y_t + y_{t+1} + \frac{1}{2}y_{t+2}\right\}$$

と，両端の季節について 2 年分のデータの平均を用いる．月次データなら 13 項を用いて，両端のウェイトを $(1/2)$ とする．これを**中心化移動平均**とよぶ．先ほどの $\widetilde{y_t}$ が $(t-3)$ 期から t 期までの期間の平均として．$(t-2)$ 期と $(t-1)$ 期の中間時点 $(t-1.5)$ 期に対応すると考えれば，次のように $(t-0.5)$ 期と $(t+0.5)$ 期の平均を求めると考えることもできる．

$$\widehat{y_t} = \frac{\widetilde{y}_{t+1} + \widetilde{y}_{t+2}}{2}$$

なお，現実の経済統計で用いられている季節調整は，単純な移動平均ではなく，さまざまな手法を組み合わせている．日本の公的統計で現在広く用いられているのは，**センサス局法** X-12-ARIMA とよばれる手法である．また，多くの統計では，不規則変動を含み，季節変動成分だけを除去した季節変動調整済み系列が公表されている．

8.2 指　　数

異なった時点間または地域間における価格の水準を比較する場合に，指数が広く利用されている．多数の同種のデータを比較するのに，ある値を基準にして他の値を基準値に対する比で表したものを**指数** (index number) とよぶ．価格指数はその代表的なものである．

広く利用されている指数の計算方法は**固定ウェイト方式**とよばれるもので，以下では，その基本的な考え方を**消費者物価指数** (CPI) を念頭において説明する．

CPI の計算においては，個々の品目に関する価格調査が前提であり，多くの品目について，標本として抽出された店舗において毎月の価格を調査している．日本の CPI（2015 年基準）では，585 品目の価格が調査されている．これから価格の**個別指数**が求められる．ある年の物価水準を基準とするのであれば，年平均価格で当月価格を割ればよい．表 8.2 は 2015 年の平均価格を 100 として得られた指数の例で，品目 A はビデオソフトレンタル料，B はインターネット接続料，C はウェブコンテンツ利用料である．このように，品目によって価格の変化方向や変化率には大きな差がある．

多数の品目の価格を総合するためには，消費者が購入する品目ごとの支出額を求め，これを**ウェイト**として，各品目の価格指数を**加重平均**する．

表 8.2 にあるウェイトは，支出額合計を 10,000 としたものである．試みに，表の 3 品目だけを合成した価格指数を計算すると，2010 年については $(4 \times 132.6 + 79 \times 102.9 + 5 \times 101.8)/(4 + 79 + 5) = 104.2$，2018 年については $(4 \times 96.8 + 79 \times 100.0 + 5 \times 105.4)/(4 + 79 + 5) = 100.2$ となる．

一般に，基準時点 0 の支出金額をウェイト w_i として作成した加重算式 $P_L(t) = \sum_i w_i\,(p_{ti}/p_{0i})$ を **Laspeyres 式**とよび，この算式による指数を **Laspeyres 価格指数**とよぶ[8]．この算式は，比較する時点 t が変っても同じウェイトを用い

表 8.2　価格指数の一部

年	A	B	C
2010	132.6	102.9	101.8
2015	100.0	100.0	100.0
2016	96.2	100.0	99.8
2017	95.9	100.0	103.1
2018	96.8	100.0	105.4
ウェイト	4	79	5

8) Laspeyres formula（算式）．なお，Laspeyres は日本ではラスパイレス，海外ではラスペーアと発音されている．

る点に特徴がある．Laspeyres 算式は多くの価格指数で採用されているが，それにはいくつかの理由がある．最も大きな理由として，指数を作成する際に用いられるウェイトを固定することから，ウェイトに関する調査は基準時点にだけ実施すればよいことがあげられる．実際，金額の調査は価格の調査より難しく，集計にも時間がかかる．ただし，今後，POS データなどの利用が可能となれば工夫の余地は大きくなる．

8.2.1 指数の経済的な意味

Laspeyres 式が用いられるもう一つの理由に，経済的な解釈が容易であるという点がある．品目 i の基準時点の価格を p_{0i}，比較時点 t の価格を p_{ti} と書くと，個別の価格指数は p_{ti}/p_{0i} と表される．なお，簡単のために基準時点の水準は 100 ではなく 1 としている．Laspeyres 式で用いられるウェイトは支出金額だから，基準時点の購入数量を q_{0i} とすれば，$w_i = p_{0i}\, q_{0i}/W$ がウェイトである．ただし $W = \sum_i w_i = \sum_i p_{0i}\, q_{0i}$ は基準時点の支出金額合計である．消費者物価指数ではウェイトの合計を 10,000 としているが，算式の分子と分母が 10,000 倍されるため，Laspeyres 式の結果は変わらない．上記の加重平均を書き直すと次の式が得られる．

$$P_L(t) = \sum_i w_i \frac{p_{ti}}{p_{0i}} = \sum_i \frac{p_{0i}\, q_{0i}}{W} \frac{p_{ti}}{p_{0i}} = \sum_i \frac{p_{ti} q_{0i}}{W} = \frac{\sum_i p_{ti}\, q_{0i}}{\sum_i p_{0i}\, q_{0i}}$$

分子は基準時点と同じ購入量を比較時点にも購入した場合の支出金額であり，分母は基準時点の支出金額の合計である．以上から，t 時点の Laspeyres 価格指数 $P_L(t)$ は「基準時点と同じ生活をした場合に比較時点で必要な生計費と基準時点の生計費の比」という意味をもつ．

同じような基準として，比較時点の生活水準を基準時点にも実現するための金額を評価して，比を計算する方法も考えられる．**Paasche** 式とよばれるものがそれであり，具体的には **Paasche** 価格指数は

$$P_P(t) = \frac{\sum_i p_{ti}\, q_{ti}}{\sum_i p_{0i}\, q_{ti}}$$

で与えられる．ここで q_{ti} は第 i 品目の t 時点の購入数量を表す．この指数も，金額比としての経済的意味が明確である．この Paasche 価格指数の計算のためには毎月の金額または数量を知る必要があり，実用性の面から利用される例は比較的少ないが，理論的には重要である．

この他，P_L と P_P の**幾何平均**として次の算式で定義され，古くから知られている **Fisher 価格指数**

$$P_F(t) = \sqrt{P_L(t)P_P(t)}$$

も，最近になって経済理論の面から優れた性質をもつ指数として，再び注目されている[9]．

8.2.2 数量指数および価格指数との関係

数量指数の場合も，基本的な考え方は価格指数と変わらない．ここでは，生産量を念頭において考える．基準時点を $t = 0$，比較時点を一般に t として，第 i 品目の t 時点における生産数量を q_{ti} とするとき，第 i 品目の数量指数は q_{ti}/q_{0i} と表される．これから，第 i 品目に任意のウェイト w_i を用いた**加重平均指数** $\sum_i w_i(q_{ti}/q_{0i})/\sum_i w_i$ を計算することができる．実際のウェイトとしては各品目の基準時点または比較時点の生産額がよく用いられる．

数量指数において，2 つの時点で共通の価格 p_i を用いて生産された財の価値を評価し，それぞれの合計金額の比を**金額比指数**とよぶと，これは $\sum p_i q_{ti}/\sum p_i q_{0i}$ と表される．ここで p_i に何を選ぶかによって評価の基準が異なるが，基準時点の価格 p_{0i} を用いて

$$Q_L(t) = \frac{\sum_i p_{0i}q_{ti}}{\sum_i p_{0i}q_{0i}}$$

としたものを **Laspeyres 数量指数**，比較時点の価格 p_{ti} を用いて

$$Q_P(t) = \frac{\sum_i p_{ti}q_{ti}}{\sum_i p_{ti}q_{0i}}$$

としたものを **Paasche 数量指数**とよぶ．価格指数の場合と同じように，金額比指数は経済的な内容の裏づけをもっているので，理解しやすい．**Fisher 数量指数**も，価格指数と同じく Q_L と Q_P の幾何平均として

$$Q_F(t) = \sqrt{Q_L(t)Q_P(t)}$$

と定義される．

重要な数量指数に，経済産業省が毎月公表している**鉱工業生産指数**[10] がある．これは固定ウェイト w_i を用いて $\sum_i w_i(q_{ti}/q_{0i})$ と計算される Laspeyres 数量指数である．

9) I. Fisher は R.A. Fisher とは別人の経済統計学者．なお，次項参照．
10) Index of Industrial Production, IIP

2 つの時点における生産額の変化を表す**金額指数**は

$$M(t) = \frac{\sum_i p_{ti} q_{ti}}{\sum_i p_{0i} q_{0i}}$$

と表されるが，金額は数量と価格の両方によって定められることから，価格指数 $P(t)$ と数量指数 $Q(t)$ を求めるときには，$M(t) = P(t)\,Q(t)$ という関係がなりたつことが望ましい．家計の支出金額で考えるときは，生計費指数 $M(t)$ を物価指数 $P(t)$ と**消費水準指数** $Q(t)$ に分離できる，ということである．この関係は**金額条件**とよばれ，指数の満たすべき望ましい条件とされるが，Laspeyres 指数では $P_L(t)\,Q_L(t) = M(t)$ はなりたたない．Paasche 指数もこの条件を満たさないが，これらの指数を組み合わせると，

$$M(t) = P_L(t)\,Q_P(t) = P_P(t)\,Q_L(t)$$

が成立することが容易に確かめられる．

以上のことから，金額条件を要求するならば，価格指数に Laspeyres 式を採用したときには，数量指数としては Paasche 式が選ばれることになる．このようにして定められる指数を**暗黙の指数** (implicit index) とよぶ．逆に数量指数 $Q(t)$ を先に定めたときには，金額条件を満たす価格指数は

$$P(t) = M(t)/Q(t)$$

で与えられる．これを**インプリシット・デフレータ**とよぶ．実際，国民経済計算における物価指数すなわち **GDP デフレータ**は，名目 GDP を，数量指数の一種である実質 GDP で割って事後的に求められる暗黙の指数である．

一方，Fisher 指数は，形式的に同一の指数が金額条件 $M(t) = P_F(t)\,Q_F(t)$ を満たす例として知られている．Fisher 指数は Laspeyres 指数や Paasche 指数のような金額比としての意味をもたないため，それほど多くは利用されてこなかったが，最近になって，消費者物価指数でその重要性が改めて認められてきている．

8.2.3 価格指数と品質変化

最近は，電気製品を中心として品質改良が活発になってきている．カラー TV やパーソナルコンピュータなどは，10 年前の製品と現在の同種の製品を比較するとはるかに性能が高くなっているし，スマートフォンなどの**新製品**も，市場に多数登場している．そのため大幅な品質変化や新製品が価格に与える影響を評価することは，最近の価格指数において重要な課題となっている．

例として，従来販売されていた製品 A に加えて，改良された製品 B が市場

表 8.3 新製品の評価（仮設例）

時点	0	1	2	$\cdots$	t
旧製品 (A)	102	105	–	$\cdots$	–
新製品 (B)	–	110	115	$\cdots$	p_{Bt}

に登場した場合を考えよう．しばらくの間，両方の製品が市場に流通する場合には，品質変化の効果は比較的容易に評価することができる．

表 8.3 のように 0 時点には存在しなかった新製品が 1 時点で登場した場合，新旧製品の価格比 $g = 110/105$ は製品間の品質の違いを表す尺度と考えられる．その後，売れ筋が新製品に移り，2 時点では旧製品は市場から姿を消したとしても，この製品の価格指数は新製品の価格によって継続的に評価することができる．具体的には上記の価格比すなわち性能比 g を用いて，0 時点を基準とした 2 時点の価格指数を $P_{02} = (105/102) \times (115/110) = (115/102)/g$ のように求める．3 時点以降の価格指数も，基準時点の旧製品価格 $p_{A0}\,(= 102)$ を用いて $(p_{Bt}/p_{A0})/g$ として p_{Bt} から作成できる．これは**連鎖指数**とよばれる式の特別な場合である．

0 時点を基準とした 1 時点の価格指数を P_{01} と表し，1 時点を基準とした 2 時点の価格指数を P_{12} と表すと，連鎖指数は $P_{02} = P_{01} \times P_{12}$ と基準時点を変化させた 2 つの指数の積であり，時点 2 で基準を変更したのと同じ意味になる．以上の手法を採用すれば，出現時点には高価であった高品質の製品が短い期間に従来製品と同程度の価格になったときにも，価格指数は品質変化を反映して値下がりと評価され，多くの消費者の実感とも一致するとされる．

品質変化に対応するその他の方法として，食料品の缶詰の重量が変化した場合に重量比を g とするものや，日本銀行の作成する企業物価指数で部分的に採用されているコスト評価法などがある．この方法は，企業の製造費用を調査し，新旧両製品の費用の比を品質の比とするものである．

一般に，新旧製品の性能比の適切な尺度 g があれば品質変化の処理が可能であるが，PC などでは，新製品が登場するときわめて短期間で旧製品が市場から姿を消し，また販売されている価格も大幅な値崩れを起こすために，信頼できる性能比 g を入手することは容易ではない．そのような場合に比較的容易に処理できる対策として，以下に説明する，品質を表す指標 g を回帰分析によって評価する**ヘドニック指数**とよばれる手法がある．日本の CPI では，PC の価格指数を測定するためにヘドニック指数を利用している．

PC の品質は CPU の速度，メモリ容量，ハードディスク容量，液晶画面，デスクトップかノート型かなど，さまざまな性能で決定される．多数のモデルの性

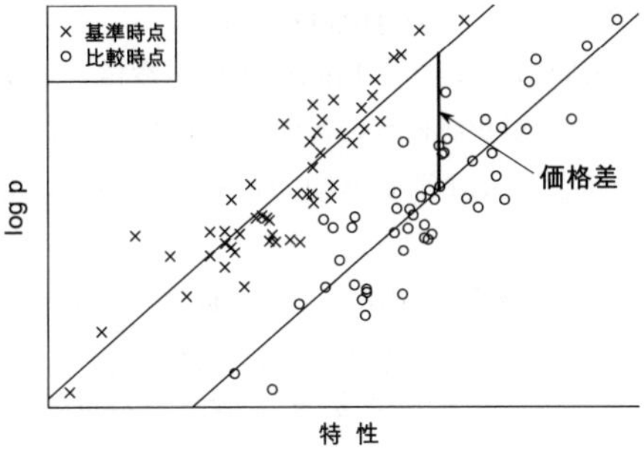

図 8.7　ヘドニック指数の意味

能 $(x_1, \ldots, x_k)$ と価格 p を用いて，価格を性能で表現する回帰式が与えられれば，新しいモデルが発売されたときにはその性能を回帰式の右辺に代入して値上がりのない場合の価格 $\widehat{p}$ を推定し，実際の価格 p との比 $p/\widehat{p}$ で価格の上昇率を測定できる．このような手法で与えられる指数を**ヘドニック指数**とよぶ[11)]．

実際の CPI で基礎とする情報は，家電量販店の POS データから毎月収集している数百機種の価格と数量データであり，もう少し工夫した手法が用いられている．基本的な考え方は図 8.7 に示すとおりである．図では，性能を 1 変数としているが実際は，記憶容量など PC の性能を決定する要因 x によって実勢価格を説明する**重回帰式**が求められる．この図の平行する回帰直線の差が価格上昇（下落）に対応する．

回帰式の推定には，連続する 2 か月のデータを用いて，$t = 0, 1$ をそれぞれ先月と今月を表すものとすると，具体的には次の形である．

$$\log p_i = \alpha + \beta d + \gamma_1 x_{i1} + \cdots + \gamma_k x_{ik}$$

ただし，p_i は第 i 機種の平均販売価格，d はダミー変数（今月が 1，先月が 0），$x_{i1}, \ldots, x_{ik}$ はメモリ容量などモデルの属性を表す変数である．回帰式の係数 β が，同じ性能をもった PC の，先月から今月にかけての価格変化を表している．回帰式が対数で表示されているので，価格指数は $P_{01} = e^{\beta}$ となる．最終的な価格指数は，これを毎月適用して連鎖指数の形で $P_{0,t} = P_{01} \times P_{12} \times \cdots \times P_{t-1,t}$ と求められる．

11)　筆者の一人が初期にこの手法を活用した Z. Griliches から直接聞いた話では，“hedonic” とは快楽を意味するギリシア語が語源という．

8.2.4　価格指数のかたより—Laspeyres 指数

消費者物価指数で用いられている Laspeyres 指数は，加重平均に用いられるウェイトが基準時点の購入額であることから，比較時点が基準時点から離れるにしたがって価格上昇を過大評価する傾向があるといわれている．

表 8.4　価格と数量（仮設例）

財	基準時点 価格	基準時点 数量	比較時点 価格	比較時点 数量
A 財	120	80	200	50
B 財	160	40	190	60

表 8.4 の簡単な例で考えよう．基準時点の購入数量を比較時点に購入した場合の金額比を評価する Laspeyres 指数では

$$P_L = (200 \times 80 + 190 \times 40)/(120 \times 80 + 160 \times 40) \times 100 = 147.5$$

となる．しかし A 財は B 財よりも値上がりが大きいため，消費者は A 財の購入量を減らし，B 財の購入量を増やすことによって，生活水準を下げることなく支出額を軽減できる．比較時点でも基準時点と同じ数量を購入する Laspeyres 式は，消費者の合理的な行動を制限している．したがって，Laspeyres 価格指数は過大になる．

経済学では，以上の議論は消費者の満足を表す**効用**を用いてなされる．同一の効用水準を達成するために必要な支出金額を基準時点と価格時点で評価し，その比を**真の物価指数**と定義すると，Laspeyres 指数は真の指数より大きいことが示される．一方，比較時点の購入数量を固定した金額比を評価する Paasche 指数では

$$P_P = (200 \times 50 + 190 \times 60)/(120 \times 50 + 160 \times 60) \times 100 = 137.2$$

となり，確かに Laspeyres 指数より小さい．しかし，Paasche 指数では，基準時点に割高な B 財のウェイトが高くなるため，真の指数よりも低くなることが示される．常識的には，真の指数は Laspeyres 指数と Paasche 指数の中間にあると考えられる．実際の価格指数でも Laspeyres 指数と並んで Paasche 指数が試算されることが多いが，そのほとんどの場合には，Laspeyres 指数の方が若干大きな値となっている．ここで上述の理論を利用すると，指数がどの程度信頼できるかが判断できる．すなわち，Laspeyres 指数と Paasche 指数の差が小さいときには，公表される指数は実態を表していると考えてよい．たとえば，最も価格上変化の激しかった石油危機の 5 年間で CPI の相対誤差率 $((P_L - P_P)/P_L)$

は 3.37% であった．1970 年から 1975 年にかけて CPI は 130.4 に上昇したのに対して，Paasche 指数は 126.0 とやや小さいが，その差は年率 1 ポイント以下であり，当時の CPI はおおむね現実の物価変動を把握していたといえる．

8.3 人口と労働力

8.3.1 人 口 統 計

人口統計は，大きく人口静態統計と人口動態統計に分けることができる．**人口静態統計**はある時点における人口規模や人口構成（男女，年齢，配偶関係，地域，労働力状態，世帯）をとらえたストックの統計であり，**人口動態統計**はある一定期間に発生した出生，死亡，移動などの人口の変化（動態）をとらえたフローの統計である．

t 年末の人口を P_t，前年末の人口を P_{t-1} とするとき，人口静態統計と人口動態統計のあいだには，以下の**人口学的方程式**が成立する．

$$P_t = P_{t-1} + (B_t - D_t) + (I_t - E_t)$$

ここで，B_t, D_t, I_t, E_t は，それぞれ t 年中の出生数，死亡数，入国数，出国数を表す．左辺と右辺第 1 項が静態統計，右辺の第 2 項と第 3 項が動態統計でとらえられる部分である．

静態人口は，調査にもとづく方法と登録にもとづく方法でとらえられている．前者の代表が 5 年ごとに実施される**国勢調査**であり，後者の代表が**住民基本台帳**にもとづく統計である．それぞれの方法には，利点と欠点がある．調査にもとづく方法は，登録状況にかかわらず実態を把握でき，また，社会経済的属性との関係などの情報を得られるという利点がある反面，回答が得られない被調査者が存在することや，回答内容のチェックの難しさがある．さらに，調査を集計して公表するまでに時間がかかるという欠点がある．

一方，登録による方法には，別途調査を行う必要はないという利点があるが，一人暮らしの大学生が（法律に反して）住民票を移動しないなど，登録の精度に左右され，実態との相違が生じる．また，日本では就業状況などの社会経済的属性が登録データでは十分に得られない．

国勢調査は，統計法にもとづいて 5 年に一度実施され，日本国内に住むすべての人と世帯を対象とする最も重要な統計調査であり，その結果によって，地方公共団体への補助金の算定や国会議員定数などが定められる．なお，国勢調査が実施されない中間年の人口は，上記の人口学的方程式にもとづいて国勢調査結果に毎月の増減を調整するという方法で得られている．登録にもとづく人口統計の代表は総務省「住民基本台帳にもとづく人口，人口動態および世帯数」であり，住民票に記載されている者の数および世帯数（住民基本台帳人口），人口動態（出生，転入，死亡，転出など）が収録されている．

人口動態統計は，ある期間における出生，死亡，異動などの人口の変化をとらえた統計であり，出生，死亡をとらえた

$$\textbf{自然増加数} = \text{出生数} - \text{死亡数} = B_t - D_t$$

と，国内（都道府県間また市町村間）の人口移動と，国内と海外との間の人口移動をとらえた

$$\begin{aligned}\textbf{社会増加数} &= \text{転入超過数} + \text{入国超過数} \\ &= (\text{転入数} - \text{転出数}) + (\text{入国数} - \text{出国数})\end{aligned}$$

がある．自然増加数は，厚生労働省が市町村への届出を集計した**業務統計**である「人口動態統計」で公表されている．この統計には，婚姻，離婚も含まれていて，平均寿命，死亡率，出生率などもこれにもとづいて作成される．国内の人口移動である転入超過数は，市町村への届出を集計した業務統計である総務省「住民基本台帳人口移動報告」で，国際的な人口移動である入国超過数は法務省「出入国管理統計」で公表されている．

8.3.2 労働力と失業率に関する統計

労働に関する統計で用いられる概念のうち，国勢調査や労働力調査で用いる**労働力人口**では，15 歳以上人口を「調査期間中に仕事をした」という基準によって表 8.5 のように分類する．このような方法を**アクチュアル方式**とよび，調査対象者の調査期間中の行動にもとづいて判定するため，客観的な調査が可能という利点がある．一方で調査期間中にたまたま仕事をしたかどうかが影響する

表 8.5 労働力に関連する概念

- 15 歳以上人口 (11084)
  - 労働力人口 (6854)
    - 就業者 (6656)
      - 自営業主・家族従業者 (695)
      - 雇用者 (5920)
      - 地位不詳 (41)
    - 完全失業者 (198)
  - 非労働力人口 (4221)（家事・通学・その他）

（労働力調査 2020 年 5 月（単位：万人））

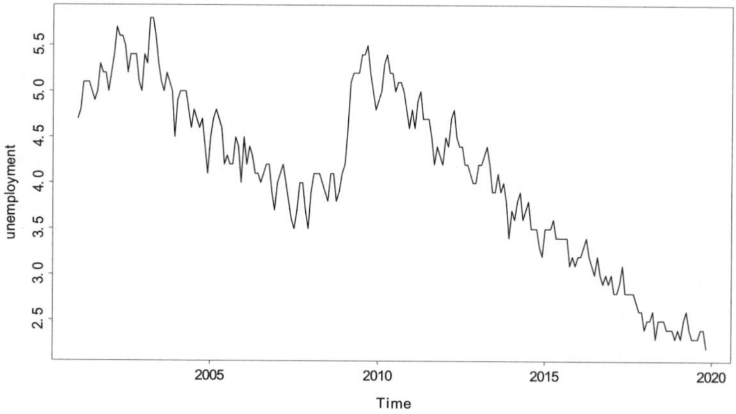

図 8.8 失業率の推移（出典：「労働力調査」．数値は男女計，原系列）

欠点もある．**労働力人口**は調査期間中の活動状態にもとづき**就業者**と**完全失業者**に分けられる．**就業者**には，調査期間の 1 週間において収入をともなう仕事をした人（**従業者**）のほか，勤めている人で休みはじめてから 30 日未満か，30 日以上仕事を休んでいても給与を貰うことになっている場合などの**休業者**も含まれる．**非労働力人口**は学生，専業主婦，その他（退職した高齢者など）が含まれる．**完全失業者**とは「調査期間中，収入になる仕事を少しもしなかった人のうち，仕事に就くことが可能であって，かつ公共職業安定所に申し込むなどして積極的に仕事を探していた人」が定義である．簡単な例では，パートの主婦が仕事を失ったとき，積極的に仕事を探していれば完全失業者になるが，仕事がみつからずに求職活動をあきらめると**非労働力人口**に数えられる．敏感に景気を反映する指標であり注目度も高い**完全失業率**は，完全失業者を労働力人口で割った値である．

完全失業率は毎月の「労働力調査」（総務省）で公表されている．労働力調査は，わが国における就業および不就業の実態を明らかにするため全国のすべての世帯を対象として，層化 2 段抽出法で実施されている．具体的には，1 段目で国勢調査区を，2 段目で調査区内の住戸を抽出し，住戸に住む世帯を調査する．標本には約 4 万世帯に居住する 15 歳以上の者約 10 万人が選ばれ，月末 1 週間における就業・不就業の状態を調査している．2002 年に大幅な改定があり，現在では就業者については転職・追加就業の希望の有無など，完全失業者については失業期間，前職などの詳細な情報を把握している．

最近は都道府県別失業率の公表に対する強い要望があるが，数千人という標本サイズの小さな県が存在するため，単純な方法によっては県別の正確な統計を作成することができない．そのため，現在では年平均の失業率を試算値として公表し，四半期ごとに 10 地域区分の数値を公表するにとどめている[12)].

就業状態に関する，もう一つの重要な調査は「就業構造基本調査」（総務省）である．国民の就業および不就業の状態を調査し，全国および地域別の就業構造に関する基礎資料を得るために 5 年に 1 回行われている調査であり，労働力調査と同様に層化 2 段抽出法を用いて，約 52 万世帯の 15 歳以上の世帯員約 108 万人に対して，詳細な就業状態の他，職業訓練・自己啓発の有無や内容，育児・介護の有無や頻度，育児・介護休業等制度の利用などを調べている．

就業構造基本調査では，15 歳以上人口を**ユージュアル方式**という基準によって分類している．ふだん収入を得ることを目的として仕事をしており，調査日以降もしていくことになっている者，および仕事はもっているが現在は休んでいる者を**有業者**といい，それ以外を**無業者**という．ただし，家族従業者は無給であっても有業者に含める．

8.3.3 賃金と労働市場に関する統計

賃金と労働時間に関する代表的な調査は，事業所を対象とした「毎月勤労統計調査」（厚生労働省）であり，全国調査と地方調査がある．農林漁業などを除いた産業に属する事業所を対象としており，「全国調査」では常用労働者 5 人以上の事業所約 33,000,「地方調査」では約 44,000 を標本として毎月実施されている．この他，常用労働者 1～4 人の事業所（80,000 弱）を対象とした「特別調査」も年 1 回行われている．この調査によって，企業の労働者数，実労働時間数，現金給与額などを，企業規模別，産業別に把握できる．また，内訳としてパートタイム労働者数もとらえられている．

毎月勤労統計によって，時系列的な賃金の変化が明らかにされるが，利用には若干の注意が必要である．まず，平均賃金は産業別，性別の他にも，年齢構成や生産労働者，管理・事務・技術労働者などの職種によって変動するが，この調査では詳細な分類は作成されていない．労働者構造の相違による賃金水準の違いは，時点間の比較だけではなく，産業間の比較においても発生する．たとえば，賃金水準の低い未熟練若年労働者の比率が高い産業では平均賃金は低くなるが，同じ職種と技能をもった同年齢の労働者を比較すれば，他の産業の賃金とほとんど差がないかもしれない．

---

12) 著者らが総務省統計局に協力して分析手法を開発した．総務省統計局「小地域推計と労働力調査への適用」参照．

もう一つの注意点は，標本となる事業所の入替えにともなって生ずる時系列データの断層である．この調査で調査対象として抽出された30人以上の事業所は，これまで原則として3年間固定されてきた．標本を固定している3年の間には，業績の悪い事業所が調査対象から脱落し，比較的業績のよい事業所が継続的に調査されることになる．標本事業所を入れ替えると，新たな標本によって平均的な事業所の賃金が把握される．この結果，賃金水準の時系列データでは，3年の間に賃金が次第に上昇し，標本の入替えにともなって下落するという現象がみえる時期がある．このような時系列データの断層に対応するために，過去にさかのぼって断層を修正した**賃金指数**が作成されている．時系列的な比較のためには，現金給与総額よりも賃金指数の方が優れている．なお，2018年1月分調査からは，この断層を解消するために毎月勤労統計調査の30人以上の調査対象事業所の入替え方式を1年ごとに3分の1ずつ入れ替える方式に変更されている．

厚生労働省では，毎月勤労統計調査の他に，年次調査として「賃金構造基本統計調査」を実施している．これらは調査の目的が異なっているため，用途に応じ使い分けることができる．毎月勤労統計調査が，賃金，労働時間，雇用の毎月の変動を把握しているのに対して，賃金構造基本統計調査は，賃金構造の実態を詳細に把握するために労働者の雇用形態，就業形態，職種，性，年齢，学歴，勤続年数，経験年数等の属性別に賃金等を明らかにしている．この調査は「賃金センサス」とよばれることもあるが，全数調査ではなく大規模な標本調査である．

したがって，労働者全体の賃金の水準や増減の状況をみるときは毎月勤労統計調査が，男女，年齢，勤続年数や学歴などの属性別に比較するときは賃金構造基本統計調査が用いられる．

8.4 家計の収支

8.4.1 主要な家計統計

日本の個人消費はGDPのおよそ6割を占めており，その動向は景気の変動にも大きく影響を与える．家計の収支にかかわる統計は，国民の生活水準や実態をとらえる役割に加え，景気指標や消費者物価指数を作成するための基礎資料として，あるいは税制や年金制度，福祉の在り方などの政策立案にかかわる検討資料として広く利用されている．

政策の立案や評価等に用いられ，総務大臣が指定する特に重要な統計は，統計法（平成 19 年法律第 53 号）で「基幹統計」として定められている[13]．以下で説明する「家計調査」と「全国家計構造調査」は，基幹統計を作成するために実施される調査の名称である[14]．

家計調査　総務省統計局が毎月実施している「家計調査」は，全国全世帯（2015 年国勢調査でおよそ 5,340 万世帯）から約 9,000 世帯を抽出し，毎日の収支を家計簿へ記入することを求めて詳細に調べている[15]．戦後すぐ，物価統制令の外でヤミ市等の非合法市場が現れると，1946 年 7 月から実効価格を把握する目的で「消費者価格調査」が開始され，1953 年 4 月には現在の調査名称である「家計調査」へ改称された．このように，家計調査は消費者物価の捕捉を端緒とした調査であり，現在も消費者物価指数のウェイト作成に利用されている．1963 年から現在に至るまで購入品目別に価格と数量が詳細にとらえられている「家計調査」は，長期間にわたって収支両面から整合的な分析が可能な類例の少ない統計資料である．

調査は 4 種類の調査票（世帯票，家計簿，年間収入調査票，貯蓄等調査票）にもとづいて行われ，標本として選ばれた世帯は，継続して 6 か月間（単身世帯は 3 か月間）調査される．なお，全調査世帯のうち 6 分の 1 ずつを毎月新しい調査世帯と入れ替え（**ローテーションサンプリング**），調査対象世帯の構成が一度に大きく変わらないようにしている．調査開始時に，世帯員構成や住居に関する事項を調べる世帯票が各調査世帯ごとに作成され，その後，家計簿に記入される日々の収支から，品目別の購入金額と数量が得られる．ただし，個人営業世帯等の仕入れや経費を含む収入と勤労者世帯の給与収入とでは性質が異なるため，収入は勤労者世帯および無職世帯についてのみ調べている．なお，給与以外の収入には，預貯金等の利子や株式の配当，不動産収入，国民年金などの社会保障給付や仕送り金などがある．それらの収入と給与との合計は**実収入**とよばれる．預金引き出しは，**実収入以外の収入**である．

家計簿による調査開始 2 か月後には，年間収入調査票によって，世帯主やその他の世帯員ごとの過去 1 年間の勤め先年間収入が調査される．

二人以上の世帯については，調査開始 3 か月後に，貯蓄等調査票によって貯蓄の種類別に貯蓄現在高や，住宅ローン等の借入金現在高，住宅土地の購入計画が調査される．

---

13) 2019 年 5 月現在で 53 の統計が指定されている．このなかで「国勢調査」と「国民経済計算」だけは統計法のなかで指定されており，総務大臣の指定ではない．「基幹統計」以外の公的統計は「一般統計」とよばれる．

14) 2014 年までは「全国消費実態調査」．

15) 学生の単身世帯や外国人世帯，世帯主が 3 か月以上不在である世帯等は調査対象から除外されている．

家計調査の標本の大きさは9,000世帯程度であるが，特に購入頻度の少ない高額な商品やサービスの消費状況を安定的にとらえようとすれば，より多くの世帯を調査対象とすることが望ましい．2001年10月から開始された総務省「家計消費状況調査」は全国のすべての世帯から毎月約30,000世帯を抽出し，高額な商品やサービスの購入を中心に，特定品目の購入金額やネットショッピング，電子マネーの利用状況について12か月間にわたって調べるものであり，家計調査を補完する調査である．

全国家計構造調査 家計調査は，半年にわたって家計簿への記入を求める報告者負担の小さくない調査であり，そのため標本の大きさは9,000世帯程度にとどまるが，家計の消費動向が月次でとらえられる．

一方，家計の経済行動に関する分析を行うためには，収支に加えて貯蓄と負債や資産の保有状況が同時にとらえられ，かつ，地域別や世帯属性別に家計収支等の水準や分布をみることができる十分な標本の大きさが必要になる．このとき，調査結果の公表にかかわる速報性は相対的に優先されない．

1959年から5年周期で実施されてきた総務省「全国消費実態調査」は，こうした役割を果たす基幹統計を作成するための調査であり，税制改正などの政策効果の評価や年金支給額の検討にかかわる基礎データとして，また，介護保険料や生活保護の扶助額基準の算定にも用いられてきた．2019年からは，社会経済情勢と調査環境の変化に対応した大幅な見直しにともない，調査名称を「全国家計構造調査」に変更し，全国のおよそ90,000世帯を対象として，10月と11月に調査が実施されている．今回の調査計画で見直された単身世帯の標本拡充や，高齢者世帯における資産格差把握を念頭においた所得・家計資産の正確な把握は，社会経済情勢へ対応したものといえる．また，調査環境への対応としては，家計簿調査の期間が従来の3か月から2か月に短縮されたとともに，耐久消費財調査が廃止され，家計調査と連携することで報告者負担の軽減が図られている．

全国家計構造調査は，家計調査への追加調査として実施される「都道府県調査」と，全国からおよそ84,000世帯を抽出して調査する「市町村調査」とに分けられる．さらに市町村調査には，基本調査と簡易調査との調査区分がある．基本調査の対象世帯（二人以上の世帯は約33,300世帯，単身世帯は約6,700世帯）には世帯の基本情報を調べる世帯票のほか，年収・貯蓄等調査票と家計簿への記入を求めるが，簡易調査対象世帯（二人以上の世帯は約36,400世帯，単身世帯は約7,300世帯）には記入負担が少なくない家計簿の記入を求めない．このような調査方法は「**ロング・ショートフォーム方式**」とよばれ，統計精度の向上を図りたい調査事項がある場合（ここでは所得と家計資産の状況），回答者負担に配慮しつつ，標本の規模を拡充する工夫である．

都道府県調査では，家計調査の調査対象世帯に対して，全国世帯構造調査における調査事項との差異を整合をとるための情報を得る「家計調査世帯特別調査」（約 6,000 世帯）と，こづかい等の個人裁量収支を「個人収支簿」によって調べる「個人収支状況調査」（約 900 世帯）との，いずれかの調査への回答を求めている．

8.4.2 家計データの分析事例

エンゲル関数と支出弾力性　表 8.6 は，2018 年家計調査から勤労者世帯（二人以上の世帯）に関する消費の十大費目（年平均支出額）を年間収入階級別にみたものである．

表 8.6 消費の十大費目とエンゲル関数

年間収入十分位階級	消費支出	食　料	住　居	光熱・水道	家具・家事用品	被服および履物
I	220,620	58,234	18,278	19,530	7,769	7,460
II	245,502	62,423	19,357	20,637	8,944	8,397
III	250,962	65,651	20,167	20,154	10,049	9,093
IV	266,470	68,744	16,674	20,399	9,683	9,295
V	288,638	73,697	17,351	21,934	11,183	11,609
VI	321,175	76,861	21,593	21,659	10,919	12,272
VII	329,754	78,555	18,307	22,356	12,803	14,238
VIII	359,187	84,307	15,526	22,407	12,589	15,125
IX	396,136	90,891	15,653	23,570	13,560	18,257
X	474,697	101,531	19,096	25,061	15,883	24,977
a (切片)		22,428	19,780	15,122	1,907	−8,390
b (傾き)		0.170	−0.005	0.021	0.030	0.068
支出弾力性		0.69	−0.08	0.29	0.82	1.70

年間収入十分位階級	消費支出（再掲）	保健医療	交通・通信	教　育	教養娯楽	その他の消費支出
I	220,620	8,922	39,901	6,399	16,949	37,179
II	245,502	9,688	43,074	7,597	20,436	44,949
III	250,962	9,506	39,381	11,571	21,858	43,533
IV	266,470	10,332	47,011	12,090	24,839	47,403
V	288,638	10,871	46,684	13,354	27,762	54,194
VI	321,175	11,999	55,899	19,939	30,200	59,835
VII	329,754	12,522	52,132	19,887	31,152	67,803
VIII	359,187	13,087	60,077	24,728	34,402	76,939
IX	396,136	14,564	60,258	36,858	38,803	83,723
X	474,697	18,242	70,658	38,887	51,977	108,383
a (切片)		646	11,585	−25,656	−11,100	−26,318
b (傾き)		0.036	0.127	0.142	0.130	0.281
支出弾力性		0.94	0.77	2.51	1.40	1.45

消費支出総額 C と各費目の支出額 E の関係を**エンゲル関数**とよび，簡単な関数形として 1 次式 $E = a + bC$ を想定することがある．表 8.6 には，十大費目のそれぞれに対して，この式を最小 2 乗法で求めた切片と傾きが示されている．ここで傾き b は，C が 1 単位大きい場合の E の増加額を意味する．表からは，たとえば，ある世帯に比べて C が 1,000 円多い世帯は，食料費は 170 円多く，住居費は 5 円少ないことなどが読み取れる．ただし，これは平均的な傾向であり，個々の世帯の C が変化した場合に各費目の E が変化するという関係を表すものではない．各費目の支出額の増減は，消費支出が 1 単位増えたときの内訳だから，各エンゲル関数の傾きを合計すると 1 になる[16)]．

エンゲル関数の応用として，各費目の支出弾力性を計算しよう．一般に変数 y の x に関する**弾力性**とは，x が 1% 変化したときに y が何% 変化するかを表すものである．Δx を x の変化，Δy を y の変化とするとき，弾力性 η は

$$\eta = \frac{\Delta y}{y} \Big/ \frac{\Delta x}{x} = \frac{\Delta y}{\Delta x} \Big/ \frac{y}{x} = \frac{\Delta y}{\Delta x}\frac{x}{y}$$

と定義され，ある財への需要 y について価格や所得を x とした価格弾力性や所得弾力性などが広く用いられる．

C から C' への変化を $\Delta C = C' - C$ として，対応する $E = f(C)$ の変化を $\Delta E = f(C') - f(C)$ とする．このとき E の C に対する**支出弾力性** η は，エンゲル関数を $E = f(C)$ とした場合には，次の式で与えられる[17)]．

$$\eta = \frac{\Delta E}{E} \Big/ \frac{\Delta C}{C} = \frac{\Delta f(C)}{\Delta C}\frac{C}{f(C)}$$

一般に，弾力性が 1 より大きい費目はぜいたく品，1 より小さい費目は生活必需品と解釈される．

$E = f(C) = a + bC$ と関数形を定めれば $\Delta E = (a + bC') - (a + bC) = b\Delta C$ となるから，

$$\eta = \frac{\Delta E}{E} \cdot \frac{C}{\Delta C} = \frac{b\Delta C}{a + bC}\frac{C}{\Delta C} = \frac{bC}{a + bC} = 1 - \frac{a}{a + bC}$$

となる．この式の η は消費支出 C に依存する．2018 年の消費支出（二人以上の世帯）は 1 世帯当たり 287,315 円だったので，これに近い値として，仮に消費支出が 30 万円 ($C = 300{,}000$) のときの支出弾力性を表 8.6 から求めれば，食糧費では $\eta = 1 - a/(a + bC) = 1 - 22428/(22428 + 0.17 \times 300000) = 0.69$,

---

16) 演習問題 7 のとおり，最小 2 乗法の場合はこの性質が満たされる．

17) 微分を使うなら，弾力性は式 $\eta = \dfrac{df(C)}{dC}\dfrac{C}{f(C)} = \dfrac{d\log f(C)}{d\log C}$ で表される．

教養娯楽費では $\eta = 1.40$ となり，ぜいたく品か生活必需品かを判断することができる．なお，弾力性は $\eta = 1 - a/(a + bC)$ だから，切片が $a > 0$ なら生活必需品，$a < 0$ ならぜいたく品となる．これを，消費に占める各費目の比率 E/C は切片 a が正のとき減少し負のとき増加する，といい換えてもよい[18)]．

エンゲル関数を $\log E = \alpha + \beta \log C$ と両対数で表現することもある．この場合の支出弾力性は $\eta = \beta$ となり，支出の水準 C に依存しない．このことは，$\Delta \log E = \beta \Delta \log C$, $\Delta \log C \fallingdotseq \Delta C/C$ および $\Delta \log E \fallingdotseq \Delta E/E$ から確かめられる[19)]．

ローレンツ曲線とジニ係数　図 8.9 は，家計の年間収入と金融資産残高の分布例を示したものである．この図は疑似データにもとづいて描かれているが，実際の家計調査データを利用した場合も年間収入や金融資産残高は一般に右裾の長い（正の歪みをもった）分布になる．

正の歪みをもった分布について，最頻値と中央値，平均の大小関係は多くの場合「最頻値 < 中央値 < 平均」の順になる．年間収入のヒストグラムで最も高い階級値 500 万円を最頻値とすると，中央値は 584 万円，平均は 647.3 万円となっており，実際「最頻値 < 中央値 < 平均」である．中央値と平均の大小関係から，半数を超える世帯の年間収入は全世帯の平均額にとどかない水準にある．

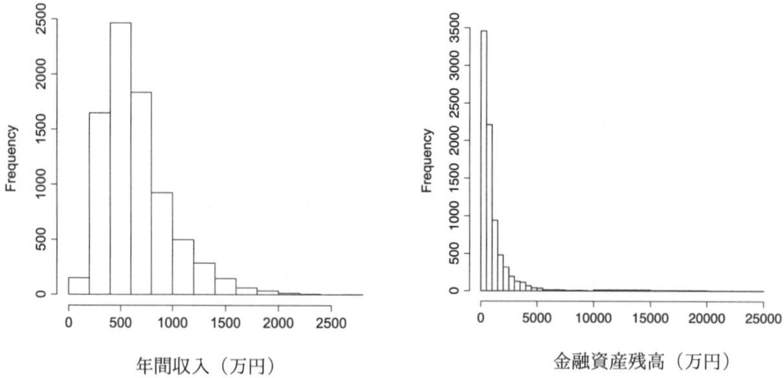

図 8.9　ヒストグラムの形状の違い

---

18)　弾力性は通常は正の値をとる．住居費が負の値 -0.08 となっている点は例外で，これは高所得者層では持家の比率が高く，家賃支出が反映されていないためである．

19)　$\Delta \log C = \log C' - \log C = \log(C + \Delta C)/C = \log(1 + \Delta C/C) \fallingdotseq \Delta C/C$ となる ((A.3.8) 式参照)．微分を使えば $d \log E/d \log C = (d \log E/dE)\,(dE/dC)\,(dC/d \log C)$ と変形し，さらに $d \log E/dE = 1/E$, $dC/d \log C = 1/(d \log C/dC) = C$ となることを用いると，$d \log E/d \log C = (dE/dC)\big/(E/C) = \eta$ が得られる．

所得や資産に関する格差の大きさや不平等度については，ヒストグラムを用いた視覚的な把握にとどまらず，定量的に比較できることが望ましい．以下では，ローレンツ曲線 (Lorenz curve) とジニ係数 (Gini coefficient) を利用した不平等度のとらえ方を紹介する．

簡単な仮設例として 5 世帯ずつが住む地域 A, B, C を考えて，各地域の世帯の保有する資産（万円）を，A 地域 $(5, 10, 10, 15, 60)$，B 地域 $(0, 0, 0, 0, 100)$，C 地域 $(20, 20, 20, 20, 20)$ とする．

A 地域の資産合計 100 万円に占める各世帯の割合は $(0.05, 0.1, 0.1, 0.15, 0.6)$ であり，累積割合は $(0.05, 0.15, 0.25, 0.4, 1.0)$ である．この累積割合から，下位 20% の 1 世帯が A 地域の資産の 5% を保有しており，下位 40% の 2 世帯が 15%，下位 60% の 3 世帯が 25%，下位 80% の 4 世帯が 40%，残りの 1 世帯がこの地域の資産の 6 割を保有している．資産の格差については，B 地域は極端な例であり，上位 20% にあたる 1 世帯が地域の全資産を保有している．全世帯が同一の資産を保有する C 地域は格差がない状態で，下位 r% の世帯が資産合計の r% を保有している．このように世帯数と資産に関する累積構成比が一致していれば，完全に平等な状態といえる．

図 8.10 は，横軸に世帯数の累積構成比を，縦軸に資産の累積構成比をとり，下位何% の世帯で資産の何% を保有しているかを示したグラフであり，**ローレンツ曲線** (Lorenz curve) とよばれる．

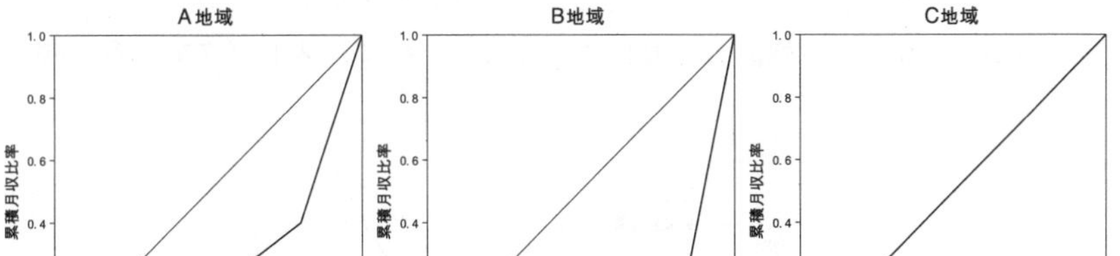

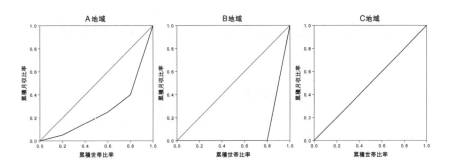

図 8.10　A, B, C 地域のローレンツ曲線

3 つのグラフには共通して 45° の対角線が描かれている．C 地域では 45° 線とローレンツ曲線が一致しているように，45° 線は**完全平等線**とよばれる格差のない状態に対応した基準線である．格差の大きさは，完全平等線とローレンツ曲線とで囲まれた面積によって測ることができる．

図 8.11 は，図 8.9 で示した資産のローレンツ曲線である．図の完全平等線

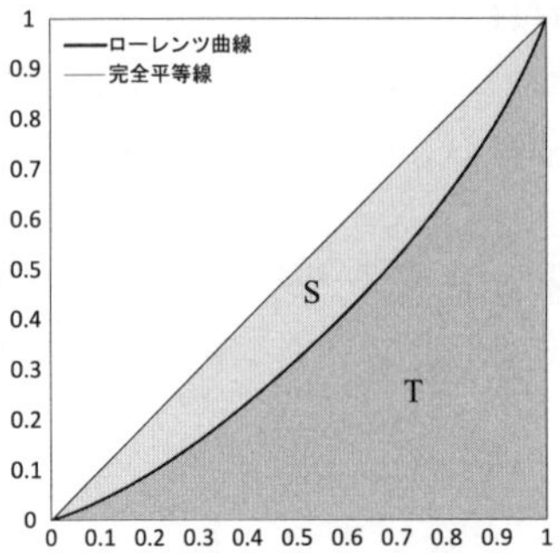

図 8.11 ローレンツ曲線とジニ係数

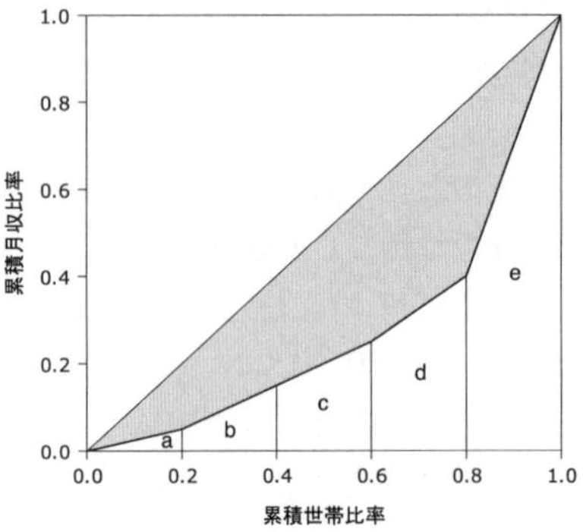

図 8.12 A 地域のジニ係数

とローレンツ曲線で囲まれた部分 S が不平等度に対応した面積であり，$S+T$ の面積は 0.5 である．面積 $S+T$ に対する面積 S の比 $S/(S+T)=2S$ が，**ジニ係数** (Gini coefficient) とよばれる，格差の定量的な尺度である．

図 8.12 の A 地域のローレンツ曲線についてジニ係数を求めよう．a〜e の三角形と台形の面積を求め，それを 0.5 から引けば図の灰色の領域の面積が得られる．その 2 倍がジニ係数である．灰色の面積は 0.23 となるから，ジニ係数は 0.46 となる[20]．

図 8.13 は，図 8.9 で示した年間収入と金融資産残高に関する 2 つのローレンツ曲線をあわせて描いたグラフである．この図のジニ係数を計算すると年間収入が 0.265，金融資産残高では 0.539 となる．一般に，ストックである金融資

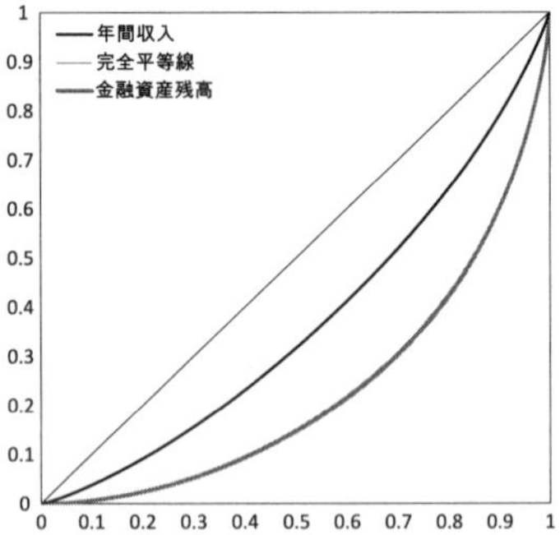

図 8.13 年間収入と金融資産残高のローレンツ曲線

20) 演習問題 9 参照．

産の方がフローである収入より格差が大きくなる．

8.5　事業所と企業の活動

○主要な事業所企業統計

ここでは事業所・企業統計について，主要な統計の概要と分析例を紹介する．はじめに，調査単位としての事業所の定義について確認する．

事業所とは，財の生産やサービスの提供にかかわる土地区画を単位として定義され[21)]，企業の本社や支社，営業所や工場，商店や飲食店，ホテルや病院，役所や学校，駅，農家などはすべて事業所の例である．企業 (firm) は複数の事業所から構成されることも，あるいは 1 事業所で 1 企業であることもある．

企業活動をとらえるために企業を産業に分類する場合，基本となる単位は事業所である．大企業の多くは複数の産業分野に多角化しているが，事業所単位では経済活動の専業性は高い．そのため，個々の事業所における活動実態を調べれば，当該企業の主業や，企業内の事業所を単位とした分業構造の解明が可能となる．

統計調査には，それぞれ調査の目的や担う役割りに違いがある．ある時点における実態をできる限り詳細かつ網羅的に調査する**構造統計**と，異なる時点間で経済活動等がどのように推移しているかを調べる**動態統計**は，役割の違いという観点から対極に位置づけられる．

構造統計は，国内企業や世帯の構造を正確にとらえることを目的とし，具体的には経済センサスや国勢調査などの大規模な全数調査が該当する．調査にかかわる費用が大きく，集計にも長時間も必要とするため，構造統計は 3 年から 5 年ほどの周期で実施されることが多い．

一方，経済情勢の変化や消費の動向をとらえることが目的であれば，統計には速報性が求められる．業務統計や標本調査にもとづく動態統計は，集計結果を月次や四半期ごとに公表することで速報性の要請に応えている．

経済センサス　事業所と企業について最も基本となる統計は「事業所企業統計調査」を引き継ぎ 2009 年 9 月に第 1 回調査が実施された「経済センサス」である．「経済センサス」の調査結果として得られる基幹統計は「経済構造統計」とよばれる．

2006 年まで総務省統計局が実施していた「事業所企業統計調査」は，全国の

21)　より正確には，単一の経営主体の統括の下で，人と設備を配して継続的な経済活動を営む場所的単位が「事業所」である．著述家や芸術家，個人タクシーや行商などは本人住居を事業所とみなす．

農林漁家等を除くすべての事業所を対象として，事業の種類や従業者数，資本金などを調査していた.「事業所企業統計調査」の主な目的は，事業所や企業を対象とする標本調査を行うための母集団名簿を作成することであり，売上高や原材料費，給与支給額などの経理情報は調査事項に含まれていなかった.

それに対して「経済センサス」では，事業の種類や従業者数などに加え，売上高などの経理情報をあわせて調べるよう改められ，事業の種類や従業者数など事業所企業の基本的構造を調べる基礎調査と，売上高等の経済活動の状況を調べる活動調査とが実施されている．なお，基礎調査は5年周期で実施され，その中間年（基礎調査の3年後）に活動調査が行われる．これにより，従来は所管府省がそれぞれ異なる時期に作成していた産業別売上高等の統計資料が，同一時点で包括的にとらえられるようになった.

経済産業省企業活動基本調査　多角化や国際化，系列化等，企業の全社戦略にかかわる活動実態は，事業所単位ではなく，企業を単位とした調査によらなければ把握できない．また，親会社と子会社，関連会社等との企業間関係や，企業群を単位とした事業行動についても，同様に企業単位の回答情報にもとづかなければ明らかにできない．つまり，事業所を単位とした統計からでは得られない企業行動にかかわる統計調査も重要である.

「経済産業省企業活動基本調査」は，多様化する企業の事業活動を把握すべく，国際化や多角化，系列化，情報化などの事項を調べている．また，事業組織別の売上高や従業者数に加え，研究開発費や特許の保有状況，技術取引も調べるなど，企業活動を多面的にとらえる調査であり，経済産業政策の立案や評価において不可欠な統計資料となっている.

この調査は，1992年に第1回調査が実施され，その後，1995年に行われた第2回調査以降は毎年実施されている．調査対象となる産業の範囲も徐々に拡大され，現在では鉱業，製造業，卸売小売業，飲食店，金融保険業，電気・ガス業，情報通信業，不動産・物品賃，教育学習支援業，生活関連サービス・娯楽業など，広範な産業が調査の対象になっている.

調査対象となる企業規模は，従業者50人以上かつ資本金又は出資金3,000万円以上に設定されているが，条件を満たす40,000前後の企業については全数が調査されている．なお，中小規模の企業にかかわる公的統計としては，中小企業庁が2004年から実施している「中小企業実態基本調査」や，四半期ごとに業況や営業収支を調べる総務省統計局の「個人企業経済調査」などが利用できる.

法人企業統計調査　財務省財務総合政策研究所が1948年から実施している「法人企業統計調査」は，全国すべての営利法人を対象に，活動実態を明らかにすることを目的とした標本調査であり，基幹統計に指定されている．

この調査の特徴は，確定決算を調査する「年次別調査」に加え，四半期ごとの仮決算を調査する「四半期別調査」があわせて実施されている点である．調査企業数は，2009 年度から調査対象に追加された金融保険業を含め，年次別調査で約 39,000 社，四半期別調査では約 32,000 社である．四半期別調査の集計結果は調査実施から 3 か月後に『法人企業統計季報』において公表され，景気指標として利用されている[22]．

ハーフィンダール・ハーシュマン・インデックス　市場における競争を通じて市場占有率を高めれば，当該企業は市場価格に対して一定の影響をもつようになる．少数の企業による市場の寡占があれば，市場価格は割高な水準に設定され硬直的になる．

ある産業の市場において，企業の競争状態を測る指標としては**ハーフィンダール・ハーシュマン・インデックス**[23] がしばしば利用され，公正取引委員会が企業合併の適否を審査する際にも HHI が参照される．HHI は，市場の集中度を当該市場に属する各々の企業の市場占有率によって測る尺度であり，具体的には市場占有率の 2 乗和と定められる．n 社の市場占有率をそれぞれ $s_1, s_2, \ldots, s_n$ とするときは

$$\mathrm{HHI} = \sum_{i=1}^{n} s_i^2$$

となる．たとえば，ある市場に 4 社の企業が参入しており，各社の市場占有率が $(0.4, 0.3, 0.2, 0.1)$ であれば，$\mathrm{HHI} = 0.4^2 + 0.3^2 + 0.2^2 + 0.1^2 = 0.3$ となる．なお，市場占有率がパーセント表示のとき，$\mathrm{HHI} = 40^2 + 30^2 + 20^2 + 10^2 = 3000$ と示されることがある．また，上位 3 社の市場占有率が変わらなくても，$(0.4, 0.3, 0.2, 0.05, 0.03, 0.02)$ のように市場占有率の小さな企業が増えると，HHI は 0.2938 と小さくなる．

図 8.14 は『自動車統計月報』(日本自動車工業会) より，ブランド（メーカー）別普通自動車新車登録台数の四半期データ（2007 年～2017 年）にもとづいて HHI を算出し，折れ線グラフに示したものである．あわせて，ブランド（メーカー）別の新車登録台数占有率を帯グラフで表している．

この図によると，HHI の値は 2007 年から 2010 年にかけて上昇した後，2015 年頃まで減少に転じ，近年では再度ゆるやかな上昇傾向が認められる．こうし

22) 年次調査はすべての規模の法人企業，四半期別調査は資本金 1,000 万円以上の法人企業が対象である．

23) Herfindahl Hirschman Index, HHI

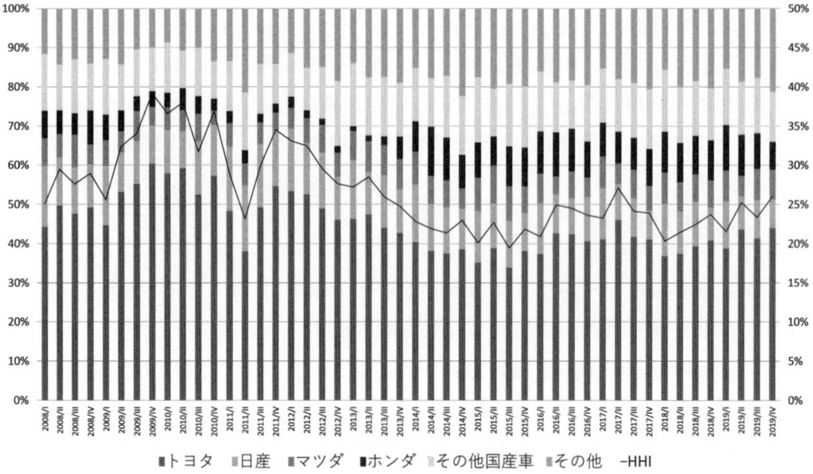

図 8.14 普通車市場の HHI の推移

た HHI の動きは，トヨタの市場占有率と連動した動向とみることができる．震災によって減産を余儀なくされた影響から，2011 年 4 月〜6 月期前後でトヨタは市場占有率を大幅に下げ，HHI も大きく値が減少している．この時期，震災の影響を受けない「その他」のメーカー，すなわち外車メーカーの占有率が上がっているが，2012 年以降も外車メーカーの占有率は 20% に近づくほど堅調に推移しており，同じく 2014 年以降は 10% を挟む市場占有率を確保して推移しているホンダとともに，トヨタの占有率を抑え，HHI の値を 0.25 未満にとどめる要因となっている．

8.6 マクロ経済をとらえる統計

8.6.1 SNA

一国の経済活動と経済取引の全体像をとらえるマクロ経済データに，GDP 統計ともよばれる国民経済計算がある．国民経済計算は，国際連合が加盟国に対して勧告している **SNA** (System of National Accounts，国民経済計算体系) という国際基準にそって推計されており，経済循環におけるフローとストックの両側面を整合的とらえる統計である．具体的には国民所得勘定，産業連関表，資金循環表，国民貸借対照表，国際収支表の 5 つからなる勘定体系として公表される．

経済主体である企業，家計，政府の制度部門は，それぞれの経済活動を通じて相互に財やサービスの取引を行い，それら取引にともなう賃金や代金の支払い，年金給付や補助金交付，納税等によって資金が循環する．こうした経済取引の成果として各制度部門に資本が形成される．一国経済の全体像をとらえるには，生産や消費，投資など経済活動のフロー面と，資本や負債などのストック面との両方を整合的にとらえる必要があり，その体系的な国際基準がSNAである．

国際連合の定めるSNAは，1953年に最初の国際基準である「1953SNA」が制定され，それ以降，1968年の「1968SNA」，1993年の「1993SNA」の採択をへて，現在の基準は2008年に採択された「2008SNA」である．2008SNAでは，中間消費として扱われてきた企業の研究開発費を，新たに資本（固定資産の知的財産生産物）としてとらえ直してGDPに計上するよう改められるなどの改定が盛り込まれており，日本は2016年12月末から2008SNAの勘定基準に移行している．

SNAでは，経済活動を複式簿記の勘定形式を用いて記述し，経済取引のフローは主要勘定である生産勘定，所得支出勘定，蓄積勘定によって，ストックは期首と期末の貸借対照表によって表している．なお，2008SNAの勘定体系は複雑なので，以下ではわかりやすい形の勘定を表示する．

生産勘定では，財・サービスの合計が産出額として貸方（右側）に，生産に要する中間投入（= 中間消費）と，付加価値が借方（左側）に記録される．

生産勘定

中間投入	産出額
総付加価値	（中間消費・
雇用者報酬 ┐	最終消費支出 (C)・
営業余剰 ├ (Y)	総固定資本形成 (I)）
間接税 − 補助金 ┘	
固定資本減耗 (D)	

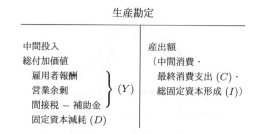

生産勘定における借方（左側）では中間投入以外の，雇用者報酬，営業余剰，間接税 − 補助金，固定資本減耗の和が総付加価値である．総付加価値は，雇用者報酬と営業余剰（要素所得）を中心とする純付加価値 (Y) と固定資本減耗 (D) に分けてとらえられる．産出額から中間投入を差し引いた総付加価値 $(Y + D)$ は，最終消費支出 (C) と総固定投資形成 (I) の原資になる．

所得の再分配や社会給付を調整し，可処分所得（最終消費支出と貯蓄）を求めるのが所得支出勘定である．所得支出勘定は，付加価値を雇用者報酬や営業利益などに分解する所得の発生勘定，一次所得の配分勘定，現物所得の再分配勘定，可処分所得の使用勘定など複数の勘定で構成される．

貸借対照表の期首から期末に至るまでのフローに関する変化をとらえる一連の勘定が蓄積勘定であり，中心は資本調達勘定と金融勘定である．蓄積勘定でとらえた当該期間のフローを期首貸借対照表に加えると，期末貸借対照表が得られる．

所得支出勘定

可処分所得	純付加価値 (Y)
最終消費支出 (C)	雇用者報酬
貯蓄 (S)	営業余剰
	間接税 − 補助金
	（財産所得純受取）

蓄積勘定

総固定資本形成 (I)	貯蓄 (S)
（在庫品増加）	固定資本減耗 (D)
（金融資産等の純増）	（資本移転（純受取））

生産勘定から $Y+D=C+I$ という関係が読み取れる．所得支出勘定は，財産所得純受取を無視すれば $C+S=Y$ を表している．蓄積勘定は，総固定資本形成 (I) が，貯蓄 (S) と固定資本減耗 (D) の和 $I=S+D$ となることを表している．以上の 3 つの等式

$$Y+D=C+I, \quad C+S=Y, \quad I=S+D$$

については，任意の 2 つの等式を整理すると，残りの 1 つの等式が得られるという関係になっている．生産勘定，所得支出勘定，蓄積勘定の 3 つの勘定について，特に借方に注目して相互関係をみたものが図 8.15 である．

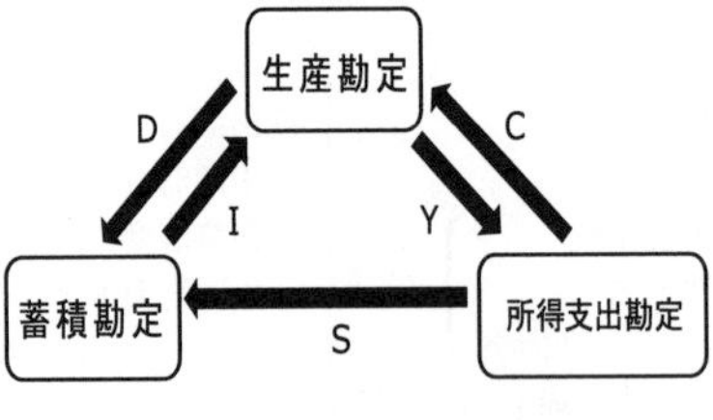

図 8.15　各勘定相互の関係

以上の説明では海外との輸出入を無視したが，輸出を E，輸入を M とすれば，$Y+D=C+I$ の右辺は $C+I+E-M$ となる．これは GDP を支出面からとらえた概念であり，GNE（国内総支出）とよばれる．

8.6.2　四半期別 GDP 速報 (QE) とゲタ

国民経済計算は，一国の経済状況を整合的かつ俯瞰的にとらえることができる統計資料であるが，確報公表までに相応の時間を要するため，短期の景気動

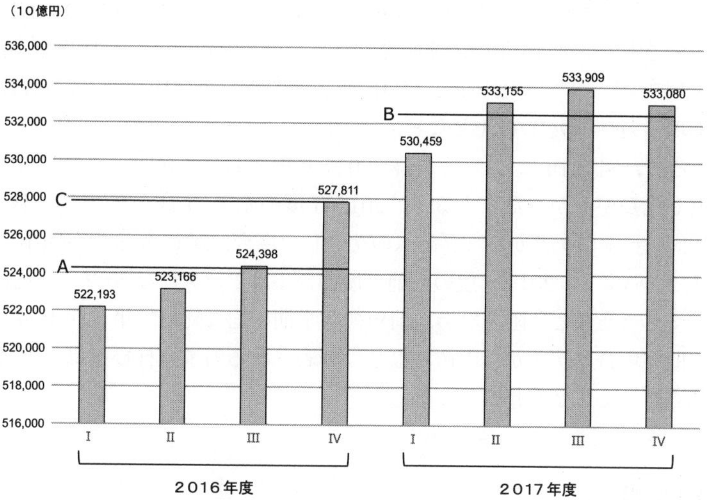

図 8.16 四半期別 GDP とゲタ

向を把握する目的等には向かない．経済動向をとらえるために四半期別 GDP 速報[24] として支出系列と雇用者報酬が四半期ごとに公表されている．QE の特性はその名のとおり速報性にあり，1 次速報が当該四半期終了後から 6 週間後に，2 次速報は法人企業統計（財務省）などの追加資料を用いて，1 次速報からおよそ 1 か月後に公表される．

ここでは，GDP の成長率に関してしばしば話題となる「成長率のゲタ」についてふれる．図 8.16 は，2016 年度と 2017 年度の GDP（支出側）の実質季節調整済系列四半期データのグラフである．本来，時系列データは折れ線グラフで表示すべきところだが，説明の都合から棒グラフで描いている．グラフ中の水準 A と B は，それぞれ 2016 年度，2017 年度における GDP の年平均（524,391.78 と 532,650.58）を表しており，水準 C は 2016 年第 4 四半期における GDP を示している．

いま，GDP の水準ゼロ (O) から測ると，GDP の 2016 年度から 2017 年度にかけての四半期平均に関する増分は $(OB - OA)$ で表される．$(OB - OA)$ を $(OB - OC) + (OC - OA)$ と書き直すと，GDP に関する四半期平均の対前年比伸び率 $(OB - OA)/OA$ も，

$$\frac{OB - OA}{OA} = \frac{OB - OC}{OA} + \frac{OC - OA}{OA}$$

24) QE, Quarterly Estimation は Quick Estimation とよばれることもある．

と書くことができる．右辺第 2 項 $(OC - OA)/OA$ は，2017 年度の GDP 伸び率のうちですでに 2016 年中に達成された成長分と解釈され．これを 2016 年から 2017 年への「ゲタ」とよぶ．GDP 成長率のうちで 2017 年の成長分は，右辺第 1 項 $(OB - OC)/OA$ となる．

ところで，図 8.16 において，仮に 2017 年度における各四半期の GDP 水準が一定で成長がなかったとすると，2017 年度の水準 B は水準 C に一致する．つまり，成長率のゲタが正（プラスのゲタ）の場合，2017 年度の各四半期の成長が 0 であっても，2017 年度の対前年度伸び率はプラスになる[25)]．ただし，ゲタはいつもプラスとは限らない．前年の四半期平均に比べて第 4 四半期の水準の方が低い場合はゲタが負の値となり，公表される対前年伸び率は，実感よりも小さく感じることが起こりうる．

演 習 問 題

1. 月次の百貨店販売額のように，毎年，月ごとに似たような変動をする時系列データに対して，中心化 13 項移動平均を適用すると，季節変動をおおむね除去できる．その理由を述べよ．
2. 年次の時系列データ y_t に直線のトレンド $y_t = a + bt$ をあてはめる際，説明変数として 8.1.5 項のように $t = 1, \ldots, T$ とする場合と，西暦年をそのまま $t = 2000, 2001, \ldots$ とする場合で，回帰係数 b は変わらないことを示せ．
3. 次の表は 2 つの商品 A, B に関する基準時点 $t = 0$ と比較時点 $t = 1$ の価格 p と数量 q である．

	A		B	
時点	p	q	p	q
0	50	20	60	30
1	45	40	70	20

(1) Laspeyres 式および Paasche 式による価格指数および数量指数を計算せよ．
(2) Laspeyres 指数と Paasche 指数の組合せは金額条件を満たし，互いに「暗黙の指数」となっていることを確かめよ．

4. 次の変化が生じた場合，消費者物価指数はどのように変化するか．
(1) 収入が増えたために，より高価な商品を購入するようになった．
(2) 安価な衣料の輸入品が増えたが，国産品の価格は変わらなかった．
(3) 消費税が 5% から 8% に増えた．
5. 次の変化が生じた場合，失業者数と失業率にどう影響するか．
(1) 経済状況が改善して，多くの主婦がパートタイムの仕事をはじめた．

25) 成長率のゲタは，いわゆる「下駄」を履かせるという語感に由来する．

(2) 経済状況が悪く，仕事がみつからないため，仕事を探すことをあきらめた．

(3) 定年で引退していた人が，ボランティア活動をはじめた．

6. 学歴によって賃金カーブがどのように異なるかを比較するためには，どの統計を調べたらよいか．

7. 消費支出 C の内訳である十大費目を E_j $(j = 1, \ldots, 10)$ とし，最小 2 乗法によって推定したエンゲル関数を $E_j = a_j + b_j C$ とするとき，次の結果を確かめよ．

(1) $\sum_{j=1}^{10} b_j = 1$

(2) $\sum_{j=1}^{10} a_j = 0$

（この性質は最小 2 乗法を使えば成立するが，一般には保証されない．）

8. エンゲル関数を 1 次式 $E = a + bC$ とするとき，切片 a の符号によって，ぜいたく品か生活必需品かを判断できることを，表 8.6 で確かめよ．

9. 図 8.12 のローレンツ曲線について，ジニ係数が 0.46 となることを確かめよ．

10. 総務省が公表する経済センサスと，財務省が公表する法人企業統計では，法人企業の数に若干の違いがある．その理由を考えよ．

11. 次の条件を満たすハーフィンダール・ハーシュマン・インデックス (HHI) の値を求めよ．

(1) ある市場を 1 社が独占しているとき．

(2) 2 社が市場シェアを等分しているとき．

(3) ある市場に n 社が参入しており，全社の市場シェアが等しいとき．

(4) 前問で市場に参入している企業数 n が限りなく大きくなったとき．

12. 次の経済活動は GDP にどのような影響を与えるか．

(1) 自家用自動車を購入し，通勤に利用した．

(2) 日曜大工で物置小屋を作った．

(3) 工場を建設した．

(4) 製造工程で発生する有害物質を除去するための装置を設置した．

13. GDP デフレータは，名目 GDP を実質 GDP で割って事後的に求められる．これは Paasche 型の指数と考えられることを示せ．

A

数学の準備

A.1　総和の記号 $\sum$

表 A.1 は生徒 6 人の成績である．表 A.2 は，生徒 n 人に関する一般的なデータを模式的に表している．表 A.1 の国語の得点の和に対応する表現は，表 A.2 では $x_1 + \cdots + x_n$ となる．記号 $\sum$（シグマ）は

$$\sum_{i=1}^{n} x_i = x_1 + \cdots + x_n$$

のように変数 x の総和を表す．ここで添え字は i とは限らず，j や k などを用いることもある．また，和を $i = 0$ から $(n-1)$ までなどとすることもある．表記法も $\sum_{i=1}^{n}$，$\sum_{1}^{n}$，$\sum_{i}$，$\sum$ などと，誤解がない限り添え字を省略することがある．

変数が $x_i = a\ (i = 1, \ldots, n)$ と一定の値をとる場合は，次の式が導かれる．

$$\sum_{i=1}^{n} a = a + \cdots + a = na \tag{A.1.1}$$

平均 $\overline{x}$ と合計に関する表現は，表 A.2 では次のようになる．

$$\overline{x} = \frac{1}{n}\sum_{i=1}^{n} x_i \quad \text{すなわち} \quad n\overline{x} = \sum_{i=1}^{n} x_i \tag{A.1.2}$$

ところで，表 A.1 で国語と英語は 100 点満点，数学は 50 点満点である．そこで，数学の得点を 100 点満点に換算すると，数学の得点の和は $2 \times 43 + \cdots + 2 \times 25 = 2(43 + \cdots + 25) = 420$ となる．一般に，表 A.2 で個々の z_i を a 倍すると，その和は次のようになる．

表 A.1　成績表

名前	国語	英語	数学
1. 安部	78	85	43
2. 井上	69	76	30
3. 内田	88	80	35
4. 江藤	63	65	48
5. 小田	57	69	29
6. 加藤	91	89	25
合計	446	464	210

表 A.2　ベクトル表現

No	x	y	z
1	x_1	y_1	z_1
$\vdots$	$\vdots$	$\vdots$	$\vdots$
i	x_i	y_i	z_i
$\vdots$	$\vdots$	$\vdots$	$\vdots$
n	x_n	y_n	z_n

表 A.3　行列表現

No	$x_1 \cdots x_j \cdots x_p$
1	$x_{11} \cdots x_{1j} \cdots x_{1p}$
$\vdots$	$\vdots \cdots \vdots \cdots \vdots$
i	$x_{i1} \cdots x_{ij} \cdots x_{ip}$
$\vdots$	$\vdots \cdots \vdots \cdots \vdots$
n	$x_{n1} \cdots x_{nj} \cdots x_{np}$

$$\sum_{i=1}^{n} az_i = az_1 + \cdots + az_n = a(z_1 + \cdots + z_n) = a\sum_{i=1}^{n} z_i \qquad \text{(A.1.3)}$$

国語と英語の 2 科目合計点については，各生徒の 2 科目合計点の和を求めても，国語の合計と英語の合計を足しても等しい．この計算は，表 A.2 では次のように表される．

$$\sum_{i=1}^{n}(x_i + y_i) = \sum_{i=1}^{n} x_i + \sum_{i=1}^{n} y_i \qquad \text{(A.1.4)}$$

表 A.3 では，行列の表記を用いて，得点 x_{ij} を行 i と列 j に対応させている．第 i 番目の生徒の全科目合計点を t_i とすると，

$$t_i = x_{i1} + \cdots + x_{ip} = \sum_{j=1}^{p} x_{ij}$$

と表される．ここで添え字 j は科目に対応して $1, \ldots, p$ が代入される．すると，n 人分の全科目合計点の和は

$$t_1 + \cdots + t_n = \sum_{i=1}^{n} t_i = \sum_{i=1}^{n}\sum_{j=1}^{p} x_{ij}$$

と求められる．このように 2 つの添え字をもつ行列（n 行 p 列）の和を求めるには 2 つの $\sum$ が必要になる．一方，全科目合計点の和は各科目得点の和を合計しても求められる．第 j 科目得点の和 u_j は $u_j = \sum_{i=1}^{n} x_{ij}$ と表されるので，全科目合計は

$$\sum_{j=1}^{p} u_j = \sum_{j=1}^{p}\sum_{i=1}^{n} x_{ij}$$

と表される．これら 2 つの表現で和は等しいので，次の式のように，$\sum$ の順序を交換できることがわかる．

$$\sum_{i=1}^{n}\sum_{j=1}^{p} x_{ij} = \sum_{j=1}^{p}\sum_{i=1}^{n} x_{ij} \qquad \text{(A.1.5)}$$

（なお，和の順序の交換は n や p が無限大となる場合は無条件には成立しない．）

最後に，$\sum_{i=1}^{n}(x_i - \overline{x})^2 = \sum_{i=1}^{n} x_i^2 - n\overline{x}^2$ を確認する手順を記そう．

$$\begin{aligned}
\sum_{i=1}^{n}(x_i - \overline{x})^2 &= \sum_{i=1}^{n}(x_i^2 - 2\overline{x}x_i + \overline{x}^2) && \left((x_i - \overline{x})^2 \text{を展開}\right) \\
&= \sum_{i=1}^{n} x_i^2 + \sum_{i=1}^{n}(-2\overline{x})x_i + \sum_{i=1}^{n}\overline{x}^2 && (\textstyle\sum \text{ を各項に分配}) \\
&= \sum_{i=1}^{n} x_i^2 - 2\overline{x}\sum_{i=1}^{n} x_i + \sum_{i=1}^{n}\overline{x}^2 && (\text{定数 } -2\overline{x} \text{ を } \textstyle\sum \text{ の外に}) \\
&= \sum_{i=1}^{n} x_i^2 - 2\overline{x}(n\overline{x}) + \sum_{i=1}^{n}\overline{x}^2 && \left(\textstyle\sum_{i=1}^{n} x_i = n\overline{x} \text{ を用いた}\right)
\end{aligned}$$

$$= \sum_{i=1}^{n} x_i^2 - 2n\overline{x}^2 + n\overline{x}^2 \qquad \text{(最後の項は定数の和)}$$

$$= \sum_{i=1}^{n} x_i^2 - n\overline{x}^2 \qquad \text{(証明終わり)}$$

$\sum_i a_i$ と $\sum_j b_j$ に関する次の結果も有用である.

$$\sum_{i=1}^{n}\sum_{j=1}^{m} a_i\, b_j = \Big(\sum_{i=1}^{n} a_i\Big)\Big(\sum_{j=1}^{m} b_j\Big) \tag{A.1.6}$$

次の式は (A.1.6) 式で $m = n$, $a_i = b_i$ とおいた特別な場合である. i, j という添え字の使い方に注意してほしい[1)].

$$\Big(\sum_{i}^{n} a_i\Big)^2 = \Big(\sum_{i}^{n} a_i\Big)\Big(\sum_{j}^{n} a_j\Big) = \sum_{i=1}^{n}\sum_{j=1}^{n} a_i\, a_j \tag{A.1.7}$$

$(a_i + b_i)^2$ の総和については, $(a_i + b_i)^2 = a_i^2 + 2a_ib_i + b_i^2$ と分解すれば,

$$\sum_{i=1}^{n}(a_i + b_i)^2 = \sum_{i=1}^{n} a_i^2 + 2\sum_{i=1}^{n} a_ib_i + \sum_{i=1}^{n} b_i^2 \tag{A.1.8}$$

と表される. ここで $a_i = (x_i - \overline{x})$, $b_i = (y_i - \overline{y})$ とおいて n で割ると, $x+y$ の分散 s_{x+y}^2 を, x の分散 s_x^2, y の分散 s_y^2 および x, y の共分散 s_{xy} で表す式 $s_{x+y}^2 = s_x^2 + 2s_{xy} + s_y^2$ が導かれる (本文の (3.2.2) 式参照).

共分散の式に現れる積和は, 次のように変形できる.

$$\sum_{i=1}^{n}(x_i - \overline{x})(y_i - \overline{y}) = \sum_{i=1}^{n} x_i(y_i - \overline{y}) = \sum_{i=1}^{n}(x_i - \overline{x})y_i \tag{A.1.9}$$

$$= \sum_{i=1}^{n} x_iy_i - n\overline{x}\,\overline{y} \tag{A.1.10}$$

この式は, $\sum_1^n (x_i - \overline{x})\overline{y} = \overline{y}\sum_1^n (x_i - \overline{x}) = 0$ から確かめられる.

A.2 階乗, 順列, 組合せ

はじめに高等学校で学習する内容を復習する. A, B, C, ... と書かれた n 枚のカードを 1 列に並べるとき, 異なる並べ方は

$$n! = n(n-1)\cdots 3 \cdot 2 \cdot 1 \tag{A.2.1}$$

通りある. 記号 $n!$ を n の**階乗**とよぶ. ただし, $0! = 1$ である.

n 枚から r 枚のカードを取り出して 1 列に並べるとき, 異なる並べ方は $n(n-1)\cdots(n-$

1) 本書では使わないが $(\sum_i a_i)^3 = \sum_i \sum_j \sum_k a_i\, a_j\, a_k$ という表現も有用である.

$r+1)$ 通りとなる．これを**順列** (permutation) とよび ${}_n\mathrm{P}_r$ と表記する．順列は，階乗を用いると次のように表される．

$$ {}_n\mathrm{P}_r = n(n-1)\cdots(n-r+1) = \frac{n!}{(n-r)!} \tag{A.2.2}$$

なお，$n(n-1)\cdots(n-r+1)$ を $n^{[r]}$ と書くことがある．

n 枚のカードから r 枚を選ぶとき，カードの並び方によらず異なる組合せの数を**組合せ** (combination) とよび，${}_n\mathrm{C}_r$ または $\binom{n}{r}$ と表す2)．たとえば，A, B, C, D, E の 5 枚のカードから 3 枚を抜き出すとき，(A,B,C) 3 枚の順列としては (A,B,C), (A,C,B), (B,A,C), (B,C,A), (C,A,B), (C,B,A) の $3!=6$ 通りがあるが，組合せとしては 1 つと数える．

r 個の文字の順列は $r!$ だから，順列と組合せについて ${}_n\mathrm{P}_r = {}_n\mathrm{C}_r \times r!$ がなりたつ．これから次の表現が得られる．

$$\binom{n}{r} = {}_n\mathrm{C}_r = \frac{{}_n\mathrm{P}_r}{r!} = \frac{n!}{r!(n-r)!} \tag{A.2.3}$$

${}_n\mathrm{C}_r$ については次の関係がなりたつ．

$$\binom{n+1}{r+1} = \binom{n}{r} + \binom{n}{r+1} \tag{A.2.4}$$

両辺を展開して計算すれば確かめられるが，次のように考えてもよい．左辺の組合せでは $(n+1)$ 個のうち，最初の 1 個を選んだときは残りの n 個から r 個，最初の 1 個を選ばなかったときは残りの n 個から $(r+1)$ 個を選ぶことになる．それらの組合せを加えたものが (A.2.4) 式の右辺である．

2 項定理　次の展開式を 2 項定理とよぶ．

$$(a+b)^n = \sum_{r=0}^{n} \binom{n}{r} a^r b^{n-r} \tag{A.2.5}$$

実際，$(a+b)^n$ を展開するとき $a^r b^{n-r}$ が現れる回数は，n 個の $(a+b)$ の積の中から r 個の a と $(n-r)$ 個の b を選ぶ回数であり，それは $\binom{n}{r}$ 通りである．このことから $\binom{n}{r}$ は **2 項係数**ともよばれる．2 項定理から，以下の関係が導かれる．

$$2^n = (1+1)^n = \sum_{r=0}^{n} \binom{n}{r}, \qquad 0 = \{1+(-1)\}^n = \sum_{r=0}^{n} \binom{n}{r} (-1)^r$$

また，$M<N, n<N$ として $(z+1)^N = (z+1)^M (z+1)^{N-M}$ の両辺で z^n の係数を比べると，次の関係を得る．ここで $\sum_k$ は，$0 \le k \le M$ および $0 \le n-k \le N-M$ という条件を満たす範囲の k に関する和である．

---

2)　本書では，${}_n\mathrm{C}_r$ と $\binom{n}{r}$ の両方とも用いる．

$$\binom{N}{n} = \sum_k \binom{M}{k}\binom{N-M}{n-k} \tag{A.2.6}$$

和に関するいくつかの公式　$|r| < 1$ のとき，$S^{(0)}(r) = \sum_{k=0}^{\infty} r^k$，$S^{(1)}(r) = \sum_{k=0}^{\infty} kr^k$，$S^{(2)}(r) = \sum_{k=0}^{\infty} k^2r^k$ などの和を利用する機会は少なくない[3]．

まず，$S_n = 1 + r + \cdots + r^n$ とすると，$rS_n = r + r^2 + \cdots + r^{n+1}$ である．これらの差は $(1-r)S_n = 1 - r^{n+1}$ となる．$|r| < 1$ なら，$n \to \infty$ のとき $r^n \to 0$ となるから，次の結果を得る．

$$S^{(0)}(r) = \sum_{k=0}^{\infty} r^k = \frac{1}{1-r} \qquad (|r| < 1) \tag{A.2.7}$$

$S^{(1)}(r) = r + 2r^2 + 3r^3 + \cdots$ については，$rS^{(1)}(r) = r^2 + 2r^3 + \cdots$ との差 $(1-r)S^{(1)}(r) = r + r^2 + r^3 + \cdots = rS^{(0)}(r) = r/(1-r)$ を整理すればよい．

$$S^{(1)}(r) = \sum_{k=0}^{\infty} k\,r^k = \frac{r}{(1-r)^2} \qquad (|r| < 1) \tag{A.2.8}$$

$S^{(2)}(r) = r + 4r^2 + 9r^3 + \cdots + k^2r^k + \cdots$ も，これから $rS^{(2)}(r) = r^2 + 4r^3 + \cdots + (k-1)^2r^k + \cdots$ を引けば $(1-r)S^{(2)}(r)$ の r^k の係数は $k^2 - (k-1)^2 = 2k-1$ となるから，$(1-r)S^{(2)}(r) = r + 3r^2 + \cdots + (2k-1)r^k + \cdots = 2(r + 2r^2 + \cdots + kr^k + \cdots) - (r + r^2 + \cdots + r^k + \cdots) = 2S^{(1)}(r) - rS^{(0)}(r)$．したがって次の結果を得る．

$$S^{(2)}(r) = \sum_{k=0}^{\infty} k^2\,r^k = \frac{r(1+r)}{(1-r)^3} \qquad (|r| < 1) \tag{A.2.9}$$

多項係数　n 枚のカードを a 枚と b 枚からなる 2 つの組に分ける方法の数は $\binom{n}{a} = \binom{a+b}{a}$ である．n 枚のカードを a 枚，b 枚，c 枚からなる 3 つの組 $(n = a+b+c)$ に分ける方法の数は，次のようになる．まず，n 枚から a 枚を選ぶ組合せは $\binom{n}{a}$ 通り，次に，残りの $(n-a)$ 枚から b 枚を選ぶ組合せの数は $\binom{n-a}{b}$ 通りであり，残りは c 枚となる．したがって，答えは次のようになる．

$$\binom{n}{a}\binom{n-a}{b} = \frac{n!}{a!(n-a)!}\,\frac{(n-a)!}{b!(n-a-b)!} = \frac{n!}{a!b!c!}$$

さらに一般に，n 枚のカードを $r_1, r_2, \ldots, r_k$ 枚ずつ k 個の組 $(n = r_1 + \cdots + r_k)$ に分ける方法の数は $n!/(r_1!r_2!\cdots r_k!)$ となる．これを**多項係数**とよび，次の記号で表すことがある．

3）以下の総和は，級数の知識があれば容易に導ける．$f(x) = \sum_0^{\infty} x^n = (1-x)^{-1}$ $(|x| < 1)$ を微分すると $f'(x) = \sum_1^{\infty} nx^{n-1} = (1-x)^{-2}$ となる．これから $\sum_0^{\infty} nx^n = \sum_1^{\infty} nx^n = xf'(x) = x/(1-x)^2$ となる．さらに $f''(x) = \sum_1^{\infty} n(n-1)x^{n-2} = \left(\sum_1^{\infty} n^2x^n - \sum_1^{\infty} nx^n\right)/x^2$ と $f''(x) = 2(1-x)^{-3}$ から，$\sum_1^n n^2x^n$ が求められる．

$$\binom{n}{r_1 \cdots r_k} = \frac{n!}{r_1!r_2!\cdots r_k!} \tag{A.2.10}$$

たとえば $(x+y+z)^n$ の展開式で $x^a y^b z^c$ $(n=a+b+c)$ の係数は $n!/(a!b!c!)$ で与えられる．これが多項係数という名称の由来である．

A.3 指数関数と対数関数

べき乗（累乗） 経済学においては，複利の計算などでべき乗（累乗）の計算をしばしば用いる．正の整数 n に対して，べき乗 a^n は

$$a^n = a \times a \times \cdots \times a$$

と定義される．a を**底**(てい)，n を**指数**とよぶ．任意の実数 a, b と正の整数 m, n に対して，以下の**指数法則**がなりたつ．

$$a^{m+n} = a^m a^n, \quad a^{mn} = (a^m)^n, \quad (ab)^n = a^n b^n \tag{A.3.1}$$

$a > 0$ に対して，指数がゼロときには $a^0 = 1$，負の整数のときには $a^{-n} = 1/a^n$ と定義すると，すべての整数に対して指数法則 (A.3.1) がなりたつ．

べき乗は指数が整数でない場合にも拡張される．有理数 m/n に対して $b = a^{m/n}$ とすると，指数法則がなりたてば

$$b^n = (a^{m/n})^n = a^{(m/n)n} = a^m$$

となるから，b は a^m の n 乗根であり，たとえば $a^{3/2} = \sqrt{a^3}$ である．一般に $a^{m/n} = \sqrt[n]{a^m}$ は正の実数である．

さらに，べき乗は指数が無理数の場合にも拡張される．そのためには，無理数 r に近づいていく有理数の数列を考えて，そのべき乗の極限と定義すればよい．このように，任意の実数 r と正の実数 a に対してべき乗が定義される．べき乗は複素数に対しても拡張されるが，本書では扱わない．

指数関数と対数関数 正の実数 a を固定したとき，実数 x の関数 $y = a^x$ を考えることができる．この関数を **a を底(てい)とする指数関数**とよぶ．

$y = a^x$ は $a > 1$ のとき増加関数，$0 < a < 1$ のとき減少関数，$a = 1$ のとき $y = 1$ と一定になるが，$a^0 = 1$ だから，いずれも $(0, 1)$ を通るグラフとなる．図 A.1 にいくつかの例を示す．

$x > 0$ $(a > 0,\ a \neq 1)$ に対して $x = a^y$ となる y の値を $y = \log_a x$ と表し，a を底とする x の**対数** (logarithm) とよぶ．y を実数 $x > 0$ の関数と考えるとき，$y = \log_a x$ を**対数関数**とよぶ．対数関数は指数関数の逆関数である．$y = \log_a x$ と $x = a^y$ は同じ意味だから，$a^0 = 1$ から $\log_a 1 = 0$，$a^1 = a$ から $\log_a a = 1$ がなりたつ．一般に，次の式がなりたつ．

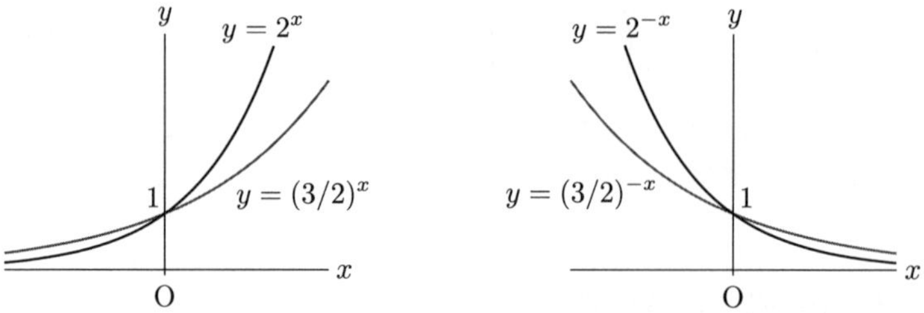

図 A.1 指数関数の例

$$x = a^{\log_a x}, \quad x = \log_a a^x \quad (x > 0) \tag{A.3.2}$$

また，$x, y > 0$ に関して，次の**対数法則**が成立する．

$$\log_a(xy) = \log_a x + \log_a y, \tag{A.3.3}$$

$$\log_a(1/x) = -\log_a x, \quad \log_a(x/y) = \log_a x - \log_a y, \tag{A.3.4}$$

$$\log_a(x^\alpha) = \alpha \log_a x \qquad (\alpha \text{ は任意の実数}) \tag{A.3.5}$$

(A.3.3) 式は, $a^{\log_a xy} = xy = a^{\log_a x} a^{\log_a y} = a^{\log_a x + \log_a y}$ の指数部分が等しいことと同等である．(A.3.4) 式の前半は, $a^{\log_a(1/x)} = (1/x) = 1/a^{\log_a x} = a^{-\log_a x}$ の指数部分, 後半は (A.3.3) 式から導かれる．(A.3.5) 式は $a^{\log_a x^\alpha} = x^\alpha = (a^{\log_a x})^\alpha = a^{\alpha \log_a x}$ の指数部分を比較すればよい．

対数の底 a, b に対して $\log_a x$ を $\log_b x$ に変換する**底の変換公式**は，定義の書き換えで導かれる．$a = b^{\log_b a}$ から

$$b^{\log_b x} = x = a^{\log_a x} = (b^{\log_b a})^{\log_a x} = b^{(\log_b a)(\log_b x)}$$

となるから，$\log_b x = (\log_b a)(\log_a x)$ がなりたつ．高等学校の教科書では

$$\log_a x = \frac{\log_b x}{\log_b a}$$

と分数の形で表すことが多い．

成長率（伸び率）が一定の時系列データは，対数をとると直線になる．たとえば，初期時点 $t = 0$ で A_0 であった資産が毎期一定の成長率 r で変化すると，1 期の資産は $A_1 = A_0(1+r)$，2 期は $A_2 = A_1(1+r) = A_0(1+r)^2$ と変化していき，t 期の値は $A_t = A_0(1+r)^t$ となる．この対数をとると，$\log_a A_t = \log_a A_0 + t \log_a(1+r)$ となり，横軸を t，縦軸を $\log_a A_t$ とするグラフは，切片 $\log_a A_0$，傾き $\log_a(1+r)$ の直線となる．図 A.2 に，$y = \log_2 x$ と $y = \log_{1/2} x$ のグラフを示す．

自然対数の底 自然対数の底(てい)とよばれる数 e は理論的な問題でよく利用される．1 年を細かく n 回に分割して，毎回 $1/n$ の利子がつく複利を考えると，年に 2 回 1/2 の利

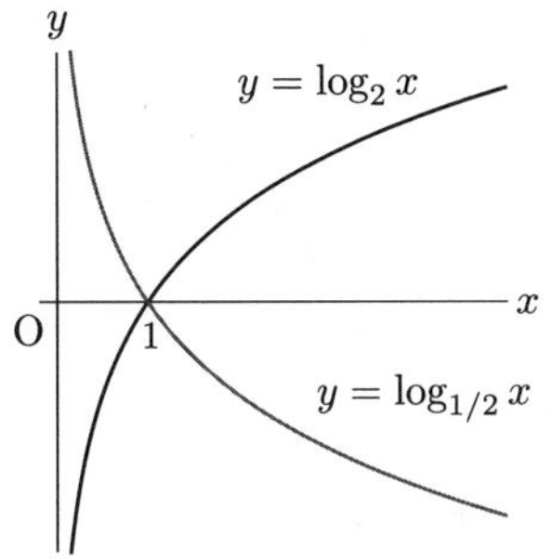

図 A.2　対数関数の例

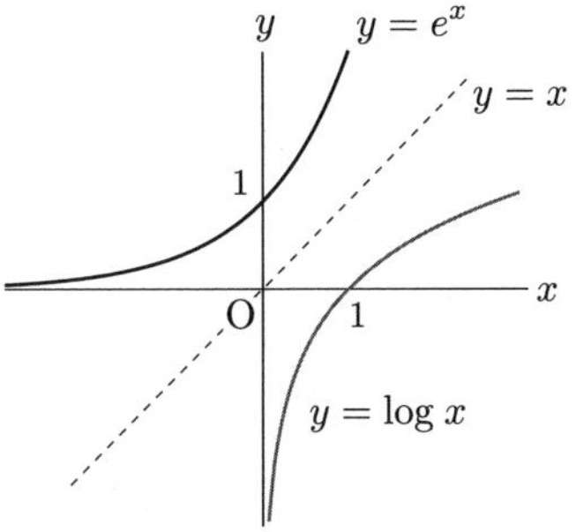

図 A.3　$y = e^x$ と $y = \log x$

子がつけば $(1+\frac{1}{2})^2 = 2.25$ 倍に，3 回 1/3 の利子がつけば $(1+\frac{1}{3})^3 \fallingdotseq 2.370$ 倍になる．同様に，年に n 回 $1/n$ の利子がつけば $(1+\frac{1}{n})^n$ 倍になる．$n = 10$, 100, 1000, 10000 として実際に計算すると，この値は 2.5937, 2.7048, 2.7169, 2.7181 と変化していき，n を無限に大きくしたときに，次の e で表される数に収束する．

$$e = \lim_{n\to\infty}\left(1+\frac{1}{n}\right)^n$$
$$= 2.71828182845904\cdots$$

この数を**自然対数の底**（または Napier 数）とよぶ．極限の式 $(1+1/n)^n$ では，n は整数でなくてもよい．

e を底とする指数関数 e^x は，$\exp x$ と表されることもある．e^x は，年に n 回，x/n の利息がつく複利の極限と解釈できることは，次の変形で確かめられる．

$$\left(1+\frac{x}{n}\right)^n = \left\{\left(1+\frac{x}{n}\right)^{\frac{n}{x}}\right\}^x = \left\{\left(1+\frac{1}{m}\right)^m\right\}^x \to e^x \qquad \text{(A.3.6)}$$

なお $m = n/x$ とおいて $m \to \infty$ とした．

e を底とする対数を**自然対数**とよび，$\ln x$，または底を省略して $\log x$ と表す．図 A.3 に e^x と $\log x$ のグラフを表す．$\log x$ は e^x の逆関数だから，グラフは 45° 度線 $(y = x)$ について対称である．なお，証明は省略するが，次の表現が知られている．

$$e^x = 1 + x + \frac{x^2}{2} + \frac{x^3}{3!} + \cdots = \sum_{n=0}^{\infty}\frac{x^n}{n!} \quad (-\infty < x < \infty) \qquad \text{(A.3.7)}$$

指数関数 e^x は，その導関数も $(e^x)' = e^x$ となる．(A.3.7) 式の各項を微分してみれば，この結果が予想できる．

特に x が小さいときは，$x^2, x^3, \ldots$ は 0 に近いから，近似式 $e^x \fallingdotseq 1 + x$ が成立する．この式と，これを書き換えた近似式も広く利用されるので，まとめておく．

$$e^{\pm x} \fallingdotseq 1 \pm x, \qquad \log(1 \pm x) \fallingdotseq \pm x \qquad （複号同順） \qquad \text{(A.3.8)}$$

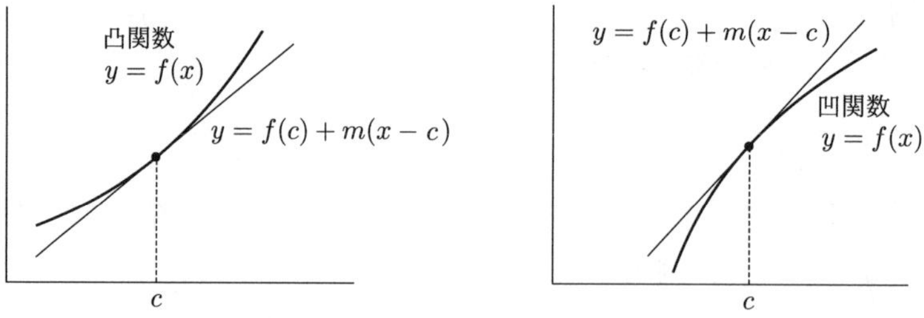

図 A.4 凸関数，凹関数と接線

凸関数と凹関数 一般に，指数関数 $y = e^x$ のように下に凸な関数を**凸関数** (convex function)，対数関数 $y = \log x$ のように上に凸の関数を**凹関数** (concave function) とよぶ．凸関数の他の例としては 2 次関数 $f(x) = ax^2 + bx + c$ $(a > 0)$，逆数 $f(x) = a/x$ $(x > 0,\ a > 0)$ などがある．もし $a < 0$ なら両方とも凹関数となる．これらの関数は，曲線 $y = f(x)$ 上の任意の点で接線を引くと，関数 $y = f(x)$ のグラフはその接線の片側に含まれるという性質をもつ．

点 $(c, f(c))$ における接線の方程式は，点 c における傾きを m とする（微分できるときは $m = f'(c)$ である）とき，$y = f(c) + m(x - c)$ で与えられる．この接線に対して，凸関数の場合は $f(x) \geq f(c) + m(x - c)$，凹関数の場合は $f(x) \leq f(c) + m(x - c)$ が成立する．このことは図 A.4 をみれば直感的に理解できる．

A.4 相関係数

ここでは，相関係数 $r = s_{xy}/(s_x s_y)$ が $-1 \leq r \leq 1$ という不等式を満たすことを示す．そのためには，$u_i = (x_i - \overline{x})/s_x$, $v_i = (y_i - \overline{y})/s_y$ と標準化した変数による表現 $r = s_{uv} = \sum_{i=1}^n u_i v_i/n$ を用いるのが簡単である．

標準化された変数 u, v の平均は $\overline{u} = \overline{v} = 0$，分散は $s_u^2 = \sum_{i=1}^n u_i^2/n = 1$, $s_v^2 = \sum_{i=1}^n v_i^2/n = 1$ である．そこで，次の式がなりたつ．

$$\frac{1}{n}\sum_{i=1}^n (u_i + v_i)^2 = \frac{1}{n}\sum_{i=1}^n u_i^2 + \frac{2}{n}\sum_{i=1}^n u_i v_i + \frac{1}{n}\sum_{i=1}^n v_i^2 = 2(1 + r) \geq 0$$

$$\frac{1}{n}\sum_{i=1}^n (u_i - v_i)^2 = \frac{1}{n}\sum_{i=1}^n u_i^2 - \frac{2}{n}\sum_{i=1}^n u_i v_i + \frac{1}{n}\sum_{i=1}^n v_i^2 = 2(1 - r) \geq 0$$

最初の式から $r \geq -1$，2 番目の式から $r \leq 1$ となることが導かれる．特に，相関係数が 1 となるのは，すべての i に対して $(u_i - v_i)^2 = 0$，すなわち $u_i = v_i$ という場合で，このとき，すべての観測値 (x_i, y_i) は右上がりの直線上の点となる．同様に，相関係数が -1 となるのは $u_i = -v_i$ の場合で，観測値は右下がりの直線上の点となる．

A.5 最小 2 乗法

単回帰式のあてはめ データとして $(x_1, y_1), \ldots, (x_n, y_n)$ が与えられたときに

$$S(a,b) = \sum_{i=1}^{n}(y_i - a - bx_i)^2 = (y_1 - a - bx_1)^2 + \cdots + (y_n - a - bx_n)^2$$

を最小にする a と b を求めよう.

i) 平方完成による方法 まず a に関する平方完成を考えると,

$$\begin{aligned} S(a,b) &= \sum_{i=1}^{n}\bigl[(y_i - bx_i) - a\bigr]^2 = \sum_{i=1}^{n} a^2 - 2\sum_{i=1}^{n} a(y_i - bx_i) + \sum_{i=1}^{n}(y_i - bx_i)^2 \\ &= na^2 - 2a\sum_{i=1}^{n}(y_i - bx_i) + \sum_{i=1}^{n}(y_i - bx_i)^2 \\ &= n\bigl(a^2 - 2a(\overline{y} - b\overline{x})\bigr) + \sum_{i=1}^{n}(y_i - bx_i)^2 = n\bigl(a - (\overline{y} - b\overline{x})\bigr)^2 + R(b) \end{aligned}$$

となる. ここで $R(b) = \sum_{i=1}^{n}(y_i - bx_i)^2 - n(\overline{y} - b\overline{x})^2$ である. $R(b)$ は a を含まないので, どのような b に対しても, $a = \overline{y} - b\overline{x}$ が $S(a,b)$ を最小にする. そこで $S^*(b) = S(\overline{y} - b\overline{x}, b)$ の b に関する平方完成を考える.

$$\begin{aligned} S^*(b) &= \sum_{i=1}^{n}\bigl\{(y_i - \overline{y}) - b(x_i - \overline{x})\bigr\}^2 \\ &= \sum_{i=1}^{n}\bigl\{(y_i - \overline{y})^2 - 2b(x_i - \overline{x})(y_i - \overline{y}) + b^2(x_i - \overline{x})^2\bigr\} \\ &= n(s_y^2 - 2bs_{xy} + b^2 s_x^2) = ns_x^2(b - s_{xy}/s_x^2)^2 + n\{s_y^2 - (s_{xy}/s_x)^2\} \\ &= ns_x^2(b - s_{xy}/s_x^2)^2 + ns_y^2(1 - r_{xy})^2 \end{aligned}$$

となる. ここで $s_x^2 = \sum_{i=1}^{n}(x_i - \overline{x})^2/n$ と $s_y^2 = \sum_{i=1}^{n}(y_i - \overline{y})^2/n$ は x, y の分散, $s_{xy} = \sum_{i=1}^{n}(x_i - \overline{x})(y_i - \overline{y})/n$ は x, y の共分散, $r_{xy} = s_{xy}/(s_x s_y)$ は相関係数である.

以上から, $S(a,b)$ を最小にするためには $b = \dfrac{s_{xy}}{s_x^2}$, $a = \overline{y} - b\overline{x}$ とすればよいことがわかる.

ii) 偏微分を用いる方法 偏微分の知識があれば, $S(a,b)$ を a, b で偏微分した式を 0 とおくことで, $S(a,b)$ を最小にする a, b を求めることができる.

$$\frac{\partial S}{\partial a} = -2\sum_{i=1}^{n}(y_i - (a + bx_i)) = 0 \tag{A.5.1}$$

$$\frac{\partial S}{\partial b} = -2\sum_{i=1}^{n}(y_i - (a + bx_i))x_i = 0 \tag{A.5.2}$$

この式の右辺を**正規方程式**という．第 1 式から $\overline{y} = a + b\overline{x}$ が導かれる．$a = \overline{y} - b\overline{x}$ を第 2 式に代入すると

$$\sum_{i=1}^{n}\big[(y_i - \overline{y}) - b(x_i - \overline{x})\big]x_i = \sum_{i=1}^{n}(y_i - \overline{y})x_i - b\sum_{i=1}^{n}(x_i - \overline{x})x_i = 0$$

となるが，ここで

$$\sum_{i=1}^{n}(y_i - \overline{y})x_i = \sum_{i=1}^{n} y_i x_i - n\overline{y}\,\overline{x} = ns_{xy} \tag{A.5.3}$$

$$\sum_{i=1}^{n}(x_i - \overline{x})x_i = \sum_{i=1}^{n} x_i^2 - n\overline{x}^2 = ns_x^2 \tag{A.5.4}$$

に注意すると，$n(s_{xy} - bs_x^2) = 0$ が得られる．これから $b = s_{xy}/s_x^2$ が導かれる．

重回帰式のあてはめ　予測値を $\widehat{y}_i = b_0 + b_1x_{1i} + b_2x_{2i} + \cdots + b_kx_{ki}$，残差を $e_i = y_i - \widehat{y}_i$ とするとき，$S = \sum_{i=1}^{n}(y_i - \widehat{y}_i)^2$ を最小にする $b_0, b_1, \ldots, b_k$ を求めるためには，S を各 b_j $(j = 0, 1, \ldots, k)$ で偏微分してゼロとおけばよい．

$$\frac{\partial S}{\partial b_0} = -2\sum_{i=1}^{n}(y_i - \widehat{y}_i) = -2\sum_{i=1}^{n} e_i = 0 \tag{A.5.5}$$

$$\frac{\partial S}{\partial b_j} = -2\sum_{i=1}^{n} x_{ji}(y_i - \widehat{y}_i) = -2\sum_{i=1}^{n} x_{ji}e_i = 0 \tag{A.5.6}$$

(A.5.5) 式から $\overline{e} = 0$，さらに $\overline{y} = \overline{\widehat{y}} = b_0 + b_1\overline{x}_1 + \cdots + b_k\overline{x}_k$ が導かれる．この式は平均 $(\overline{x}_1, \ldots, \overline{x}_k, \overline{y})$ が回帰式を満たす（超平面の上にある）ことを示している．(A.5.6) 式は，x_j $(j = 1, \ldots, k)$ と e の共分散がゼロであることを示している．すなわち，横軸に x_j，縦軸に e をとった散布図では相関係数がゼロとなる．各 x_j と e は「無相関」となることが最小 2 乗法の特徴である．

具体的に回帰係数を求めるため，

$$\sum_{i=1}^{n} x_{ji}e_i = \sum_{i=1}^{n} x_{ji}(y_i - b_0 - b_1x_{1i} - \cdots - b_kx_{ki}) = 0$$

に $b_0 = \overline{y} - b_1\overline{x}_1 - \cdots - b_k\overline{x}_k$ を代入して b_0 を消去すると，

$$\sum_{i=1}^{n} x_{ji}e_i = \sum_{i=1}^{n} x_{ji}(y_i - \overline{y}) - b_1\sum_{i=1}^{n} x_{ji}(x_{1i} - \overline{x}_1) - \cdots - b_k\sum_{i=1}^{n} x_{ji}(x_{ki} - \overline{x}_k) = 0$$

が導かれる．$\sum_{i=1}^{n} x_{ji}(y_i - \overline{y}) = \sum_{i=1}^{n} x_{ji}y_i - n\overline{x}\,\overline{y} = \sum_{i=1}^{n}(x_{ji} - \overline{x})(y_i - \overline{y})$ などに注意して，全体を n で割れば，

$$\frac{1}{n}\sum_{i=1}^{n} x_{ji}e_i = s_{jy} - b_1s_{j1} - \cdots - b_ks_{jk} = 0$$

となる．ここで s_{jy} は x_j と y の共分散，s_{jj} は x_j の分散，s_{jk} は x_j と x_k の共分散を表す．各 x_j と残差 e_i が無相関であることから導かれる次の関係は，予測値 $\widehat{y}$ と残差 e も無相関であることを示している．

$$\sum_{i=1}^{n}(\widehat{y}_i - \overline{\widehat{y}})e_i = \sum_{i=1}^{n}\widehat{y}_i e_i = \sum_{i=1}^{n}(b_0 + b_1 x_{1i} + \cdots + b_k x_{ki})e_i = 0$$

以上をまとめた次の式は $b_1, \ldots, b_k$ の連立 1 次方程式であり，**正規方程式**とよばれる．

$$s_{11}\, b_1 + s_{12}\, b_2 + \cdots + s_{1k}\, b_k = s_{1y}$$
$$s_{21}\, b_1 + s_{22}\, b_2 + \cdots + s_{2k}\, b_k = s_{2y}$$
$$\cdots$$
$$s_{k1}\, b_1 + s_{k2}\, b_2 + \cdots + s_{kk}\, b_k = s_{ky}$$

A.6 期待値と分散の性質

この節では，期待値，分散の性質を離散型確率変数について証明する．以下では，総和記号 $\sum$ において x のとりうる値の添え字を明記しないが，通常は $x = 0$ から n または ∞ までである．

(1) $E(c) = c$ （c は定数）

$$E(c) = \sum c\, p(x) = c \sum p(x) = c$$

(2) $E(ax + b) = aE(x) + b$ （a, b は定数）

$$E(ax + b) = \sum (ax + b)p(x) = \sum (ax\, p(x) + b\, p(x))$$
$$= a \sum x\, p(x) + b \sum p(x) = aE(x) + b$$

(3) $E[g(x) + h(x)] = E[g(x)] + E[h(x)]$

$$E[g(x) + h(x)] = \sum [g(x) + h(x)]p(x) = \sum [g(x)p(x) + h(x)p(x)]$$
$$= \sum g(x)p(x) + \sum h(x)p(x) = E[g(x)] + E[h(x)]$$

以上の性質は，連続型については，$\sum$ を積分記号に，$p(x)$ を $f(x)\,dx$ に置き換えれば，そのまま成立する．以下ではこれらの性質を利用する．また $\mu = E(x)$ という記号も用いる．

(4) $\mathrm{var}(x) = E(x^2) - \mu^2$

$$\mathrm{var}(x) = E[(x - \mu)^2] = E(x^2 - 2\mu x + \mu^2)$$
$$= E(x^2) - 2\mu^2 + \mu^2 = E(x^2) - \mu^2$$

(5) $\mathrm{var}(ax+b)=a^2\mathrm{var}(x)$

$$\begin{aligned}\mathrm{var}(ax+b)&=E[\{(ax+b)-(a\mu+b)\}^2]\\&=a^2E[(x-\mu)^2]=a^2\mathrm{var}(x)\end{aligned}$$

これから $\sqrt{\mathrm{var}(ax+b)}=|a|\sqrt{\mathrm{var}(x)}$ が示される．

(6) $g(x)\geq h(x)$ なら $E[g(x)]\geq E[h(x)]$．

$E[g(x)]-E[h(x)]=E[g(x)-h(x)]=\sum\big(g(x)-h(x)\big)\,p(x)$ において，各項は $\big(g(x)-h(x)\big)\,p(x)\geq 0$ だから，和も非負となる．これは $E[g(x)]\geq E[h(x)]$ を意味する．特に $g(x)\geq 0$ なら $E[g(x)]\geq 0$ となる．

A.7 残差平方和 $\sum e_i^2$ の分布

線形回帰モデル $y=\alpha+\beta\,x+\varepsilon$, $\varepsilon\sim N(0,\sigma^2)$ の最小 2 乗法による残差 $e_i=y_i-\widehat{y}_i$ に関して $\sum e_i^2/\sigma^2\sim\chi^2(n-2)$ を示そう．そのために残差 e を誤差 ε の 1 次式として明示的に表現する．$y_i=\alpha+\beta\,x_i+\varepsilon_i$，$\widehat{y}_i=\widehat{\alpha}+\widehat{\beta}\,x_i=\overline{y}+\widehat{\beta}\,(x_i-\overline{x})$，$\overline{y}=\alpha+\beta\overline{x}+\overline{\varepsilon}$ を用いると $e_i=y_i-\widehat{y}_i=(\varepsilon_i-\overline{\varepsilon})-(\widehat{\beta}-\beta)(x_i-\overline{x})$ となる．また，$w_i=(x_i-\overline{x})/S_x^2$ として (7.1.2) 式を用いると $\widehat{\beta}-\beta=\sum w_j\varepsilon_j$ である．

ここで p_{ij} を以下の条件を満たす定数として，$\widetilde{\varepsilon}_i=\sum_{j=1}^n p_{ij}\varepsilon_j$ とする．

$$\sum_{j=1}^n p_{ij}^2=1,\qquad \sum_{j=1}^n p_{ij}p_{i'j}=0\quad(i\neq i')\tag{A.7.1}$$

$i=i'$ のとき 1，$i\neq i'$ のとき 0 となる Kronecker の $\delta_{ii'}$ を用いると $\sum_j p_{ij}p_{i'j}=\delta_{ii'}$ とも書ける．この条件は行列 $P=\{p_{ij}\}$ が直交行列であるというもので，このとき P の転置行列 P' は P の逆行列となるから $\sum_i p_{ij}p_{ij'}=\delta_{jj'}$ が成り立つ．これから $\sum_i\widetilde{\varepsilon}_i^2=\sum_i(\sum_j p_{ij}\varepsilon_j)(\sum_k p_{ik}\varepsilon_k)=\sum_j\sum_k\varepsilon_j\varepsilon_k(\sum_i p_{ij}p_{ik})=\sum_j\sum_k\varepsilon_j\varepsilon_k\delta_{jk}=\sum_j\varepsilon_j^2$ が導かれる．すなわち $\widetilde{\varepsilon}_i^2$ の和と ε_i^2 の和は等しい．また，期待値 $E(\widetilde{\varepsilon}_i\widetilde{\varepsilon}_{i'})$ は次のようになる．

$$\begin{aligned}E(\widetilde{\varepsilon}_i\widetilde{\varepsilon}_{i'})&=E\Big[\Big(\sum_j p_{ij}\varepsilon_j\Big)\Big(\sum_k p_{i'k}\varepsilon_k\Big)\Big]=\sum_j\sum_k p_{ij}p_{i'k}E(\varepsilon_j\varepsilon_k)\\&=\sum_j\sum_k p_{ij}p_{i'k}\delta_{jk}\sigma^2=\sum_j p_{ij}p_{i'j}\sigma^2=\delta_{ii'}\sigma^2\end{aligned}$$

これから $\mathrm{var}(\widetilde{\varepsilon}_i)=\sigma^2$, $\mathrm{cov}(\widetilde{\varepsilon}_i,\widetilde{\varepsilon}_{i'})=0$ となり $\widetilde{\varepsilon}_1,\ldots,\widetilde{\varepsilon}_n$ は独立に $N(0,\sigma^2)$ にしたがうことがわかる．

ここで $p_{1j}=1/\sqrt{n}$, $p_{2j}=(x_j-\overline{x})/S_x=S_xw_j$ とおくと $\overline{\varepsilon}=\widetilde{\varepsilon}_1/\sqrt{n}$, $(\widehat{\beta}-\beta)=\widetilde{\varepsilon}_2/S_x$ となる．p_{1j}, p_{2j} は (A.7.1) 式の条件を満たしている．以上から残差は

$$e_i=\varepsilon_i-\overline{\varepsilon}-\big(\sum w_j\varepsilon_j\big)(x_i-\overline{x})=\varepsilon_i-\frac{1}{\sqrt{n}}\widetilde{\varepsilon}_1-\widetilde{\varepsilon}_2\frac{x_i-\overline{x}}{S_x}=\varepsilon_i-\frac{1}{\sqrt{n}}\widetilde{\varepsilon}_1-\widetilde{\varepsilon}_2S_xw_i$$

と表される．$\sum_i \varepsilon_i/\sqrt{n} = \widetilde{\varepsilon}_1$, $\sum_i \varepsilon_i S_x w_i = \widetilde{\varepsilon}_2$, $\sum_i (S_x w_i)^2 = 1$ に注意すると，次の結果が導かれる．

$$\sum_i e_i^2 = \sum_i \varepsilon_i^2 - (\widetilde{\varepsilon}_1^2 + \widetilde{\varepsilon}_2^2) = \sum_i \widetilde{\varepsilon}_i^2 - (\widetilde{\varepsilon}_1^2 + \widetilde{\varepsilon}_2^2) = \sum_{i=3}^{n} \widetilde{\varepsilon}_i^2$$

これは $\sum_i e_i^2/\sigma^2 \sim \chi^2(n-2)$ を意味している．この結果から，$\varepsilon_1, \varepsilon_2$ だけに依存する $\widehat{\beta}$ は残差平方和 $\sum_i e_i^2$ とは独立になるから，$(\widehat{\beta} - \beta)/\mathrm{se}(\widehat{\beta})$ が t 分布にしたがうことが導かれる．

A.8 主観確率の体系

主観確率（判断確率）は合理的な行動に関する公理から導かれる．合理的な意思決定者 (DM) の行動を表現する方法にはいくつかの変形があるが，以下では比較的簡単な方法の概要を紹介する[4]．

A.8.1 主観確率の構成と性質

DM の意思決定によって生ずる結果を $(c_1, c_2, \ldots)$ とする．不確実な命題（事象）に依存する結果として，くじ (lottery) を考える．$\ell = [xE, -y\overline{E}]$ を，事象 E が起きたとき x を受け取り，E が起きなかったとき y を支払うくじとする．なお，$x < 0$ $(y < 0)$ なら負の金額を受け取る（支払う）と解釈する．次の仮定（**合理的な判断の公理**）をおく．

(1) 2 つの結果 c と c' に対して，DM はどちらを選好するか，または同等かを判断できる．

(2) どの球も選ばれる可能性が等しいような装置を（概念として）作ることができる．

仮定 (2) の装置から得られる確からしさを**参照確率**とよぶ．具体的には，白い球 w 個と青い球 b 個を入れたつぼで，白い球が選ばれる参照確率を $\pi = w/(w+b)$ とする．

仮定 (1) によって結果を比較できるから，くじ $\ell = [xE, -y\overline{E}]$ を持つことと持たないことが等価であるような金額 x, y を定めることができる．このとき，くじ ℓ を「**公正** (fair)」とよぶ．以上の準備のもとで，主観確率の定義とその性質を確かめよう．

DM がもつ事前情報を H と表すと，これは命題の一種である．事象 E について，(大きすぎず，小さすぎない範囲の) 任意の金額 x に対して，くじ $\ell = [(x/\pi_E - x)E, -x\overline{E}]$ が公正となるような参照確率 π_E によって，事前情報 H にもとづく主観確率を $\mathrm{P}(E \mid H) = \pi_E$ と定める．主観確率を用いると，公正なくじの期待値は $\pi_E(x/\pi_E - x) - x(1 - \pi_E) = 0$ となる．E に対するオッズ（odds，賭け率または確率比）$o_E = (1 - \pi_E)/\pi_E$ を用いると，$\ell = [(o_E x)E, -x\overline{E}]$ が公正なくじである．確率とオッズの関係は次のとおりで

4) J.W. Pratt (Harvard University) の議論を簡素化したものである（著者の一人に宛てた私信）．厳密な公理体系の一例は J. Pratt, H. Raiffa, R. Schlaifer, *Introduction to Statistical Decision Theory*, (The MIT Press), 2008 に記されている．

ある．

$$o_E = \frac{1-\pi_E}{\pi_E}, \qquad \pi_E = \frac{1}{1+o_E}$$

定理（加法性）　命題 E_1 と E_2 が排反であれば次の式がなりたつ．

$$\mathrm{P}(E_1 \cup E_2 \mid H) = \mathrm{P}(E_1 \mid H) + \mathrm{P}(E_2 \mid H)$$

証明：　E_1, E_2, $F = E_1 \cup E_2$ に関する主観確率を，それぞれ $\pi_1 = \mathrm{P}(E_1 \mid H)$, $\pi_2 = \mathrm{P}(E_2 \mid H)$, $\pi_F = \mathrm{P}(F \mid H)$ として，それらのオッズを $o_1 = (1-\pi_1)/\pi_1$, $o_2 = (1-\pi_2)/\pi_2$, $o_F = (1-\pi_F)/\pi_F$ と書く．E_1, E_2 に関するくじ $\ell_1 = [(o_1x_1)E_1, -x_1\overline{E}_1]$, $\ell_2 = [(o_2x_2)E_2, -x_2\overline{E}_2]$ を考えると，任意の x_1, x_2 に対して，これらはいずれも公正である．ここで特に $x_1 = 1+o_2$, $x_2 = 1+o_1$ とすると，排反な命題 E_1, E_2 に関して次の結果を得る．

(1) 命題 E_1 がなりたつとき．$\overline{E}_2$ となるから，ℓ_1 から $o_1x_1 = o_1(1+o_2)$，ℓ_2 から $-x_2 = -(1+o_1)$ を得て，結果は $o_1o_2 - 1$ となる．

(2) 命題 E_2 がなりたつとき．$\overline{E}_1$ となり，結果はやはり $o_1o_2 - 1$ となる．

(3) 命題 $\overline{E}_1$ と $\overline{E}_2$ の両方がなりたつとき．ℓ_1 から $x_1 = 1+o_2$，ℓ_2 から $x_2 = 1+o_1$ を得て，結果は $(2+o_1+o_2)$ となる．

2 つのくじを合わせた結果は，$F = E_1 \cup E_2$ のとき $o_1o_2 - 1$，$\overline{F} = \overline{E}_1 \cap \overline{E}_2$ のとき $-(2+o_1+o_2)$ となる単独のくじ $\ell_F = [(o_1o_2-1)F, -(2+o_1+o_2)\overline{F}]$ と等価である．ここで $x = 2+o_1+o_2$ とすると，くじ ℓ_F が公正であることは $\ell_F = [(o_Fx)F, -x\overline{F}]$ を意味する．したがって $o_Fx = o_1o_2 - 1$ であり，オッズは $o_F = (o_1o_2-1)/(2+o_1+o_2)$ となる，これから

$$\begin{aligned}\pi_F =& \frac{1}{1+o_F} = \frac{2+o_1+o_2}{1+o_1+o_2+o_1o_2} = \frac{(1+o_1)+(1+o_2)}{(1+o_1)(1+o_2)} \\ =& \frac{1}{1+o_1} + \frac{1}{1+o_2} = \pi_1 + \pi_2\end{aligned}$$

が得られる．これは $\mathrm{P}(E_1 \cup E_2 \mid H) = \mathrm{P}(E_1 \mid H) + \mathrm{P}(E_2 \mid H)$ にほかならない．　▮

特別な場合として，確実な命題である $E \cup \overline{E}$ の主観確率は $\mathrm{P}(E \cup \overline{E} \mid H) = 1$ となることを用いると，次の結果を得る．

$$\mathrm{P}(\overline{E} \mid H) = 1 - \mathrm{P}(E \mid H)$$

また，命題 $E_1, \ldots, E_m$ が互いに排反なら，次の式が成立することも（数学的帰納法を用いて）確かめられる．

$$\mathrm{P}(E_1 \cup \cdots \cup E_m \mid H) = \mathrm{P}(E_1 \mid H) + \cdots + \mathrm{P}(E_m \mid H)$$

事前情報 H に，新たな情報 E が追加されたとき $H' = H \cap E$ と表す．このとき，次の乗法法則が成立する．

定理（乗法法則） 2 つの命題 E と F に対して，次の式がなりたつ．

$$\mathrm{P}(E \cap F \mid H) = \mathrm{P}(E \mid H)\mathrm{P}(F \mid H \cap E)$$

証明： 公正なくじ $\ell_E = [o_E E, -\overline{E}]$ （$x = 1$ としている）に加えて，$\overline{E}$ が生じたときは利得は -1 で確定するが，E が生じたときは，$H' = H \cup E$ の情報のもとで，最初の資金 $x = 1$ と利得 o_E の合計を資金とする，もう 1 つの公正なくじ $\ell_{F|E} = [o_{F|E}(1+o_E)F, -(1+o_E)\overline{F}]$ に参加する権利を考える．ここで $o_E = (1-\pi_E)/\pi_E$ は主観確率 $\pi_E = \mathrm{P}(E \mid H)$ にもとづくオッズである．一方，$o_{F|E}$ は $H' = H \cap E$ のもとのオッズだから，$\pi_{F|E} = \mathrm{P}(F \mid H \cap E)$ とすれば $o_{F|E} = (1-\pi_{F|E})/\pi_{F|E}$ である．このとき，命題 E, F に関して次の結果を得る．

(1) 命題 $\overline{E}$ がなりたつとき，結果は -1 である．
(2) 命題 E につづいて $\overline{F}$ がなりたつとき，ℓ_E の結果 o_E と $\ell_{F|E}$ の結果 $-(1+o_E)$ の合計は -1 である．
(3) 命題 E につづいて F がなりたつとき，ℓ_E の結果 o_E と $\ell_{F|E}$ の結果 $o_{F|E}(1+o_E)$ の合計は $z = o_E + o_{F|E} + o_{F|E}o_E$ となる．

ℓ_E と $\ell_{F|E}$ を組み合わせたものは，1 つのくじ $\ell_{E\cap F} = [z(E \cap F), -(\overline{E \cap F})]$ と等価である．$\ell_{E\cap F}$ が公正となるためには，$z = o_{E\cap F} = (1-\pi_{E\cap F})/\pi_{E\cap F}$ とならなければならない．以上の内容を確率の形に書き直すと，次の関係を得る．

$$\begin{aligned}\pi_{E\cap F} &= \frac{1}{1+z} = \frac{1}{1+o_E+o_{F|E}+o_{F|E}o_E}\\ &= \frac{1}{(1+o_E)(1+o_{F|E})} = \pi_E\,\pi_{F|E}\end{aligned}$$

これは $\mathrm{P}(E \cap F \mid H) = \mathrm{P}(E \mid H)\mathrm{P}(F \mid H \cap E)$ にほかならない． ∎

乗法法則は，合理的行動の仮定から導かれる定理である点で，通常の確率論における条件つき確率の（解釈とは無縁な）数学的定義とは根本的に異なる．

ベイズの定理 ベイズの定理は，乗法法則に関する次の表現から導かれる．

$$\mathrm{P}(E \cap F \mid H) = \mathrm{P}(E \mid H)\mathrm{P}(F \mid H \cap E) = \mathrm{P}(F \mid H)\mathrm{P}(E \mid H \cap F)$$

これから $\mathrm{P}(F \mid H) \neq 0$ のとき

$$\mathrm{P}(E \mid H \cap F) = \frac{\mathrm{P}(E \mid H)\mathrm{P}(F \mid H \cap E)}{\mathrm{P}(F \mid H)}$$

が得られる．

$E_1, \ldots, E_m$ を，その和 $E_1 \cup \cdots \cup E_m$ が全事象となる排反な命題，F をこれらとは別の命題とするとき，$j = 1, \ldots, m$ に対して

$$\mathrm{P}(E_j \mid H \cap F) = \frac{\mathrm{P}(E_j \mid H)\mathrm{P}(F \mid H \cap E_j)}{\mathrm{P}(F \mid H)}$$

が成立する．これがベイズの定理である．なお，通常のベイズの公式は，$F=(F\cap E_1)\cup\cdots\cup(F\cap E_m)$ が排反な命題の和であることから得られる次の**全確率の公式**で，上式の分母を置き換えたものである．

$$\mathrm{P}(F \mid H)=\sum_{j=1}^{m}\mathrm{P}(F\cap E_j \mid H)=\sum_{j=1}^{m}\mathrm{P}(E_j \mid H)\mathrm{P}(F \mid H\cap E_j)$$

独 立 性　命題 F の主観確率が E に関する知識によって影響を受けず $\mathrm{P}(F \mid H)=\mathrm{P}(F \mid H\cap E)$ が成立するとき，F は E から独立であると定義するのが自然である．一方，このときは E も F から独立となり，$\mathrm{P}(E \mid H)=\mathrm{P}(E \mid H\cap F)$ が成立することは上述のとおりである．そのため，命題 E と F の独立性は次の式で定義してよい．

$$\mathrm{P}(E\cap F \mid H)=\mathrm{P}(E \mid H)\mathrm{P}(F \mid H)$$

A.8.2 事後分布に関する精密測定の原理

さまざまな命題に関する真の主観確率が正確に評価できれば，それらは通常の確率の公理を満たすことが保証される．実際に確率を評価することは容易ではないが，その場合でも合理的な行動をとるならば，若干の修正は可能である．たとえば参照確率を通じて命題 E と $\overline{E}$ に対する主観確率を別々に評価したとき，$\mathrm{P}(E \mid H)=0.7$, $\mathrm{P}(\overline{E} \mid H)=0.4$ となったとすれば，合計が 1 ではないため，合理的な判断とはいえない．そのことを理解すればある程度の修正が行える．

さらに，主観確率が不正確にしか評価できない場合においても，以下に述べる定理によって主観確率の安定的な性質が保証される．以下の表記では，大前提となる H を固定して，省略する．

$x_1, x_2, \ldots$ を，ある分布 $p(x \mid \theta)$ にしたがう独立な確率変数とする．母数 θ は未知であり，x を発生する原因である．想定される候補の全体を $\theta_1,\ldots,\theta_m$ とし，事前確率を $p(\theta_j)$ $(j=1,\ldots,m)$ とする．観測値 $x\equiv(x_1,\ldots,x_n)$ が与えられたときの事後確率を $p(\theta_j \mid x)$ と書くとき，**精密測定の原理** (principle of precise measurement) または**安定的推定** (stable estimation) とよばれる，次の定理が知られている．

定理（精密測定の原理）　$x\equiv(x_1,\ldots,x_n)$ が，$\theta=\theta_0$ によって定められる確率分布 $p(x \mid \theta_0)$ にしたがうとき，事前確率が $p(\theta_0)=0$ とならない限り，事後確率 $p(\theta_j \mid x)$ は n が大きくなれば $\theta=\theta_0$ に集中する．　▮

一般的に，この定理は連続的な値をとる母数 θ に対しても成立する．そのため，観測値がある程度多ければ，事前確率の設定には多少の違いがあっても，真の状態 θ_0 を正確に知ることが可能となる．

B

コンピュータの利用

統計学の学習を進めるうえで，授業や教科書で学んだ内容について，コンピュータを操作して実際にデータを集計したり，分析結果を確認したりすることは理解をより深めるうえで役に立つ．統計分析に特化したソフトウェアの出力を読み解くなかで，理解が正確でなかったことに改めて気づかされたり，十分理解できずにいたことが解決したりすることもあり，ソフトウェアに教えられることも少なくない．

ここでは，統計解析環境 R の簡単な使い方と，本文に掲載したいくつかのグラフが，R を使ってどのように作成されたのかについて紹介する．後半では，データ分析における利用が近年急速に進んだ Python について簡単にふれる．

B.1 R の簡単な使い方

統計解析環境 R 統計分析に利用できるソフトウェアは，学校や職場などで用意される環境にも依存するが，現在も Microsoft Excel のユーザーは非常に多いので，Excel の使用を前提として書かれた統計学の教科書は少なくない．しかし，Excel は必ずしも統計解析用のソフトウェアではないため，処理できるデータの規模や分析手法，作業の効率化などには限界がある．一方，無償で利用できるオープンソースの統計解析環境 R は統計分析に特化したソフトウェアであり，プログラミング言語 Python と同様，教育の場や実務で多く利用されている．

R は，AT&T ベル研究所で開発された S 言語を源流としている．1990 年代にオークランド大学で開発が始まり，その後，R Development Core Team に引き継がれた．Windows, Mac OS, Linux いずれの OS 上でも利用することができ，R 本体は CRAN (The Comprehensive R Archive Network, https://cran.r-project.org/) からダウンロードできる．インストールも容易である．

R の使い方としては，1 行ごとにプログラムを実行して結果を得る対話型の利用もできるが，一連の処理手順を（スクリプトを書いて）まとめて実行させることもできる．また，無償の R コマンダーというパッケージをインストールすれば，メニューから目的の集計方法や作成したいグラフの種類などを選んで実行するという使い方もでき，商用のソフトウェアとさほど変わらないユーザーインターフェイスが用意されている．昨今では，RStudio (https://www.rstudio.com/) という統合開発環境 (IDE: Integrated

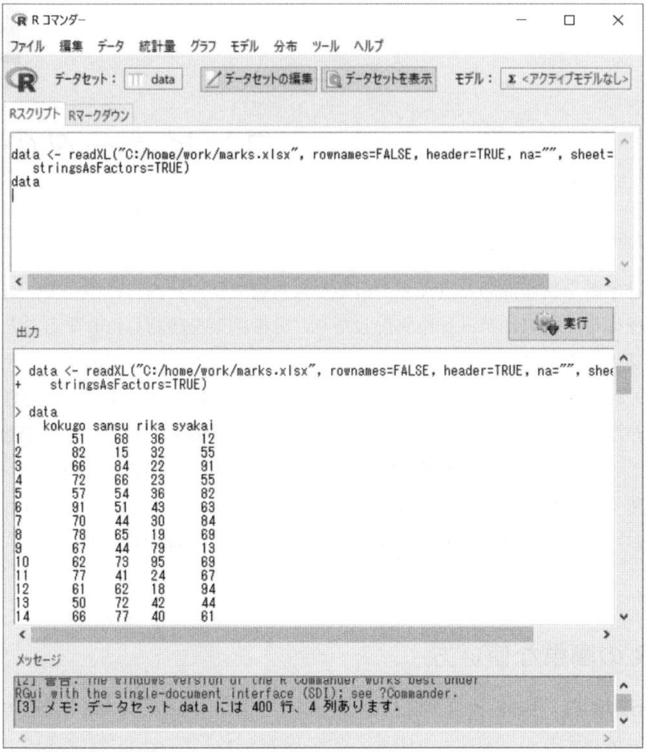

図 B.1　R コマンダー

Development Environment) を利用するユーザーが多いが，Python ユーザーを中心に使われてきた Jupyter Notebook から R を利用することもでき，利用形態にはいくつか選択肢がある．ここでは特定の IDE は介した使い方はせず，Windows 上で動作する R (Ver.3.4.3) を利用して，基本的な使い方を紹介する．

R を起動すると，はじめに R console とよばれるウィンドウが表示される．終了する場合は，このコンソールに q() と書いて Enter キーを押下するか，あるいはウィンドウ右上の × のボタンをクリックする．作業スペースを保存するかどうか尋ねてくるので，次回起動時に作業状態を復元して分析を続行したい場合は「はい」のボタンをクリックする．ただし，実行したスクリプトは通常保存しておくことが多いので，分析対象のデータサイズが大きく読み込みに時間がかかる場合を除けば，毎回「いいえ」で終了しても問題はない．

統計解析環境というと難しそうな印象があるが，電卓の代わりに四則演算 (+,-,*,/) や平方根，対数などを計算することもできる．図 B.2 では，R 起動後に簡単な計算を対

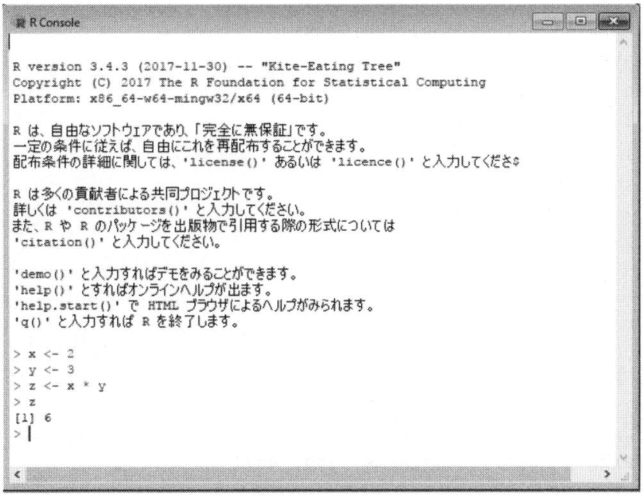

図 B.2 起動直後の R コンソール

話的に実行している．具体的には x と y にそれぞれ 2 と 3 を代入し，それらの積を求めて z に代入し，最後に z の値を表示させているが，これを読み解くことは容易だろう．値の代入（付値）に "=" でなく "<-" を使っている点は特徴的だが，付値に "=" を使ってもかまわない．また，z に代入された値を表示させるときは，変数名だけを書いて実行することが多いが，print(z) と記述してもよい．なお，各行先頭の ">" はコンソール中に自動的に表示される入力を促す印（プロンプト）であり，プログラムの一部ではない．図 B.2 では，変数 x に数値 2 を代入しているが，ダブルクォーテーションで囲んで x <- "Japan" のように，変数に文字列を代入することもできる．

R のプログラムでデータベクトルを生成する場合は c 関数 (combine, concatinate) を使う．以下では，生徒氏名と試験の採点結果を想定して，c 関数で氏名，国語得点 jpn と英語得点 eng のベクトル（配列）を生成している．

```
> name <- c("安部","井上","内田","江藤","小田")
> jpn <- c(78,69,88,63,57)
> eng <- c(85,76,80,65,69)
```

配列と数学のベクトルとの違いは，氏名を代入した配列 name のように，要素として，数だけではなく文字列も持てる点である．また，列ベクトルからデータ行列（例では marks）を生成するときは cbind 関数 (column bind) を利用できるが，次のように，name ベクトルの要素が文字列であるため，これが基準となって，国語と英語の得点も文字列とした行列が生成されてしまう．

```
> marks <- cbind(name, jpn, eng)
> marks
name    jpn   eng
[1,] "安部" "78" "85"
[2,] "井上" "69" "76"
[3,] "内田" "88" "80"
[4,] "江藤" "63" "65"
[5,] "小田" "57" "69"
```

分析を行う場合，データとしては，数値の他に文字列，論理値（真と偽に対応する 2 値データ），要因（名義尺度データ）などさまざまな型が対象となる．R には，こうしたさまざまな型のデータベクトルが混在するのを許容するデータフレームとよばれるデータ単位（クラス）が用意されている．

```
> marks <- data.frame(name, jpn, eng)
> marks
name jpn eng
1 安部 78 85
2 井上 69 76
3 内田 88 80
4 江藤 63 65
5 小田 57 69
```

データフレームという概念は R 以外でも用いられている．後述する Python でも，pandas というデータ分析を支援するライブラリを処理時に導入することで，データフレーム形式でのデータハンドリングが可能になる．最近では，データフレームをさらに改善した tibble というクラスも利用できるが，ここではデータフレームの紹介だけにとどめる．

データフレーム (marks) を対象にいくつかの集計をしてみよう．データフレームに含まれる変数名とデータの型について概要をみるためには str 関数 (structure) を使う．

```
> str(marks)
```

```
'data.frame':   5 obs. of  3 variables:
$ name: Factor w/ 5 levels "安部","井上",..: 1 2 5 3 4
$ jpn : num  78 69 88 63 57
$ eng : num  85 76 80 65 69
```

変数名の確認だけでよければ names 関数を使って names(data) で一覧することもできる．

データフレームに含まれる変数に関する 5 数要約と平均を一覧するためには summary 関数が利用できる．

```
> summary(marks)
```

```
name          jpn            eng
安部:1   Min.   :57   Min.   :65
井上:1   1st Qu.:63   1st Qu.:69
江藤:1   Median :69   Median :76
小田:1   Mean   :71   Mean   :75
内田:1   3rd Qu.:78   3rd Qu.:80
         Max.   :88   Max.   :85
```

データフレームに格納されている個々の変数を対象に集計する場合は,

```
> sd(marks$jpn)
[1] 12.26784
> var(marks$eng)
[1] 65.5
```

などのように「データフレーム名$変数名」と指定する．これは，国語 jpn の標準偏差（sd 関数）と英語 eng の分散（var 関数）を求めた例である．他にも，合計を求める sum 関数や平均を求める mean 関数，中央値を求める median 関数，範囲を求める range 関数などがあり，そのような基本的な集計は，関数の引数に「データフレーム名$変数名」を与えるだけで実行できる．ここで 引数 は「ひきすう」と読み，関数名に続く ( ) の中に与えて関数の機能を働かせる対象である．上の例では関数の引数は 1 つだが，複数の引数を与える場合もある．

国語と英語の得点に関する共分散は,

```
> cov(marks$jpn, marks$eng)
[1] 79.25
```

のように，cov 関数に 2 つの引数を与える．具体的には，両科目の得点ベクトル名をカンマで分けて順に書き並べている．このようなとき，marks$の部分を 2 回入力しなくてはならず冗長になる．そこで，attach 関数を利用して，「これ以降に用いるデータは，marks データフレーム内の変数を利用する」と設定すれば，marks$を省いた変数名を引数に与えるだけで簡潔に記述することができる．

```
> attach(marks)
> cov(jpn, eng)
[1] 79.25
```

なお，当該データフレームの利用を終了した段階で

```
> detach(marks)
```

と，設定を解除しなければならないので注意が必要である．

国語と英語の得点間の相関をみる散布図を描く場合も，plot(jpn, eng) のように 2 つの引数を与える．図 B.3 は plot(jpn, eng) の出力である．どの生徒がどの観測値に対応しているのかを明示する図 B.4 は，plot 関数にオプションを指定している．

```
> plot(jpn,eng,type="n")
> text(jpn,eng,label=name)
```

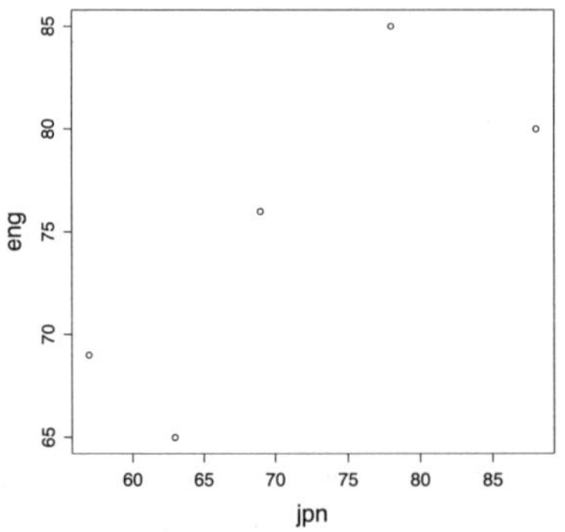

図 B.3　オプション指定なし

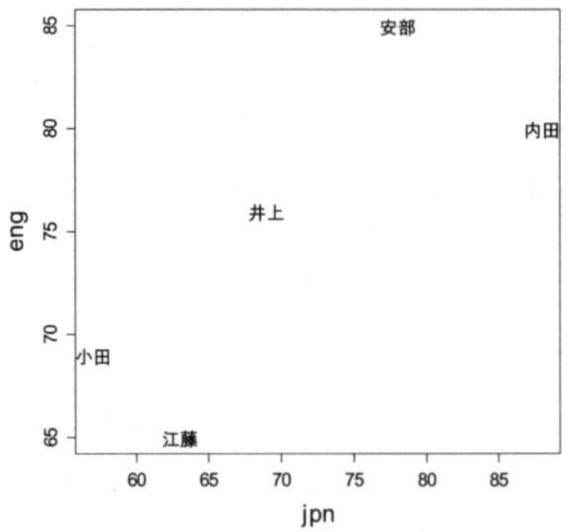

図 B.4　オプション指定あり

この例では，plot 関数で国語と英語の得点に応じた座標の位置を先に求めておき，type="n"というオプションを指定することで，座標点に印が打点されることを抑止している．次の text 関数で，plot 関数で決定している座標位置に何らかの文字を書かせる．ここでは label オプションに変数 name を指定することで，各生徒の名前を座標点にプロットさせている．このように，関数は，引数に加えてオプションを指定することで，さまざなま出力が得られるよう調整できる．

データの読み込み　分析では，データはあらかじめファイルとして保存されていることが一般的である．ファイルは，メモ帳 (notepad.exe) などのテキストエディタを用いて編集できるテキストファイルと，OS 上で実行可能なアプリケーションファイルなどのバイナリファイルに大別される．簡単にいえば，テキストファイルはメモ帳などで見たときに意味のわかる文字や数字が記録されたファイルであり，変数名や数値データはテキストファイルとして保存されることが多い．

一方，特定のソフトウェアの独自形式で保存されたデータはバイナリファイルになっていることがある．その場合，通常は当該の独自形式ファイルを生成したソフトウェアをもっていなければ，分析はもちろん，ファイルの中身を確認することさえできない．この点に関して，R は，SPSS や SAS，STATA など他の統計分析ソフトウェアで保存された独自形式のデータファイルを読み込むこともでき，R コマンダーを使っている場

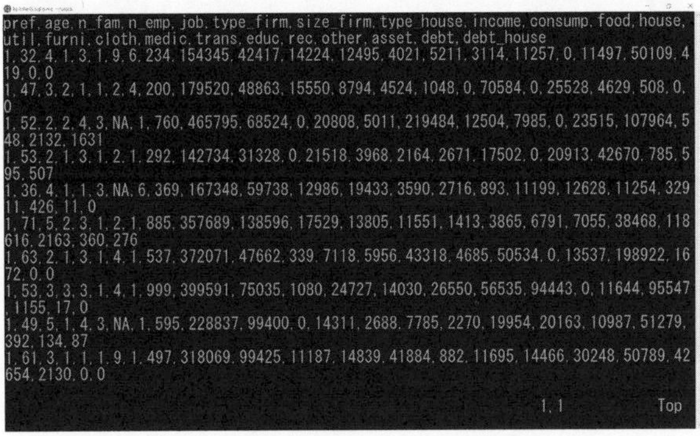

図 B.5　CSV ファイルの例

合は，メニューから読み込みたいデータファイルを生成したソフトウェア名を選択するだけで読み込みが実行できる．

ただし，データの受け渡しをする場合は汎用性を考慮して，CSV (Comma Separated Values) や TSV (Tab Separated Values) 形式のテキストファイルを用意することが多い．CSV ファイルとは図 B.5 のように，データの値と値との間にカンマを区切り文字（セパレーター）として用いたデータファイルであり，TSV ファイルの区切り文字はタブである．統計分析用のソフトウェアは CSV ファイルの入出力に対応しているが，Excel も CSV ファイルの読み書きができる．

いま，`C:¥home¥work` に `kakei.csv` という CSV ファイルが保存されているとしよう．R を起動して当該のファイルを読み込み，どのような変数があるか確認するには，コンソールで次のように実行する．

```
kakei.data <- read.csv("C:/home/work/kakei.csv",header=TRUE)
str(kakei.data)
```

この例のように，日本語環境の Windows ではディレクトリパスの区切り文字として通常 `¥` が用いられるが，R では Unix のようにスラッシュ（/）を使うこともできる．また，`header=TRUE` はデータの先頭行が変数名であることを指定するオプションである．先頭行からデータがはじまっている場合は，`header=FALSE` と指定する．`TRUE` と `FALSE` は，それぞれ `T` と `F` と略記してもよい．

データを Excel で編集している場合は，分析に必要なデータセルを選択してコピーし，Windows のクリップボードを経由して R に移送することもできる．

```
kakei.data <- read.table("clipboard",sep="\t", header=TRUE)
```

ここで `sep="\t"`というオプションは，データのセパレータがタブであることを指定している．Excel のセルに記入されたデータをクリップボード経由で移送すると，データ

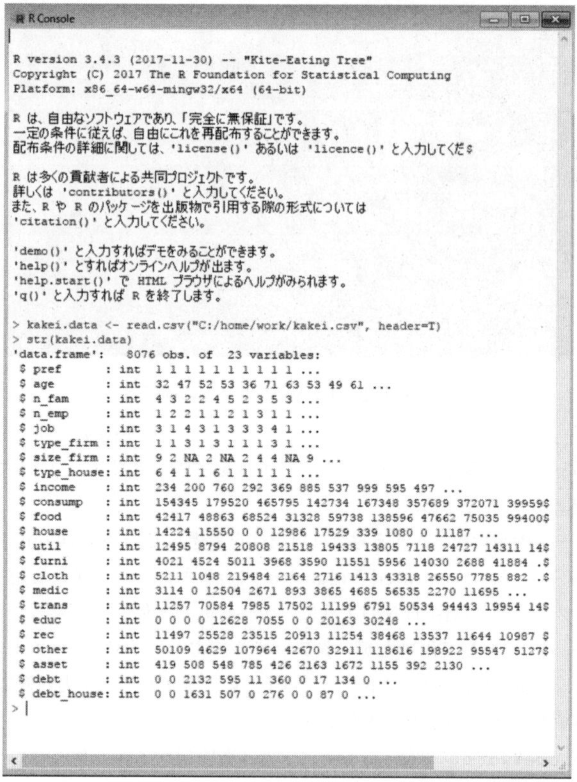

図 B.6　CSV ファイルの読み込み

の値と値の間はタブ区切りになる．

あらかじめ install.packages("readxl") として readxl パッケージをインストールしておけば，read_excel 関数によって Excel ファイルからシート単位でデータを直接読み込むことができる．

```
library(readxl)
kakei.data <- read_excel("C:/home/work/kakei.xlsx", sheet=6,
    col_names=TRUE)
str(kakei.data)
```

なお，何番目のシートを読み込むかを sheet=6 のように指定する方法の他に，sheet="kakei06" のようにシート名を直接指定することもできる．変数名やシート名などには日本語を使うことができる．

以上の例では，ファイルを「C:/home/work/kakei.xlsx」のように，ドライブ文字やフォルダ名を書き連ねる形式のフルパス表示をしているが，getwd() で作業ディレクトリを確認し，利用したいデータファイルが保存されているディレクトリに setwd("C:/home/work/") としてあらかじめ移動しておけば，ファイル名だけを指定してデータの読み書きを行うことができる．

本書で扱った分析例 次に本書で扱ったいくつかの集計と分析について，R を使って実際に実行する手順を紹介しよう．

図 B.7 は，A, B, C の 3 つの地域に居住する世帯の年間収入データ（各地域 200 世帯）に関する箱ひげ図である．

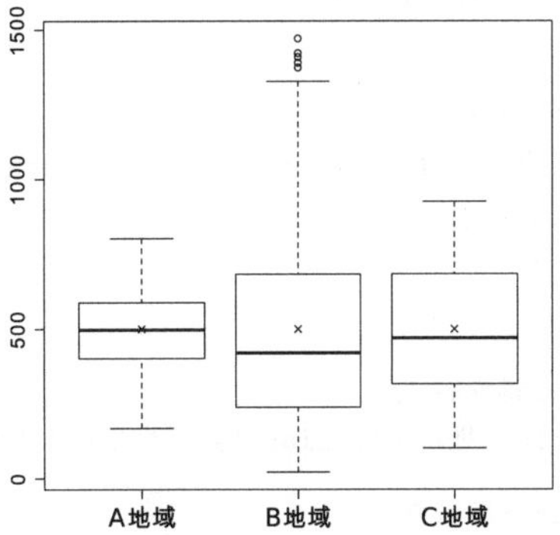

図 B.7 箱ひげ図の例

1 行目に地域が変数名として入力されている 201 行 3 列の 3 地域の年間収入データが，data という名前のデータフレームに格納されているものとする．

```
boxplot(data)
y <- apply(data,2,mean)
x <- 1:3
points(x,y,pch=4)
```

boxplot() 関数にデータフレーム (data) を指定するだけで標準的な箱ひげ図を描くことができるが，図 B.7 には，既定では表示されない平均値を × 印で追加している．これは，apply() 関数の第 1 引数としてデータフレーム data を与え，第 2 引数の 2 で列方向の集計処理を指定，第 3 引数 mean で平均の算出を指定することで 3 地域の平均を求め，それらの結果を変数 y に代入している．変数 x には，3 つの箱ひげ図に対応する 1〜3 までの整数値を代入し，points() 関数により (x,y) の座標位置に平均値を × 印 (pch=4) でプロットしている．

図 B.8 は A, B, C の 3 地域に居住する世帯の年間収入データに対応するローレンツ曲線である．箱ひげ図を描いたときと同様に，3 地域の年間収入データが data という

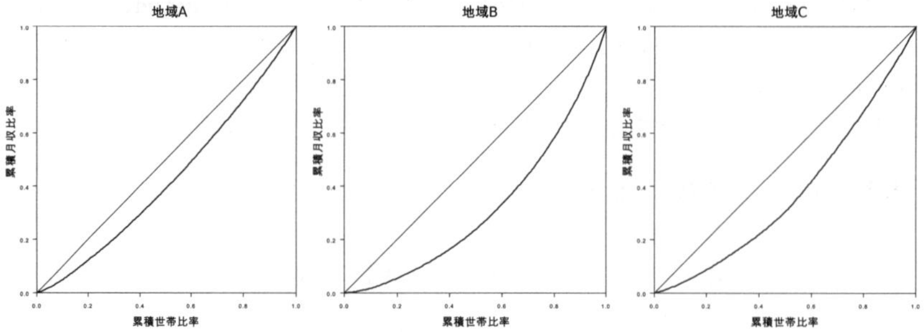

図 B.8 ローレンツ曲線の例

データフレームに格納されているものとする．

ローレンツ曲線を描くためには，ineq パッケージを install.packages("ineq") で事前にインストールしておく必要がある．

```
library(ineq)
par(mfrow=c(1,3))
fig.a <- Lc(data$地域 A)
plot(fig.a, main="地域 A", xlab="累積世帯比率", ylab="累積月収比率")
fig.b <- Lc(data$地域 B)
plot(fig.b, main="地域 B", xlab="累積世帯比率", ylab="累積月収比率")
fig.c <- Lc(data$地域 C)
plot(fig.c, main="地域 C", xlab="累積世帯比率", ylab="累積月収比率")
```

Lc() 関数に各地域の年収データを引数として与えて実行すれば，ローレンツ曲線を描くために必要な情報はオブジェクトにまとめられる．上の例では，fig.a，fig.b，fig.c がそれに当たる．par(mfrow=c(1,3)) でグラフを 1 行 3 列に 3 枚描く設定を行ったうえで，3 地域それぞれのローレンツ曲線を plot() 関数を 3 回実行することで描いている．

B.2 Python の簡単な使い方

Python はオランダ出身のプログラマー Guido van Rossum 氏が開発したオブジェクト指向言語であり，制御構造がインデントを用いたブロックで記述されるという特徴をもち，可読性に優れている．そのため，誰が書いても同じようなコードになるといわれるが，それはこの言語の特徴ないし理念であり，教育用プログラミング言語として評価される理由でもある．

実習で利用する場合，Python のプログラミング環境（特別な理由がなければ Python3 系）を用意する必要があるが，データサイエンス分野においては，あらかじめ頻繁に利用されるライブラリをまとめてインストールできる Anaconda (https://www.anaconda.com) という Python ディストリビューションを利用するのが便利である．Google アカウントをもっていれば，Google Colab (https://colab.research.google.com) という機械学習の普及を目的として Google 社が無料で提供している Python の実行環境を利用することもできる．ネットワーク環境さえあれば，自分で環境構築を行うことなく，後述する Jupyter Notebook とほぼ同じ使い勝手で Python の学習を始めることができる．

Python には多様なライブラリが用意されており，そうしたライブラリの充実が急速な普及の背景にもなっている．データ分析のために Python を使い始めれば，以下のライブラリは頻繁に利用することになるだろう．これらは，いずれも Anaconda をインストールすればすぐ利用できる．

numpy 数値演算をはじめ，乱数発生や多次元配列演算などの処理を行うことのできるライブラリ．

pandas 汎用データ解析ライブラリ．データをデータフレーム形式で取り扱えるようになる．

matplotlib データの多様な可視化手法に対応したグラフ描画ライブラリ．

scikit-learn 主要な機械学習の手法を網羅したライブラリ．

他に，深層学習では `Tensorflow`（および `keras`）がよく利用される．

Anaconda のインストールについては，Windows 環境ではインストーラを起動するだけで完了するため容易である．Mac OS では，購入時点で Python がインストールされているため，後から Anaconda を導入する場合は既存の環境との整合に配慮する必要がある．具体的にはパッケージ管理システム `Homebrew` を導入し，当該パッケージの管理機能を利用して Anaconda をインストールするとよい．いずれにせよ，Python のプログラミング環境を構築する難易度は高くない．

B.3 簡単な分析例

ここでは，Python を利用した記述統計の簡単な学習例を示す．実習環境として Jupyter Notebook を利用し，演習用データとして表 B.1 を `beer.xlsx`(sheet1) ないし `beer.csv` として用いるものと想定する．

Jupyter Notebook は，ブラウザ上で動作する Python の対話型の実行環境として広く利用されており，Anaconda をインストールしていればすぐに使い始めることができる．起動するには，Windows はコマンドプロンプトを，Mac ではターミナルを開き，`jupyter notebook` と入力して Enter キーを押下する．起動したフォルダが作業対象となるため，あらかじめファイルの入出力に便利なフォルダに移動してから Jupyter

表 B.1 架空店舗の 7 月と 8 月におけるビール販売数量と気象データ

20XX 年 日 付 曜 日		ビール 販売数量 (杯)	気温 平均気温 (°C)	日照 時間 (H)	天気概況 昼 (06:00–18:00)	
date	date.dmy	beer	temp.ave	sun	weather	weather.dmy
7 月 1 日月曜日	0	52	23.8	0.4	曇	1
7 月 2 日火曜日	0	61	24.3	8.5	晴	2
7 月 3 日水曜日	0	38	24.1	1.5	曇	1
7 月 4 日木曜日	0	44	25.2	0.0	曇	1
7 月 5 日金曜日	0	75	26.8	0.0	雨	0
⋮	⋮	⋮	⋮	⋮	⋮	⋮
7 月 27 日土曜日	1	130	27.6	5.2	晴	2
7 月 28 日日曜日	1	130	27.3	8.1	曇	1
7 月 29 日月曜日	0	52	26.3	0.0	雨	0
7 月 30 日火曜日	0	72	27.8	2.3	曇	1
7 月 31 日水曜日	0	78	27.4	0.8	曇	1
8 月 1 日木曜日	0	102	27.5	3.2	曇	1
8 月 2 日金曜日	0	64	25.6	4.0	曇	1
8 月 3 日土曜日	1	120	26.7	6.6	曇	1
8 月 4 日日曜日	1	134	27.8	2.3	曇	1
8 月 5 日月曜日	0	105	29.1	7.9	晴	2
⋮	⋮	⋮	⋮	⋮	⋮	⋮
8 月 11 日日曜日	1	160	32.9	8.0	晴	2
⋮	⋮	⋮	⋮	⋮	⋮	⋮
8 月 14 日水曜日	0	176	30.2	8.5	晴	2
⋮	⋮	⋮	⋮	⋮	⋮	⋮
8 月 27 日火曜日	0	34	25.4	9.6	晴	2
8 月 28 日水曜日	0	46	27.8	11.1	晴	2
8 月 29 日木曜日	0	54	28.3	7.4	晴	2
8 月 30 日金曜日	0	103	31.4	10.2	曇	1
8 月 31 日土曜日	1	133	30.8	7.9	晴	2

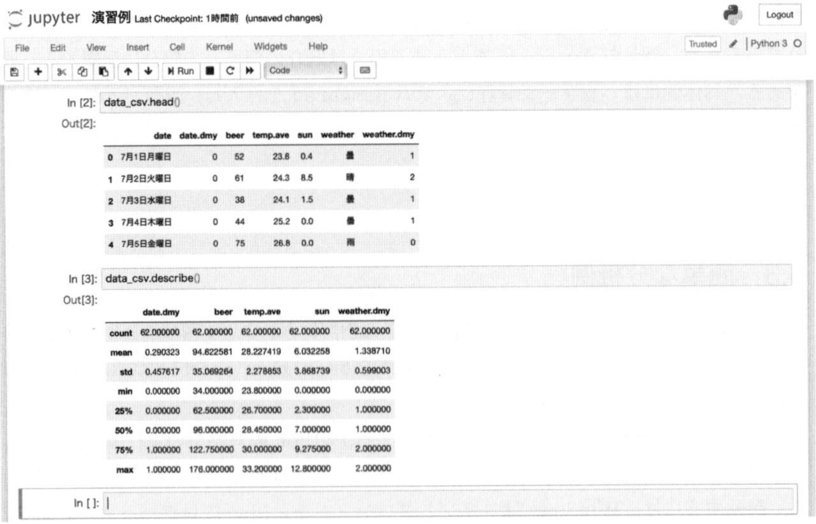

図 B.9 Jupyter Notebook

Notebook を起動するとよい．終了させるには，コマンドプロンプト（ターミナル）で Ctrl+C（Command+C）を実行する．

起動後，右上にある「New」と書かれたボタンを押下するとプルダウンメニューが表示されるので，その中から「Python 3」を選んでクリックすると図 B.9 のような実行環境に遷移する．なお，書いたプログラムを実行させるには Enter ではなく，Shift+Enter を押下する必要がある点に注意が必要である．

まず，ファイルの読み込みについては，R と同様，データフレーム形式で取り扱うのが効率的である．Python では pandas というライブラリをインポートすることでそれが可能になる．pandas はコード中では pd と略記される慣習があり，ライブラリを import する際，略称が利用できるように as pd と指定されることが多い．他のライブラリも同様に，as の後に略称を指定することができる．pd.read_csv("data.csv") という記述は，pandas ライブラリの read_csv 関数を使って data.csv ファイルをデータフレーム形式で読み込めというコードである．

データは，CSV か TSV 形式のファイルで保存されていることが多いが，Excel ファイルを利用したい場合もある．いずれの場合もデータを読み込むためのコードは，以下のように簡単に記述できる．

リスト B.1 Input data

```
import pandas as pd
data_csv = pd.read_csv("beer.csv")
data_excel = pd.read_excel("beer.xlsx")
```

pandas を利用してデータフレームとして読み込んだデータの概要を確認するには，以下のようなコードを実行すればよい．それぞれデータフレームの次元（サイズ），先頭 5 レコード，末尾 5 レコード，基本統計量を表示させている．R では dim(data) や head(data)，summary(data) などと関数を用いて同様な情報を取得するが，Python ではデータを引数に与えるのではなく，データオブジェクトの後に .shape などを付加する形でメソッドを用いて記述する．

リスト B.2 data summary

```
data_csv.shape
data_csv.head()
data_csv.tail()
data_csv.describe()
```

データフレーム中の各変数に関する合計や平均を求めるには，数値演算ライブラリ numpy の関数を利用することができる．リスト B.3 では，集計期間中における祝祭日の日数と 1 日当たり平均ビール販売数量を求めている．また，個々の変数を変換したい場合には，apply メソッドに numpy の関数を与えて機能させることもできる．リスト B.3 の最終行は，変数 beer の個々の値に対して numpy の log 関数を使って（自然）対数変換を行っている.

リスト B.3 numpy

```
import numpy as np
print(np.sum(data_csv["date.dmy"]))
print(np.mean(data_csv["beer"]))
data_csv["beer"].apply(np.log)
```

グラフ作成は matplotlib ライブラリを利用することが多い．1 日の平均気温とビール販売数量の散布図を描くだけであれば，リスト B.4 のように大変簡潔な記述だけですむ.

リスト B.4 scatter

```
import matplotlib.pyplot as plt
plt.scatter(data_csv["temp.ave"],data_csv["beer"])
```

複数の図をレイアウトするなど，より実践的なコードを書く場合は，図 B.10 のようにやや進んだ記述が必要になるが，初めは対話的に簡単な作図が 1 つずつできればよいだろう．この例では 3 つのグラフを並べて描くため，あらかじめ 1 行 3 列の描画枠を用意し，左から散布図と 2 つのヒストグラムを順次割り当てて表示させている.

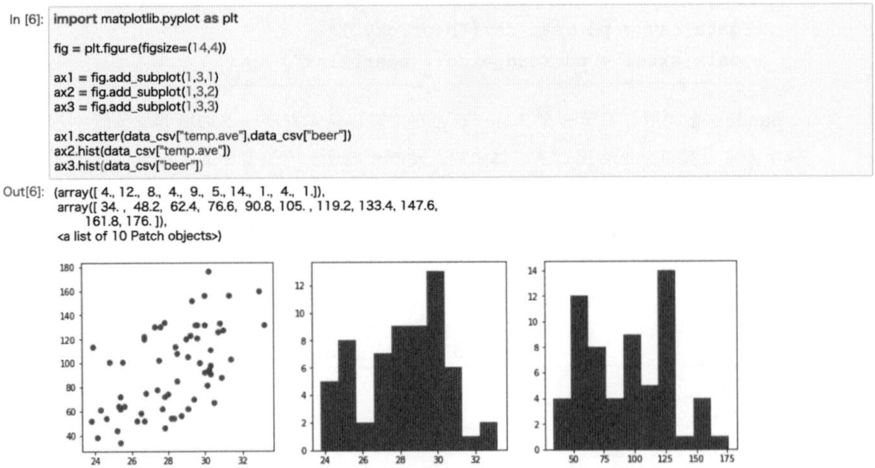

図 B.10 matplotlib を利用した作図例

回帰問題など代表的な機械学習の手法は，scikit-learn ライブラリを利用することで実行できる．リスト B.5 は，7 月と 8 月の 62 日間におけるビール販売数量 (y) を各日の平均気温 (x) で説明する単回帰モデルのパラメータを最小 2 乗法によって推定した例である.

リスト B.5 reg

```
x = data_csv["temp.ave"].values
y = data_csv["beer"].values

from sklearn.linear_model import LinearRegression
reg_model = LinearRegression().fit(x.reshape(-1,1), y)

print(reg_model.intercept_)
print(reg_model.coef_)
```

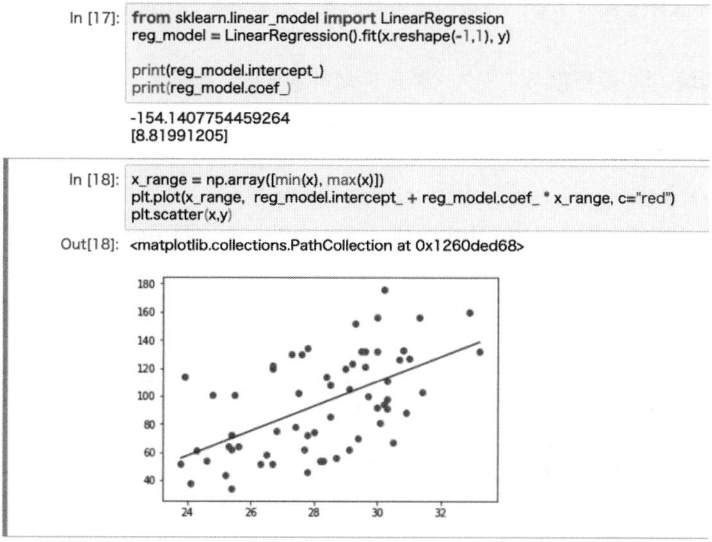

図 B.11 scikit-learn を利用した回帰問題の分析例

特徴量（説明変数）のデータ型として，平均気温はベクトル（列数が未定義の型）ではなく行列（行と列の次元が明示的に定義される型）に再定義される必要があるため，reshape(-1,1) のように 1 が列数に指定されている．一方，行数についてはデータが 62 日分なので，reshape(62,1) と記述してもよいが，reshape(-1,1) と行数に -1 が指定されている．たとえば，分析から取り除くべきレコードを適宜削除しながら分析を進めるような場合，レコード数を常に把握しておかなければならないとすれば不便である．また，データサイズが非常に大きい場合にも，分析担当者がレコード数を正確に記憶し続けることも困難だろう．そのため，reshape(-1,1) のように行数に -1 を指定しておけば，適切なレコード数（行数）の値（ここでは 62）が補完される仕組みが用意されている．

参 考 文 献

本書と同程度の水準の統計学の教科書は多数出版されている．ここでは，日本統計学会が編集した教材，例などを引用した参考文献，特に経済分析を扱っている文献を紹介する．今後の読書案内として参考にしてほしい．

[1] 岩崎 学・姫野哲人『スタンダード 統計学基礎』培風館，2017.

[2] ダイアン・コイル（高橋璃子訳）『GDP 〈小さくて大きな数字〉の歴史』みすず書房，2015.
（経済統計の中心となる GDP に関する読み物.）

[3] 中西寛子・竹内光悦・中山厚穂『スタンダード 文科系の統計学』培風館，2018.

[4] 中村隆英・新家健精・美添泰人・豊田 敬『経済統計入門』東京大学出版会，1983，第 2 版，1992.
（調査，時系列，指数を基礎として，経済データの読み方と基本的な統計分析を解説している.）

[5] 中村隆英・新家健精・美添泰人・豊田 敬『統計入門』東京大学出版会，1984.
（経済統計入門の姉妹編として，統計分析手法を解説した．推測統計の部分は，多少，水準が高い.）

[6] 日本統計学会（編）『統計学基礎』（統計検定 2 級対応）東京図書，2012，改訂版，2015.
（標準的な解説であり，統計検定 2 級「以上」の素材が収録されている.）

[7] 日本統計学会（編）『データの分析』（統計検定 3 級対応）東京図書，2012，改訂版，2020.
（改訂版では，大学入学時点で習得しておくべき内容として国際的な標準に合わせて解説している.）

[8] 松原 望・美添泰人 他（編）『統計応用の百科事典』丸善出版，2011.
（経済以外の分野についても解説がある.）

[9] 美添泰人・竹村彰通・宿久 洋（編）『現代統計学』日本評論社，2017.
（第 1 章と第 2 章に記述統計に関する正確な記述がある.）

演習問題の略解

第 1 章

1. 回答は任意であるが，製品に満足しなかった顧客と満足した顧客の回答比率は一般には異なり，前者の方が比率が高い．したがって全員が解答した場合の満足度は低くなる可能性がある．
2. ほとんどの人がごはんを食べていることを反映した結果である．
3. 当時の電話所有者は比較的豊かな人たちであり，かたよりの原因になる．
4. 海軍兵士は若いため死亡率は低い．ニューヨーク市とは年齢構成が違っている．
5. この方法では兄弟姉妹が多い生徒が，少ない生徒より選ばれやすくなるため，過大評価になる．仮に全数調査だったとすると，兄弟姉妹が 2 人の場合は 2 回，3 人の場合は 3 回，調査される．したがって，平均兄弟姉妹数は $(1 \cdot 192 + 2 \cdot 324/2 + 3 \cdot 186/3)/(192 + 324/2 + 186/3) = 1.69$（人）の方が適切である．標本調査に関しても，同様なウェイトを用いる補正が可能である．
6. 特定の新聞社に対する好き嫌いの違いが回答への協力程度に影響する可能性があるが，調査の手順も影響が大きい．支持・不支持に関する最初の質問に対して「どちらでもない」と回答した場合，朝日は次の質問に移るが，日経は「あえて答えるとしたらどちらか」を尋ねている．当然，日経の方が「どちらでもない」の割合が減る．どちらの結果が正しいというものではなく，実際，変化の方向については両社の傾向は類似した動きを示している．
7. シンプソンのパラドックスの例である．

第 2 章

1. (1) 質的，(2) 質的，(3) 量的・間隔尺度，(4) 量的・間隔尺度，(5) 量的・比例尺度（または質的な順序尺度），(6) 量的・比例尺度
2. 明らかに $m_{\text{o}} < m < \overline{x}$ となっている．
3. (1) $\overline{y} = a - b\overline{x}$, $Q_{y1} = a - bQ_{x1}$, $Q_{y2} = a - bQ_{x2}$, $Q_{y3} = a - bQ_{x3}$
   (2) $s_y = bs_x$, $Q_y = Q_x$
4. 5 章の演習問題 7 参照．
5. $\sum(x_i - m)^2 = \sum\{(x_i - \overline{x}) + (\overline{x} - m)\}^2 = \sum(x_i - \overline{x})^2 + n(\overline{x} - m)^2 \geq \sum(x_i - \overline{x})^2$.
   この変形で $\sum(x_i - \overline{x})(\overline{x} - m) = 0$ に注意する．
6. (1) $n = 5$, $\{1, 2, 2, 3, 4\}$ の歪度は 1.41 である．(2) y の歪度は負
7. $m = 4, 6, 7$ に対して $f(m) = 22, 20, 21$．$f(6) < f(4)$, $f(7)$

第 3 章

1. (1) 正（弱い），(2) 負，(3) 正（強い），(4) 正，(5) 正
2. 省略
3. $y \fallingdotseq a + bx$ $(b > 0)$ として，u, v の関係を求めればよい．(1) $r \fallingdotseq -1$，$\rho \fallingdotseq -1$，(2) $r \neq 1$（正），$\rho \fallingdotseq 1$，(3) $r \neq 1$（正），$\rho \fallingdotseq 1$，(4) $r \fallingdotseq 1$，$\rho \fallingdotseq 1$
4. a は不変，b は 1/10 になる．決定係数は不変．
5. $s_z^2 = 2(1 + r_{xy})$, $s_w^2 = 2(1 - r_{xy})$, $s_{zw} = 0$.
6. $y = 1733 + 11.7x$, $R^2 = 0.5625$
7. (1) $\overline{y} = a + b\overline{x} = 12.0 + 0.90 \cdot 120 = 120$, $s_y = (s_{xy}/s_x)/r = (s_{xy}/s_x^2)/(s_x/r) = bs_x/r = 0.90 \cdot 20/0.90 = 20$，(2) $v = 0.9u$, $r_{uv}^2 = R^2 = 0.81$，(3) 102, 138, (4) $x = 12 + 0.9y$，因果関係ではないが回帰の現象がみえる．
8. 散布図を描くことで問題点がわかる．
9. $b' = s_{uv}/s_u^2 = r_{xy}$, $a' = \overline{v} - b'\overline{u} = 0$.
10. (3.3.10) 式から $s_{y\hat{y}} = s_{\hat{y}}^2$ だから $R = s_{y\hat{y}}/(s_y s_{\hat{y}}) = s_{\hat{y}}^2/(s_y s_{\hat{y}}) = s_{\hat{y}}/s_y$ である．これから $R^2 = s_{\hat{y}}^2/s_y^2$ となり，決定係数 $R^2 = \mathrm{ESS}/\mathrm{TSS}$ と一致する．

第 4 章

1. (1) 公平な分配は，4.1 節の問題を利用して $(1/2) \cdot 1 + (1/2) \cdot (3/4) = 7/8$ となる．(2) 最大であと 3 回の勝負が必要で，8 通りの結果のうち B が 4 勝となるのは 1 通りだから 7/8.
2. フェルマーの方法で考えると最大であと 3 回の勝負が必要で，その組合せは AAA, AAB, AAC, ..., CCC と $3^3 = 27$ 通りある．そのうち A が最初に 2 勝するのは 17 通りだから，求める確率は 17/27 である．
3. (1) $\mathrm{P}(A \cap \overline{B}) = \mathrm{P}(A) - \mathrm{P}(A \cap B) = \mathrm{P}(A) - \mathrm{P}(A)\mathrm{P}(B) = \mathrm{P}(A)\bigl(1 - \mathrm{P}(B)\bigr) = \mathrm{P}(A)\mathrm{P}(\overline{B})$，(2), (3) も同様.
4. (1) $(3/6) \cdot (3/6) \cdot (3/6) = 1/8$，(2) $(3/6) \cdot (3/6) \cdot (2/6) = 1/12$，(3) $(3/6) \cdot (2/6) \cdot (3/6) = 1/12$，(4) $3 \times (1/12) = 1/4$，(5) $(5/6)^4 \times (1/6)$，(6) 例 4.10 で A を「6 の目」，B を「2 から 5 の目」，C を「1 または 2 の目」とすればよいから，答えは 1/4．なお問 7 も参照のこと．
5. (1) 1/5，(2) $(3/6) \cdot (2/5) \cdot (2/4) = 1/10$，(3) $3 \times (1/10) = 3/10$，(4) $(2/6) \cdot (1/5) + (4/6) \cdot (2/5) = 1/3$，(5) 1/5（ベイズの定理から）
6. (1) $q^4 p$，(2) ${}_5\mathrm{C}_3 p^3 q^2$，(3) ${}_4\mathrm{C}_2 p^2 q^2 \cdot p = {}_4\mathrm{C}_2 p^3 q^2$
7. A が勝ってゲームが終了する確率を求めればよい．それは A または C が勝ったという条件の下で A が勝つ条件つき確率に等しい．

$$\mathrm{P}(A \mid A \cup C) = \frac{\mathrm{P}\{A \cap (A \cup C)\}}{\mathrm{P}(A \cup C)} = \frac{\mathrm{P}(A)}{\mathrm{P}(A \cup C)} = \frac{a}{a + c}$$

8. 帰納法を用いる．赤，黒の事象をそれぞれ R, B と表すと $\mathrm{P}(R) = r/(r + b)$,

$\mathrm{P}(B) = b/(r+b)$． $n=1$ のときは $p_1 = r/(r+b)$ は明らか．p_k で成立するとして

$$p_{k+1} = \frac{r}{r+b}\frac{r+1}{(r+1)+b} + \frac{b}{r+b}\frac{r}{r+(b+1)} = \frac{r(r+b+1)}{(r+b)(r+b+1)} = \frac{r}{r+b}.$$

9. 前問の帰納法で，1 の代わりに m を加えればよい．
10. (1) 5/6，(2) (5/6)(4/6)，(3) $(5 \cdot 4 \cdot 3 \cdot 2 \cdot 1)/6^5$
11. $N^{(n)}/N^n = N(N-1)\cdots(N-n+1)/N^n$． n/N が小さければ，(A.3.8) 式から $1-x \fallingdotseq e^{-x}$ だから，次のように近似できる．

$$\left(1-\tfrac{1}{N}\right)\left(1-\tfrac{2}{N}\right)\cdots\left(1-\tfrac{n-1}{N}\right) \fallingdotseq e^{-\frac{1}{N}}e^{-\frac{2}{N}}\cdots e^{-\frac{n-1}{N}} = e^{-\frac{1+2+\cdots+(n-1)}{N}} = e^{-\frac{(n-1)n}{2N}}.$$

(1) $N=365$ とおくと $e^{-(n-1)n/2N} < 1/2$ を満たす最小の n は $n \fallingdotseq 23$.
(2) 復元抽出に対応するから $(1-1/N)^n < 1/2$ を満たす最小の n を求める．$(1-1/N)^n \fallingdotseq e^{-n/N} < 1/2$ とすると $n > 2N\log 2 \fallingdotseq 253$.

12. 犯人の特徴とされる事象は独立ではない．さらに求めるべき確率は，「このカップルが犯人であるときにこのような特徴をもっている」ではなく，「このような特徴をもっているカップルが犯人である」という確率である．証拠の確率を正当に評価したうえで，ベイズの公式を適用することが妥当である．

第 5 章

1. 0.992（2 項分布でも超幾何分布でもよい）
2. (1) 2.3% と 0.954，(2) 0.75 以上
3. (1) 15.8% と 30.9%，(2) 0.143 と 0.222，(3) 独立ではない．
4. $\mathrm{cov}(x,y) = E[(x-\mu_x)(y-\mu_y)] = E[x(y-\mu_y)] - \mu_x E(y-\mu_y) = E[x(y-\mu_y)] = E(xy) - \mu_x\mu_y$
5. $E(x) = (N+1)/2$, $E(x^2) = N(N+1)(2N+1)/6$ より $\mathrm{var}(x) = (N^2-1)/12$.
6. u を区間 $(0,1)$ 上の一様分布とすると $E(u) = \int_0^1 u\,du = 1/2$, $E(u^2) = \int_0^1 u^2\,du = 1/3$, $\mathrm{var}(u) = 1/12$． $x = a + (b-a)u$ は区間 (a,b) 上の一様分布だから，$E(x) = a + (b-a)E(u) = (a+b)/2$, $\mathrm{var}(x) = (b-a)^2\mathrm{var}(u) = (b-a)^2/12$.
7. (1) $g(x)$ が凹関数のとき $\overline{x}, g(\overline{x})$ を通る接線は m を傾きとすると $g(\overline{x}) + m(x-\overline{x}) \geq g(x)$ を満たす．この両辺を $x = x_1, \ldots, x_n$ に関して合計すると $\sum(x_i - \overline{x}) = 0$ だから，$ng(\overline{x}) \geq \sum g(x_i)$ を得る．
(2) $g(x)$ が凸関数なら $-g(x)$ は凹関数である．
8. $\log x$ は凹関数だから $\log G = (1/n)\sum \log x_i \leq \log \overline{x}$，したがって $G \leq \overline{x}$． $\log G$ は $\log x$ の平均だから $\overline{\log x} \leq \log \overline{x}$ と書くこともできる．$y_i = 1/x_i$ とすると $H = 1/\overline{y}$, $\log y_i = -\log x_i$, $\log \overline{y} \geq \overline{\log y} = -\overline{\log x} = -\log G$． $\log H = -\log \overline{y}$ から $H \leq G$.

9. $u=(x-\mu_x)/\sigma_x$, $v=(y-\mu_y)/\sigma_y$ とすると $\rho=E(uv)$ である．$E(u\pm v)^2=E(u^2)\pm 2E(uv)+E(v^2)=2(1\pm\rho)\geq 0$ から $-1\leq\rho\leq 1$.
10. 緯度が $(\phi,\phi+h)$ の範囲に入る条件で経度が $(\theta,\theta+h)$ に入る確率を考えれば一様分布となる．一方，経度が $(\theta,\theta+h)$ の範囲という条件では赤道付近の幅が広くなるから，一様分布にはならない（正確な議論は球面上の極座標表現を用いる）．
11. $\mathrm{var}(x-y)=E[\{(x-\mu_x)-(y-\mu_y)\}^2]$
$$=E[(x-\mu_x)^2]-2E[(x-\mu_x)(y-\mu_y)]+E[(y-\mu_y)^2]$$
$$=\mathrm{var}(x)-2\mathrm{cov}(x,y)+\mathrm{var}(y)$$
12. 形式的に期待値を求めようとすると $E(x)=\sum_{n=1}^{\infty}2^{n-1}(1/2)^n=(1/2)+(1/2)+\cdots$ となって無限に大きくなる．
13. x は幾何分布 $G(p)$ にしたがう．$E(1/x)>1/E(x)=1/(1/p)=p$
14. x は $p(x+1)/p(x)=\lambda/(x+1)<1$ を満たす最小の整数.
15. $z\sim B(m+n,p)$ だから，$p(x\mid z)=p(x,z-x)/p(z)={}_m\mathrm{C}_x\,{}_n\mathrm{C}_{z-x}/{}_{m+n}\mathrm{C}_z$ は超幾何分布である．
16. $z\sim NB(2,p)$ だから，$p(x\mid z)=\dfrac{p(x,z-x)}{p(z)}=\dfrac{pq^{x-1}\cdot pq^{z-x-1}}{(z-1)p^2q^{z-2}}=\dfrac{1}{z-1}$ は離散型一様分布である．
17. (1) $p(z)=\sum_{x=0}^{z}\dfrac{\lambda^x e^{-\lambda}}{x!}\dfrac{\mu^{z-x}e^{-\mu}}{(z-x)!}=\dfrac{e^{-\lambda-\mu}}{z!}\sum_{x=0}^{z}\dfrac{z!}{x!(z-x)!}\lambda^x\mu^{z-x}=\dfrac{e^{-(\lambda+\mu)}(\lambda+\mu)^z}{z!}$ はポアソン分布 $Po(\lambda+\mu)$ の確率関数である．
(2) $p(x\mid z)=\dfrac{p(x,z-x)}{p(z)}=\dfrac{z!/x!}{(z-x)!}\left(\dfrac{\lambda}{\lambda+\mu}\right)^x\left(\dfrac{\mu}{\lambda+\mu}\right)^{z-x}$ は 2 項分布 $B\left(z,\dfrac{\lambda}{\lambda+\mu}\right)$ の確率関数である．
18. $\mathrm{P}(\widetilde{x}>x)=1-F(x)=e^{-\lambda x}$ だから，$\mathrm{P}(\widetilde{x}>x\mid\widetilde{x}>x_0)=e^{-\lambda x}/e^{-\lambda x_0}=e^{-\lambda(x-x_0)}$．これは時点 x_0 から開始する指数分布である．

第 6 章

1. (1) 0.0013，(2) 0.9545，(3) 0.4772，(4) 0
2. $x\sim B(100,160/200)$ を正規分布 $N(80,4^2)$ で近似すると $\mathrm{P}(x>76)=0.841$，連続修正を使うと $\mathrm{P}(x>75.5)=0.870$.
3. 0.3108
4. 信頼区間は $(1332,1488)$，$z=-1.75,-2.25$ で 1480 は有意でなく，1500 は有意.
5. 95%信頼区間は $(1275,1544)$
6. 95%信頼区間は $(-0.04,1.04)$，$z=1.82$ で有意ではない.
7. 95%信頼区間は $(0.471,0.510)$，$z=-1.00$ で有意ではない.
8. 95%信頼区間は $(0.146,0.214)$

9. 95%信頼区間は $(0.461, 0.505)$
10. $\chi^2 = 5.66$, $\chi^2(2)$ の上側 5%点は 5.99 だから，差は有意ではない.
11. $t = \sqrt{10}(0.53 - 0.05)/0.03 \fallingdotseq 3.16$ となり，帰無仮説は棄却され，機械が正常に動いていないと判断される.

第 7 章

1. $\widehat{\beta} = \sum_i w_i\,(\alpha + \beta x_i + \varepsilon_i) = \beta + \sum_i w_i\,\varepsilon_i$ で，最後の項の期待値は $E(\sum_i w_i\,\varepsilon_i) = \sum_i w_i\,E(\varepsilon_i) = 0$ である．$\mathrm{var}(\widehat{\beta}) = \sum_i w_i^2\,\sigma^2 = \sigma^2 S_x^2/(S_x^2)^2 = \sigma^2/S_x^2$
2. (1) $\widehat{\alpha} = 2.2$, $\widehat{\beta} = 2.0$, (2) $R^2 = r^2 = 0.64$, (3) $\sum e_i^2 = (1 - r^2)s_y^2 = 2.25$
3. (1) β_j は x_j の 1 単位の変化が y に与える影響の大きさを表している．ただし，他の x_i $(i \neq j)$ は一定とされる.
   (2) $R^2 = \sum(\widehat{y}_i - \overline{y})^2 / \sum(y_i - \overline{y})^2 = 1 - \sum e_i^2 / \sum(y_i - \overline{y})^2$
4. (1) $\widehat{\alpha}_1$ は x_1 の 1 単位の変化が直接および x_2 を経由して y に与える影響を表す. $\widehat{\beta}_1$ は x_2 を固定したとき x_1 の 1 単位の変化が y に与える影響を表す.
   (2) 正規方程式 (3.3.5) で $s_{12} = 0$ とおけばよい.
5. $t = -0.481$ だから有意ではない.
6. (1) $y = 31.9 + 0.30$ `PhDAge` $- 4.43$ `Theoretical`
   (2) t 値から `PhDAge` と `Theoretical` は，いずれも有意である.

第 8 章

1. $\widetilde{y}_t = (1/12)\sum_{s=-6}^{k} y_{t+s}$ という 12 項移動平均で季節性を除去し，$\widehat{y}_t = (1/2)(\widetilde{y}_t + \widetilde{y}_{t+1})$ で中心化すると 13 項移動平均となる.
2. $y_t = a + bt$ は $y_t = (a - 1999b) + b(t + 1999)$ と同じだから，時間を $t = 2000, 2001, \cdots$ とすると，b は変わらず，a だけが変化する.
3. (1) $P_L = 1.07$, $P_P = 1.00$, $Q_L = 1.14$, $Q_P = 1.08$,
   (2) $P_L \times Q_P = P_P \times Q_L = 1.14$ は金額比と一致する.
4. (1) 不変，(2) 不変，(3) 上昇
5. (1) 失業者数は減るが，失業率はもともと非労働力だった主婦もいるため，必ず減少するとはいえない．(2) 失業者数と労働力人口が同じ数だけ減少すると，失業率は増加する．(3) 不変（非労働力であることは変わらない）.
6. 厚生労働省の「賃金構造基本調査」が豊富な情報を提供している.
7. (1) E_j と C の共分散を $s(E_j, C)$, C の分散を $s_C^2 = s(C, C)$ と書くと，$\sum E_j = C$ だから $\sum s(E_j, C) = s(\sum E_j, C) = s(C, C) = s_C^2$ となる．$b_j = s(E_j, C)/s_C^2$ の和は $\sum b_j = s(\sum E_j, C)/s_C^2 = s(C, C)/s_C^2 = 1$.
   (2) $a_j = \overline{E}_j - b_j\overline{C}$ だから $\sum a_j = \sum \overline{E}_j - \sum b_j\overline{C} = \overline{C} - \sum b_j\overline{C} = 0$ となる.
8. $a < 0$ となるのはぜいたく品で，弾力性が 1 より大きくなっている．表 8.6 ではその他の消費支出と教育が特に弾力性が大きい.

9. 灰色部分の面積は $0.5-(0.005+0.02+0.04+0.065+0.14)=0.23$ であり，ジニ係数は 0.46 となる．
10. 調査員が巡回しても発見できないような小規模の事業所が存在することが主な原因であり，生産額や従業者数については，誤差は比較的小さいと考えられている．現時点（2020 年 5 月）で，詳細な分析が行われている．
11. (1) HHI$=1$，(2) HHI $=(1/2)^2+(1/2)^2=1/2$，(3) HHI $=n(1/n)^2=1/n$，(4) n が大きくなるにつれて HHI は小さくなる．
12. (1) 自動車購入は個人消費でありガソリン代も増えるが公共交通機関への支出が減少する，(2) GDP には影響しない，(3) 投資が増える，(4) これも投資となる．GDP が福祉の指標としては完全ではない例である．
13. 基準時点を 0，比較時点を t とすると，実質 GDP は基準時の固定価格 p_0 で生産量を金額表示したものだから $\sum p_0 q_t$ と表される．名目 GDP は $\sum p_t q_t$ だから，GDP デフレータ $\sum p_t q_t / \sum p_0 q_t$ は，Paasche 型の価格指数である．

付表 1. 標準正規分布の上側確率

$$Q(z) = 1 - \Phi(z) = \mathrm{P}(\widetilde{z} > z)$$

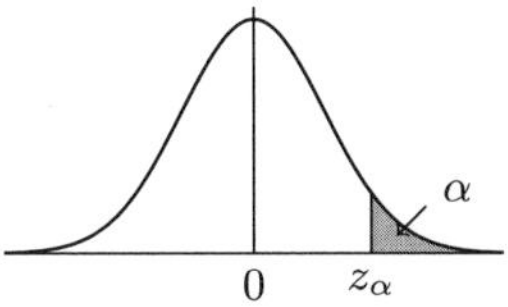

u	.00	.01	.02	.03	.04	.05	.06	.07	.08	.09
0.0	0.5000	0.4960	0.4920	0.4880	0.4840	0.4801	0.4761	0.4721	0.4681	0.4641
0.1	0.4602	0.4562	0.4522	0.4483	0.4443	0.4404	0.4364	0.4325	0.4286	0.4247
0.2	0.4207	0.4168	0.4129	0.4090	0.4052	0.4013	0.3974	0.3936	0.3897	0.3859
0.3	0.3821	0.3783	0.3745	0.3707	0.3669	0.3632	0.3594	0.3557	0.3520	0.3483
0.4	0.3446	0.3409	0.3372	0.3336	0.3300	0.3264	0.3228	0.3192	0.3156	0.3121
0.5	0.3085	0.3050	0.3015	0.2981	0.2946	0.2912	0.2877	0.2843	0.2810	0.2776
0.6	0.2743	0.2709	0.2676	0.2643	0.2611	0.2578	0.2546	0.2514	0.2483	0.2451
0.7	0.2420	0.2389	0.2358	0.2327	0.2296	0.2266	0.2236	0.2206	0.2177	0.2148
0.8	0.2119	0.2090	0.2061	0.2033	0.2005	0.1977	0.1949	0.1922	0.1894	0.1867
0.9	0.1841	0.1814	0.1788	0.1762	0.1736	0.1711	0.1685	0.1660	0.1635	0.1611
1.0	0.1587	0.1562	0.1539	0.1515	0.1492	0.1469	0.1446	0.1423	0.1401	0.1379
1.1	0.1357	0.1335	0.1314	0.1292	0.1271	0.1251	0.1230	0.1210	0.1190	0.1170
1.2	0.1151	0.1131	0.1112	0.1093	0.1075	0.1056	0.1038	0.1020	0.1003	0.0985
1.3	0.0968	0.0951	0.0934	0.0918	0.0901	0.0885	0.0869	0.0853	0.0838	0.0823
1.4	0.0808	0.0793	0.0778	0.0764	0.0749	0.0735	0.0721	0.0708	0.0694	0.0681
1.5	0.0668	0.0655	0.0643	0.0630	0.0618	0.0606	0.0594	0.0582	0.0571	0.0559
1.6	0.0548	0.0537	0.0526	0.0516	0.0505	0.0495	0.0485	0.0475	0.0465	0.0455
1.7	0.0446	0.0436	0.0427	0.0418	0.0409	0.0401	0.0392	0.0384	0.0375	0.0367
1.8	0.0359	0.0351	0.0344	0.0336	0.0329	0.0322	0.0314	0.0307	0.0301	0.0294
1.9	0.0287	0.0281	0.0274	0.0268	0.0262	0.0256	0.0250	0.0244	0.0239	0.0233
2.0	0.0228	0.0222	0.0217	0.0212	0.0207	0.0202	0.0197	0.0192	0.0188	0.0183
2.1	0.0179	0.0174	0.0170	0.0166	0.0162	0.0158	0.0154	0.0150	0.0146	0.0143
2.2	0.0139	0.0136	0.0132	0.0129	0.0125	0.0122	0.0119	0.0116	0.0113	0.0110
2.3	0.0107	0.0104	0.0102	0.0099	0.0096	0.0094	0.0091	0.0089	0.0087	0.0084
2.4	0.0082	0.0080	0.0078	0.0075	0.0073	0.0071	0.0069	0.0068	0.0066	0.0064
2.5	0.0062	0.0060	0.0059	0.0057	0.0055	0.0054	0.0052	0.0051	0.0049	0.0048
2.6	0.0047	0.0045	0.0044	0.0043	0.0041	0.0040	0.0039	0.0038	0.0037	0.0036
2.7	0.0035	0.0034	0.0033	0.0032	0.0031	0.0030	0.0029	0.0028	0.0027	0.0026
2.8	0.0026	0.0025	0.0024	0.0023	0.0023	0.0022	0.0021	0.0021	0.0020	0.0019
2.9	0.0019	0.0018	0.0018	0.0017	0.0016	0.0016	0.0015	0.0015	0.0014	0.0014
3.0	0.0013	0.0013	0.0013	0.0012	0.0012	0.0011	0.0011	0.0011	0.0010	0.0010
3.1	0.0010	0.0009	0.0009	0.0009	0.0008	0.0008	0.0008	0.0008	0.0007	0.0007
3.2	0.0007	0.0007	0.0006	0.0006	0.0006	0.0006	0.0006	0.0005	0.0005	0.0005
3.3	0.0005	0.0005	0.0005	0.0004	0.0004	0.0004	0.0004	0.0004	0.0004	0.0003
3.4	0.0003	0.0003	0.0003	0.0003	0.0003	0.0003	0.0003	0.0003	0.0003	0.0002
3.5	0.0002	0.0002	0.0002	0.0002	0.0002	0.0002	0.0002	0.0002	0.0002	0.0002
3.6	0.0002	0.0002	0.0001	0.0001	0.0001	0.0001	0.0001	0.0001	0.0001	0.0001
3.7	0.0001	0.0001	0.0001	0.0001	0.0001	0.0001	0.0001	0.0001	0.0001	0.0001
3.8	0.0001	0.0001	0.0001	0.0001	0.0001	0.0001	0.0001	0.0001	0.0001	0.0001
3.9	0.0000	0.0000	0.0000	0.0000	0.0000	0.0000	0.0000	0.0000	0.0000	0.0000

$z = 0.00 \sim 3.99$ に対する，標準正規分布 $\widetilde{z} \sim N(0,1)$ の上側確率 $Q(z) = \mathrm{P}(\widetilde{z} > z)$ を与えている．
例：$z = 1.96$ に対しては，左の見出し 1.9 と上の見出し .06 との交差点で，0.0250 と読む．
表にない z に対しては 1 次式で補間する．

付表 2. t 分布のパーセント点

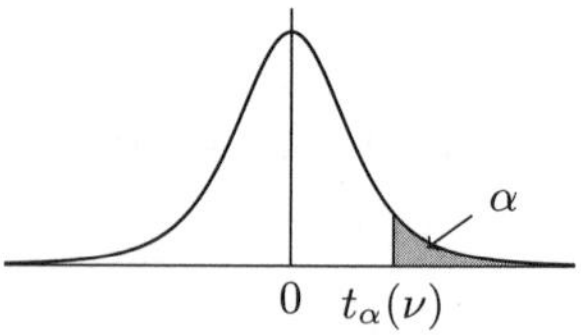

	α				
ν	0.10	0.05	0.025	0.01	0.005
1	3.078	6.314	12.706	31.821	63.656
2	1.886	2.920	4.303	6.965	9.925
3	1.638	2.353	3.182	4.541	5.841
4	1.533	2.132	2.776	3.747	4.604
5	1.476	2.015	2.571	3.365	4.032
6	1.440	1.943	2.447	3.143	3.707
7	1.415	1.895	2.365	2.998	3.499
8	1.397	1.860	2.306	2.896	3.355
9	1.383	1.833	2.262	2.821	3.250
10	1.372	1.812	2.228	2.764	3.169
11	1.363	1.796	2.201	2.718	3.106
12	1.356	1.782	2.179	2.681	3.055
13	1.350	1.771	2.160	2.650	3.012
14	1.345	1.761	2.145	2.624	2.977
15	1.341	1.753	2.131	2.602	2.947
16	1.337	1.746	2.120	2.583	2.921
17	1.333	1.740	2.110	2.567	2.898
18	1.330	1.734	2.101	2.552	2.878
19	1.328	1.729	2.093	2.539	2.861
20	1.325	1.725	2.086	2.528	2.845
21	1.323	1.721	2.080	2.518	2.831
22	1.321	1.717	2.074	2.508	2.819
23	1.319	1.714	2.069	2.500	2.807
24	1.318	1.711	2.064	2.492	2.797
25	1.316	1.708	2.060	2.485	2.787
26	1.315	1.706	2.056	2.479	2.779
27	1.314	1.703	2.052	2.473	2.771
28	1.313	1.701	2.048	2.467	2.763
29	1.311	1.699	2.045	2.462	2.756
30	1.310	1.697	2.042	2.457	2.750
40	1.303	1.684	2.021	2.423	2.704
60	1.296	1.671	2.000	2.390	2.660
120	1.289	1.658	1.980	2.358	2.617
240	1.285	1.651	1.970	2.342	2.596
∞	1.282	1.645	1.960	2.326	2.576

自由度 ν の t 分布の上側確率 α に対する t の値を $t_\alpha(\nu)$ で表す．
例：自由度 $\nu = 20$ の上側 5%点 ($\alpha = 0.05$) は，$t_{0.05}(20) = 1.725$ である．
表にない自由度に対しては適当に補間する．

付表 3. カイ 2 乗分布のパーセント点

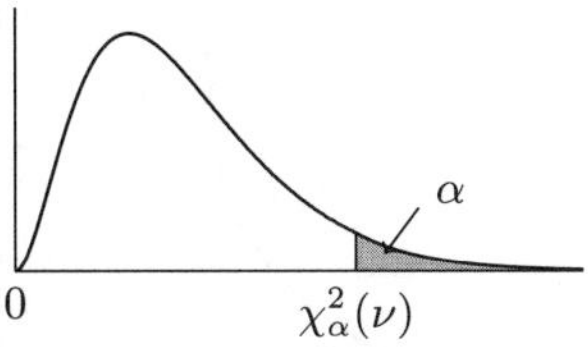

	α							
ν	0.99	0.975	0.95	0.90	0.10	0.05	0.025	0.01
1	0.00	0.00	0.00	0.02	2.71	3.84	5.02	6.63
2	0.02	0.05	0.10	0.21	4.61	5.99	7.38	9.21
3	0.11	0.22	0.35	0.58	6.25	7.81	9.35	11.34
4	0.30	0.48	0.71	1.06	7.78	9.49	11.14	13.28
5	0.55	0.83	1.15	1.61	9.24	11.07	12.83	15.09
6	0.87	1.24	1.64	2.20	10.64	12.59	14.45	16.81
7	1.24	1.69	2.17	2.83	12.02	14.07	16.01	18.48
8	1.65	2.18	2.73	3.49	13.36	15.51	17.53	20.09
9	2.09	2.70	3.33	4.17	14.68	16.92	19.02	21.67
10	2.56	3.25	3.94	4.87	15.99	18.31	20.48	23.21
11	3.05	3.82	4.57	5.58	17.28	19.68	21.92	24.72
12	3.57	4.40	5.23	6.30	18.55	21.03	23.34	26.22
13	4.11	5.01	5.89	7.04	19.81	22.36	24.74	27.69
14	4.66	5.63	6.57	7.79	21.06	23.68	26.12	29.14
15	5.23	6.26	7.26	8.55	22.31	25.00	27.49	30.58
16	5.81	6.91	7.96	9.31	23.54	26.30	28.85	32.00
17	6.41	7.56	8.67	10.09	24.77	27.59	30.19	33.41
18	7.01	8.23	9.39	10.86	25.99	28.87	31.53	34.81
19	7.63	8.91	10.12	11.65	27.20	30.14	32.85	36.19
20	8.26	9.59	10.85	12.44	28.41	31.41	34.17	37.57
25	11.52	13.12	14.61	16.47	34.38	37.65	40.65	44.31
30	14.95	16.79	18.49	20.60	40.26	43.77	46.98	50.89
35	18.51	20.57	22.47	24.80	46.06	49.80	53.20	57.34
40	22.16	24.43	26.51	29.05	51.81	55.76	59.34	63.69
50	29.71	32.36	34.76	37.69	63.17	67.50	71.42	76.15
60	37.48	40.48	43.19	46.46	74.40	79.08	83.30	88.38
70	45.44	48.76	51.74	55.33	85.53	90.53	95.02	100.43
80	53.54	57.15	60.39	64.28	96.58	101.88	106.63	112.33
90	61.75	65.65	69.13	73.29	107.57	113.15	118.14	124.12
100	70.06	74.22	77.93	82.36	118.50	124.34	129.56	135.81
120	86.92	91.57	95.70	100.62	140.23	146.57	152.21	158.95
140	104.03	109.14	113.66	119.03	161.83	168.61	174.65	181.84
160	121.35	126.87	131.76	137.55	183.31	190.52	196.92	204.53
180	138.82	144.74	149.97	156.15	204.70	212.30	219.04	227.06
200	156.43	162.73	168.28	174.84	226.02	233.99	241.06	249.45
240	191.99	198.98	205.14	212.39	268.47	277.14	284.80	293.89

自由度 ν のカイ 2 乗分布の上側確率 α に対する χ^2 の値を $\chi^2_\alpha(\nu)$ で表す．
例：自由度 $\nu = 20$ の上側 5%点 $(\alpha = 0.05)$ は，$\chi^2_{0.05}(20) = 31.41$ である．
表にない自由度に対しては適当に補間する．

付表 4. F 分布のパーセント点

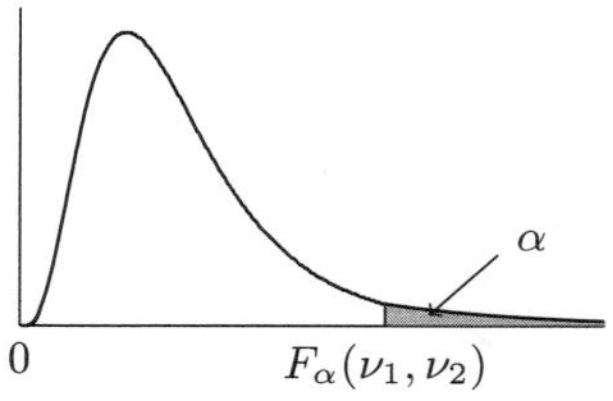

$\alpha = 0.05$

$\nu_2 \setminus \nu_1$	1	2	3	4	5	6	7	8	9	10	15	20	40	60	120	∞
5	6.608	5.786	5.409	5.192	5.050	4.950	4.876	4.818	4.772	4.735	4.619	4.558	4.464	4.431	4.398	4.365
10	4.965	4.103	3.708	3.478	3.326	3.217	3.135	3.072	3.020	2.978	2.845	2.774	2.661	2.621	2.580	2.538
15	4.543	3.682	3.287	3.056	2.901	2.790	2.707	2.641	2.588	2.544	2.403	2.328	2.204	2.160	2.114	2.066
20	4.351	3.493	3.098	2.866	2.711	2.599	2.514	2.447	2.393	2.348	2.203	2.124	1.994	1.946	1.896	1.843
25	4.242	3.385	2.991	2.759	2.603	2.490	2.405	2.337	2.282	2.236	2.089	2.007	1.872	1.822	1.768	1.711
30	4.171	3.316	2.922	2.690	2.534	2.421	2.334	2.266	2.211	2.165	2.015	1.932	1.792	1.740	1.683	1.622
40	4.085	3.232	2.839	2.606	2.449	2.336	2.249	2.180	2.124	2.077	1.924	1.839	1.693	1.637	1.577	1.509
60	4.001	3.150	2.758	2.525	2.368	2.254	2.167	2.097	2.040	1.993	1.836	1.748	1.594	1.534	1.467	1.389
120	3.920	3.072	2.680	2.447	2.290	2.175	2.087	2.016	1.959	1.910	1.750	1.659	1.495	1.429	1.352	1.254

$\alpha = 0.025$

$\nu_2 \setminus \nu_1$	1	2	3	4	5	6	7	8	9	10	15	20	40	60	120	∞
5	10.007	8.434	7.764	7.388	7.146	6.978	6.853	6.757	6.681	6.619	6.428	6.329	6.175	6.123	6.069	6.015
10	6.937	5.456	4.826	4.468	4.236	4.072	3.950	3.855	3.779	3.717	3.522	3.419	3.255	3.198	3.140	3.080
15	6.200	4.765	4.153	3.804	3.576	3.415	3.293	3.199	3.123	3.060	2.862	2.756	2.585	2.524	2.461	2.395
20	5.871	4.461	3.859	3.515	3.289	3.128	3.007	2.913	2.837	2.774	2.573	2.464	2.287	2.223	2.156	2.085
25	5.686	4.291	3.694	3.353	3.129	2.969	2.848	2.753	2.677	2.613	2.411	2.300	2.118	2.052	1.981	1.906
30	5.568	4.182	3.589	3.250	3.026	2.867	2.746	2.651	2.575	2.511	2.307	2.195	2.009	1.940	1.866	1.787
40	5.424	4.051	3.463	3.126	2.904	2.744	2.624	2.529	2.452	2.388	2.182	2.068	1.875	1.803	1.724	1.637
60	5.286	3.925	3.343	3.008	2.786	2.627	2.507	2.412	2.334	2.270	2.061	1.944	1.744	1.667	1.581	1.482
120	5.152	3.805	3.227	2.894	2.674	2.515	2.395	2.299	2.222	2.157	1.945	1.825	1.614	1.530	1.433	1.310

自由度 (ν_1, ν_2) の F 分布の上側確率 α に対する F の値を $F_\alpha(\nu_1, \nu_2)$ で表す.
例：自由度 $\nu_1 = 5$, $\nu_2 = 20$ の上側 5%点 $(\alpha = 0.05)$ は，$F_{0.05}(5, 20) = 2.711$ である.
表にない自由度に対しては適当に補間する.

索　引

た　行

な　行

は　行

著者略歴

美添泰人（よしぞえ やすと）

1975年　東京大学大学院経済学研究科博士課程修了
1978年　Harvard University 大学院(Department of Statistics)修了
日本統計学会会長，統計審議会会長等を歴任。立正大学教授，Carnegie Mellon University 教授，National University of Singapore教授，青山学院大学教授，東京大学客員教授，一橋大学客員教授等を経て
現　在　(一社)新情報センター会長，(一財)統計質保証推進協会理事長，総務省統計研究研修所客員教授，統計改革推進会議委員等
Ph. D. (Statistics)
専　門：ベイズ統計学，経済統計学

荒木万寿夫（あらき ますお）

1996年　青山学院大学大学院博士後期課程単位取得退学
一橋大学助手・客員准教授，経済企画庁，総務省統計局，同情報通信政策研究所，同統計研修所，統計委員会等の研究員・委員・専門委員を経て
現　在　青山学院大学経営学部教授
修士(経済学)(青山学院大学)
専　門：経済統計学

元山 斉（もとやま ひとし）

2004年　一橋大学大学院経済学研究科博士課程単位取得退学
青山学院大学，一橋大学，信州大学，総務省統計局，内閣府経済社会総合研究所等の助手・研究員・講師・委員等を経て
現　在　青山学院大学経済学部教授，統計数理研究所客員教授
博士(経済学)(一橋大学)
専　門：標本調査法，経済統計学

2020年 9月10日　初 版 発 行

スタンダード
経済データの統計分析

著　者　美 添 泰 人
　　　　荒木万寿夫
　　　　元 山 　 斉
発行者　山 本 　 格

発行所　株式会社　培 風 館
東京都千代田区九段南 4-3-12・郵便番号 102-8260
電 話(03)3262-5256(代表)・振 替 00140-7-44725

平文社印刷・牧 製本

PRINTED IN JAPAN

ISBN 978-4-563-01028-7　C3033